KB123488

메타모포시스의 현장

종교, 전력망, 헝가리

메타모포시스 인문학총서 14

메타모포시시의 현장
종교, 전력망, 헝가리

방원일·오선실·김지영 공저

보고사
BOGOSA

간행사

숭실대학교 한국기독교문화연구원은 1967년 설립된 한국기독교문화연구소를 모태로 하고 1986년 설립된 〈기독교사회연구소〉와 통합하여 확대 개편함으로써 명실공히 숭실대학교를 대표하는 인문학 연구원으로 발전하여 오늘에 이르렀다. 반세기가 넘는 역사 동안 다양한 학술행사 개최, 학술지 『기독문화연구』와 '불휘총서' 발간, 한국기독교박물관 소장 자료의 연구에 주력하면서, 인문학 연구원으로서의 내실을 다져왔다. 2018년 한국연구재단의 인문한국플러스(HK+) 사업 수행기관으로 선정되며 또 다른 도약의 발판을 마련하였다.

본 HK+사업단은 "근대전환공간의 인문학 – 문화의 메타모포시스"라는 아젠다로 문·사·철을 아우르는 다양한 연구자들이 학제간 연구를 진행하고 있다. 개항 이래 식민화와 분단이라는 역사적 격변 속에서 한국의 근대(성)가 형성되어온 과정을 문화의 층위에서 살펴보는 것이 본 사업단의 목표다. '문화의 메타모포시스'란 한국의 근대(성)가 외래문화의 일방적 수용으로도, 순수한 고유문화의 내재적 발현으로도 환원되지 않는, 이문화들의 접촉과 충돌, 융합과 절합, 굴절과 변용의 역동적 상호작용을 통해 형성되었음을 강조하려는 연구 시각이다.

본 HK+사업단은 아젠다 연구 성과를 집적하고 대외적 확산과 소통을 도모하기 위해 총 네 분야의 기획 총서를 발간하고 있다. 〈메타모포시스 인문학총서〉는 아젠다와 관련된 연구 성과를 종합한 저서나 단독

저서로 이뤄진다. 〈메타모포시스 번역총서〉는 아젠다와 관련하여 자료적 가치를 지닌 외국어 문헌이나 이론서들을 번역하여 소개한다. 〈메타모포시스 자료총서〉는 숭실대 한국기독교박물관에 소장된 한국 근대 관련 귀중 자료들을 영인하고, 해제나 현대어 번역을 덧붙여 출간한다. 〈메타모포시스 대중총서〉는 아젠다 연구 성과의 대중적 확산을 위해 기획한 것으로 대중 독자들을 위한 인문학 교양서이다.

동양과 서양, 전통과 근대, 아카데미즘 안팎의 장벽을 횡단하는 다채로운 자료와 연구 성과들을 집약한 메타모포시스 총서가 인문학의 지평을 넓히고 사유의 폭을 확장하는 데 기여할 수 있기를 바란다.

2023년 2월
숭실대학교 한국기독교문화연구원 HK+사업단장
장경남

머리말

우리 사업단의 연구총서 『메타모포시스의 현장: 종교, 전력망, 헝가리』에는 방원일 4편, 오선실 3편, 김지영 2편 총 9편의 글이 실렸다. 이 책을 발간하게 된 이유는 우리 사업단의 아젠다인 "근대전환공간의 인문학: 문화의 메타모포시스"라는 주제에 걸맞은 연구서가 필요했기 때문이다. 뜻은 거창했으나, 결과는 뜻대로 되지 않았다. 단순히 같이 모여서 공부한다는 이유만으로 호기롭게 시작한 작업이었지만, 결국 전공과 전문영역의 벽을 넘을 수는 없었다. 세 사람이 자신의 전문영역에서 이미 발표한 글을 모은 수준이 되었다. 그러나 각 전공의 영역에서 메타모포시스라는 개념을 적용하여 최대한 아젠다에 근접한 글들을 준비하였다.

종교학, 과학사, 헝가리 현대사라는 상이한 전공은 일견 불일치의 전형으로 보이지만, 다른 시각으로는 메타모포시스 즉, 탈바꿈의 한 유형이 될 수도 있다. 종교학은 이론적인 측면에서 메타모포시스의 틀을 받쳐주는 뼈대의 역할에 적합하다. 종교라는 현상 자체가 끊임없이 변화하는 인간의 삶에 대한 해석이라고 할 때, 종교학은 그 변화의 심층적 구조를 설명한다.

과학사는 역사적으로 과학기술의 발전이 우리의 삶에 미치는 영향을 구체적이고 세밀하게 보여준다는 점에서 현장에서 나타나는 메타

모포시스라는 주제에 적합하다. 특히 전기 혹은 전력이라는 구체적
대상이 일상의 삶을 변화시킨 양상을 추적하는 것은 한국의 근대화와
맞물려 중요한 시사점을 준다.

메타모포시스의 현장을 헝가리라는 하나의 국가를 통해 검토해 보
는 것은 다소 무리한 시도이다. 그러나 헝가리라는 나라의 역사와 문
화가 유럽에서 독특한 위치를 점한다는 점에서 헝가리 문화 속에 나
타난 메타모포시스의 현장이라고 하는 편이 적합할 것이다. 비교의
차원에서 유럽의 다른 나라들에 비해 독특한 문화적 융합을 보여주는
헝가리의 사례를 소개한다는 의미가 있다.

방원일은 종교학의 이러한 중요성에 비추어 서두에서 종교학의 이
론과 실천에 관한 논문으로 이 책을 이끌어간다. 먼저 '종교의 혼합과
변형'에서는 한국 개신교의 실천 체계의 정착과정에서 나타난 혼합현
상(syncretism)의 과정과 내용을 규명하고 있다. 방원일은 한국 개신교
의례 정착의 특성에 대해 개신교인들은 자신이 받아들인 새로운 신념
체계를 실천 체계로 조직해나가는 과정에서 전통적인 종교의 실천
체계를 활용하여 개신교 실천 체계를 구성하는 양상을 보였다는 점을
밝히고 있으며, 한국인의 몸에 배어 있던 제의적 실천이 기독교라는
새로운 종교 내에서 유지되면서 새로운 의미를 갖게 되는 것은 혼합
현상에서 나타나는 전위 작용으로 설명될 수 있다고 설명한다.

다음으로 '혼합주의 담론의 역사'에서는 종교학과 인류학에서 혼
합현상의 중립적이거나 긍정적 가치를 논의한 이론적 성과들을 소개
한다. 저자는 이 글에서 혼합현상의 긍정적 가치를 지향하는 것을 넘
어 그것이 분석적 개념으로서 종교문화의 만남을 서술하는 이론적

틀을 갖추고 있음을 설명하고 있다.

'토착화와 메타모포시스'에서는 1960년대 우리나라에서 진행된 토착화 신학 논쟁을 재고찰하고 괴테의 식물학 이론과 비교하여 메타모포시스 문화 이론의 정교화를 시도하였다. 괴테는 식물의 생장을 원형 식물이 뿌리, 줄기, 잎으로 변형하는 과정, 즉 메타모포시스로 설명하는 독자적인 식물학을 제안한 바 있다. 토착화 신학과 괴테 식물학은 변화를 설명하면서 변화의 모태를 설정한다는 공통점이 있다는 점이 저자의 논지이다.

오선실은 식민지 조선의 전력문제를 다룬 논문을 통하여 메타모포시스의 현장이라는 제목에 걸맞은 현상을 보여준다. 먼저 '소규모 지역배전 체계에서 대규모 전력망 체계로: 1920~30년대 식민지 조선의 전력체계 전환'에서 1930년대 조선의 전력산업이 '지역발전방식'에서 '전력망시스템'으로 전환되면서 나타난 변화를 설명하고 있다. 특히 1930년대 말에는 조선이 오히려 일본보다 안정적인 전력시스템을 갖추게 되었다는 점을 밝히며 조선의 전역체계 발전의 특성을 잘 보여주고 있다.

'제국의 실험실: 하이 모더니즘과 조선총독부의 전력정책'에서는 식민지 조선에서 전기시스템이 토착화하는데 가장 중요한 역할을 한 구성요소 중 하나였던 조선총독부의 전력정책을 분석하였다.

'식민지 변방에서 시작된 기술혁신: 수풍댐과 동아시아 기술스타일의 형성'에서는 1938년 건설된 수풍댐의 갖는 역사적 함의를 분석하고 있다. 저자는 수풍댐에서 생산된 대량의 전기가 고압 송전망을 통해 식민지 조선의 각지는 물론 만주국의 주요 산업도시에도 송전되

어 산업화를 진작하는 기반이 되었다는 점을 밝히며 제국의 변방에서
일어난 기술혁신을 통해 식민지 조선과 만주국은 오히려 제국의 중심
지 일본보다도 풍족하고 안정된 전력공급체계를 구성할 수 있었다는
점을 밝히고 있다.

　김지영은 두 편의 글을 통하여 헝가리의 역사와 문화 속에 존재하
는 메타모포시스의 현상을 관찰한다. 먼저 '전통문화의 메타모포시
스: 헝가리 문화 속의 오스만 유산'에서 16세기부터 17세기 말까지
약 150여 년 헝가리를 통치한 오스만 제국의 문화가 헝가리의 전통문
화 속에 미친 영향을 분석하였다. 오스만 제국의 헝가리 통치는 일상
생활뿐만이 아니라, 헝가리인의 의식세계에도 영향을 미쳐 오스만 제
국에 대한 긍정적, 부정적 인식의 원천이 되었다는 점을 강조하고 있
다. 물론 헝가리인은 오스만 투르크 지배시기에 대해 역사적 사실은
역사적 사실이고, 그것이 현재의 두 나라 관계에 영향을 주지 않는다
고 생각한다. 이러한 현명한 자세를 통해 역사와 현실을 구분하는 헝
가린의 지혜가 인상적이다. 역사문제가 늘 화두가 되는 우리에게 하
나의 본보기가 될 수도 있다.

　'도시의 메타모포시스: 근대적 전환 공간 부다페스트'에서는 부다
와 페스트라는 두 개의 도시가 부다페스트로 통합되는 과정을 분석하
여 도시의 문화적 메타모포시스의 양상을 살펴보았다. 문화이론의 관
점에서 장소적 환경은 문화의 외연적 양상을 규정하는 매우 중요한
요소이다. 장소와 그것이 배태한 생명력이 문화로 산출된다는 '장소-
문화적 생성이론'은 부다페스트의 문화적 양태를 분석할 때 적실성을
갖는다. 특히 규정된 공간속에서 문화의 접변을 통하여 새로운 문화

의 창조 혹은 탈바꿈(Metamorphosis)이 일어난다는 생성론은 메타모
포시스의 사례로서 적합하다. 부다페스트는 역사적, 문화적, 사회적
으로 상반된 시간과 공간 속에 각각의 시간적 공간성에 합당한 자신
들의 관습적 삶의 양식을 영위하던 이질적인 주체들이 모여 인위적,
계획적으로 건설한 거대도시였기 때문에 중층적이며 다양한 삶의 양
식이 표출되는 전환공간으로서의 의미가 크다.

차례

제2부
전력망 체계의 구축과 확장

5장 소규모 지역배전 체계에서 대규모 전력망 체계로: 1920~30년대 식민지 조선의 전력체계 전환

제3부
헝가리의 문화적 메타모포시스

8장 전통문화의 메타모포시스: 헝가리 문화 속의 오스만 유산

1장
종교의 혼합과 변형

1. 혼합과 변화

종교는 변화한다. 종교를 변치 않는 진리로 여기는 종교인에게는 낯설게 들릴지 모르겠지만, 종교사는 종교가 역사적 조건에 따라 엄연히 변화한다는 사실을 알려준다. 종교의 변화를 추동하는 역사적 조건 중 가장 손꼽히는 것은 다른 종교와의 만남이다. 종교는 다른 종교와 접촉해 혼합을 거쳐 변화의 동력을 얻는다. 그래서 종교의 변화를 설명하기 위해 혼합을 연구하는 것은 필수적이다. 이 글은 문화 현상의 하나인 종교의 혼합을 둘러싼 종교계와 종교학계의 지나간 논의를 점검하고 최근의 학술적 논의를 개괄함으로써, 문화의 변형(變形), 메타모포시스(metamorphosis)를 설명하는 이론적 기반을 마련하는 시도이다.

종교 간의 만남이 종교의 변형을 일으키는 과정을 도식화하여 설명하면 다음과 같다(〈그림 1〉). 종교는 일반적으로 신념, 실천, 공동체로 구성된다. 하나의 종교가 다른 문화권에 수용될 때, 그 문화권의 새로운 공동체는 신념과 실천으로 구성된 새로운 종교를 받아들이는 것이다. 그런데 그 공동체는 자신이 지닌 문화적, 역사적 경험을 바탕

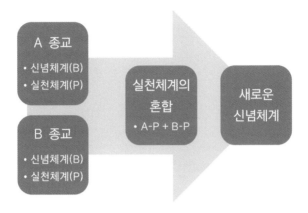

〈그림 1〉 종교의 혼합과 변형의 과정

으로 종교를 수용하게 된다. 그 과정에서 종교의 변화가 야기된다.
우리는 일반적으로 종교를 신념 체계 중심으로 생각하고, 종교의 수
용 과정에서 일어나는 혼합도 신념 간의 혼합이라고 생각하는 경향이
있다. 그러나 실상 선교 과정에서 새로운 종교(A 종교)와 기존의 종교
(B 종교) 간의 만남은 신념 체계(B)의 결합보다는 실천 체계(P)의 결합
에서 먼저 나타난다. 종교의 신념 체계는 자체로 완결성을 가진 것이
라 의도적으로 혼합했을 때 훼손되기 쉽다. 반면에 실천 체계, 즉 의
례는 몸이라는 공통된 기반을 조건으로 형성된 것이라 다른 전통의
것이라도 의외의 유사성을 보이는 경우가 많다. 그래서 의례는 기존
의 종교와 새로 들어온 종교가 만나는 통로가 된다(AP+BP). 두 종교의
실천 체계는 수용자에 의해 혼합되어 새로운 실천 체계를 형성한다.
이렇게 혼합에 의해 새로운 의례 체계가 형성되면, 차후에 이 혼합현
상을 합리화하는 교리체계가 뒤따라 나타나게 된다. 이렇게 해서 새
로운 종교변용(宗敎變容)의 현상이 성립한다.[1] 이상의 설명에서 뒤에

서 중요하게 다루어질 두 쟁점을 강조하고 싶다. 첫째, 혼합현상은 종교가 다른 문화권에 유입될 때, 즉 선교 과정에서 나타난다. 둘째, 역사적으로 혼합현상은 이론적, 교리적 차원에서 일어나는 것보다는 실천적, 의례적 차원에서 일어나는 것이 변형에 중요한 계기가 된다.

종교 분야에서 종교의 혼합(混合)을 일컫기 위해 사용되는 용어는 신크레티즘(syncretism)이다. 이 용어는 기독교 세계에서 오랫동안 사용되어 오면서 다양한 의미와 가치판단을 함축(含蓄)하게 되었다. 특히 이 용어는 종교개혁 이후 정체성을 상실한 무분별한 결합을 비판하는 신학적 욕설로 사용되기 시작하여 현재까지도 신학계에서는 강한 부정적 함의를 가진 단어로 사용되고 있다. 종교계의 용법은 학계에도 영향을 미쳐, 이 용어를 부정적으로 생각하거나 학술용어로 적합하지 않다고 생각하는 학자도 적지 않다. 그러나 다른 한편으로는 이 용어를 학술적으로 되살리려는 시도가 최근에 이루어지고 있다. 이 용어를 종교 간의 만남, 종교와 문화의 만남을 서술하는 중립적이거나 긍정적인 함축을 담은 학술용어로 사용하고 발달시킨 학자들이 있다. 이것은 종교학자와 인류학자가 중심이 된 흐름으로, 융합적 상상력을 중시하는 최근 학계 분위기에서 더욱 주목받게 되었다. 이 글은 신크레티즘을 학술용어로 정립하고자 하는 흐름에 주목하면서, 기존의 용어 역사를 정리한 후 최근의 새로운 논의를 소개하고자 한다.

이 용어에 대한 신학자와 종교 연구자 사이의 인식의 차이는 극심하다. 따라서 논의에 앞서 이 용어에 어떠한 시각으로 접근하려는지,

---

1   윤이흠, 「종교와 의례 – 문화의 형성과 전수」, 『종교연구』 16, 한국종교학회, 1998, 12~13쪽.

그리고 어떻게 번역할지 간단하나마 해설할 필요가 있다. 이 글에서
는 신크레티즘이라는 단어를 혼합주의과 혼합현상이라는 두 단어로
겹쳐 번역하고자 한다. 일대일 대응이라는 번역 원칙을 어기면서 이
런 시도를 한 것에는 두 가지 현실적인 고려가 작용하였다. 한편으로
신크레티즘은 한국 기독교사의 논쟁적 맥락에서 '혼합주의'로 번역되
어 정착되어 있다. 이 용어가 한국의 종교인들 사이에서 부정적인 언
어로 유통되고 있다는 담론적 현실은 하나의 종교현상으로 인정받을
필요가 있으며, 따라서 이러한 담론으로서의 신크레티즘에 대해서는
혼합주의라는 종래의 번역을 그대로 사용할 것이다.

반면 이 글에서는 신크레티즘에 대해서 '혼합현상'이라는 다른 번
역어를 함께 사용할 것을 제안한다. 우리말 번역에서 영어 접두사 '-이
즘(-ism)'은 기계적으로 '-주의'로 번역되는 경우가 많다. 그러나 '-이
즘'은 어떠한 이데올로기나 사상체계를 의미하는 것 외에도 어떠한
행위, 결과, 상태를 의미하는 명사형 접미사이기도 하다. 신크레티즘도
사상적 차원에서의 종합을 의미할 때도 있지만 어떤 종교 공동체의
행위 차원에서의 종교현상을 의미할 때도 있다. 비록 영어 표현에서는
한 단어로 뭉뚱그려지지만, 우리말 표현에서 이 둘을 구분하는 것이
논의의 혼선을 줄일 수 있다고 생각한다.

신크레티즘에 대한 기존의 학술적 논의 중에는 개인에 의한 혼합
과 대중 전통에 의한 혼합을 구분하고, 이를 각각 의도적 혼합과 비의
도적, 무의식적 혼합과 연결하는 시도가 존재하였다. 다시 표현하자
면 엘리트 전통의 지적인 혼합이 있는 반면에, 대중 전통의 드러나지
않고 즉흥적이고 무반성적인 혼합이 존재한다는 것이다.[2] 물론 개인
을 의도를 지닌 주체로 상정하고 대중을 의지가 결여된 집단으로 규

정하는 것은 단순화된 논리이다. 현재 우리에겐 개인과 사회의 대립
적 구분을 넘어서서 행위 주체(agent)의 실천이라는 이론적 입장에 서
서 사회구조와 주체의 의도 간의 상호적 관계를 염두에 둔 분석이
요구되기 때문이다.[3] 그렇지만 종교사에서 종교 엘리트와 같은 개인
이 주체가 되는 사상으로서의 혼합과 대중 전통의 실천을 통해 이루
어진 혼합은 구분해서 다룰 필요는 있다. 이 글의 입장에서 정리하자
면, 사상적 차원에서 나타나는 혼합을 '혼합주의'로, 실천적 맥락에서
나타나는 혼합을 '혼합현상'으로 구분하여 명명한다면 혼선을 피할
수 있을 것이다. 사상으로서의 혼합주의는 지성사적인 차원에서 논할
문제로, 이 글에서 다룰 수 있는 범위를 벗어난다. 이 글에서는 특정
엘리트의 신학적 작업에 의해서가 아니라 종교인의 집합적인 실천을
통해 형성되는 만남을 '혼합현상'이라고, 이에 관련된 학술적 논의에
집중하도록 하겠다.[4]

이하에서는 혼합현상에 대한 종교적, 학문적 논의의 역사를 개관할

---

2 A. Drooger, "Syncretism: The Problem of Definition, the Definition of the Problem",
   Jerald Gort, et al. eds., *Dialogue and Syncretism: An Interdisciplinary Approach,*
   Michigan: William B. Eerdmans Publishing Company, 1989, p.22; Charles Stewart, and
   Rosalind Shaw eds., *Syncretism/Anti-Syncretism,* London: Routledege, 1994, pp.16~19.
3 Talal Asad, *Formations of the Secular: Christianity, Islam, Modernity,* Stanford: Stanford
   University Press, 2003, p.79.
4 신크레티즘에 대해서는 국내에서 종교혼합(宗敎混合), 습합(習合), 제설혼효(諸說混
   淆), 종교적 종합, 종교융합(宗敎融合) 등 다양한 번역이 존재하지만, 혼합주의(混合主
   義)가 가장 많이 사용되고 있다. 기존의 번역어 중에서 습합에 대해서는 별도의 고려가
   필요하다. 이 번역은 동아시아 종교연구, 특히 일본 학계의 영향을 반영한 것이다.
   이 용어는 삼교회통(三敎會通), 신불습합(神佛習合) 등 동아시아의 종교현상을 지칭할
   때의 용례가 정착된 단어로, 서양어 신크레티즘과 어떻게 결합될 수 있는지에 대한
   논의는 차후의 과제로 남겨 놓는다.

것이다. 2장에서는 신크레티즘 용어가 가진 역사를 소개하고, 과거의
용법을 정리한 후, 19세기 초 학계에서 어떻게 사용되었는지를 서술
할 것이다. 3장에서는 19세기 말 이후 이 용어를 둘러싼 새로운 연구
의 흐름을 소개한다. 인류학계에서 이 용어가 어떻게 신학계와는 다른
용법을 형성해왔으며, 혼합에 가치를 인정받는 현재의 학문적 흐름에
서 어떻게 주목받고 있는지를 소개한다. 특히 혼합이 의례적 장에서
이루어진다는 점을 조명한 최근 연구를 중요하게 다룰 것이다.

2. 혼합현상에 대한 고전적 인식

1) 신크레티즘, 용어의 역사

서구에서 신크레티즘(syncretism)이라는 용어를 사용한 역사는 플
루타르코스(Plutarch)까지 거슬러 올라간다.[5] 그는 『도덕론(Molalia)』에
서 형제애를 이야기하면서 크레타인의 행동 방식을 소개하고 신크레
티즘이라고 부른다.

　형제 사이에 이견이 생길 때를 대비하여 다음과 같은 사실을 명심해야

5　'신크레티즘'의 역사를 개괄하기 위해서 다음 자료들을 주로 참조하였다. Charles
　Stewart & Rosalind Shaw, "Introduction: Problemizing Syncretism", Charles Stewart,
　and Rosalind Shaw eds., *Syncretism/Anti-Syncretism*, New York: Routledege, 1994,
　pp.3~5; James Moffat, "Syncretism", J. Hasting ed., *The Encyclopaedia of Religion
　and Ethics*, Vol.12, New York: Charles Scribners' Sons, 1922, pp.155~157; Carsten
　Colpe, "Syncretism", M. Eliade ed., *Encyclopedia of Religion*, New York: Macmillan
　Publishing Company, 1987, pp.218~219.

한다. 그러한 때에는 우리 형제의 친구들과는 친하게 사귀면서도 형제의 적과는 어떠한 친밀함도 가지지 않도록 주의해야 한다. 적어도 이 점에서 크레타인들의 다음과 같은 관습을 따라야 할 것이다. 그들은 서로 자주 다투고 싸우다가도 외부의 적이 쳐들어올 때는 자신들의 차이점들을 융합하여 단결한다. 이것이 그들이 말하는 '신크레티즘'이다.[6]

여기서 신크레티즘은, 평소에 견해 차이가 있었던 사람들이 외부의 위협에 직면해서는 원래의 차이를 해소하고 내부적으로 결속하는 행위를 가리키는 용어로 사용되었다. 이것은 전략적 제휴라는 정치적이고도 실용적인 의미를 지니며, 도덕적으로도 정당하고 권장되는 긍정적인 행위로 인식되었다. 여기서 이후 논의와 관련해 두 가지 쟁점을 확인할 수 있다.[7] 첫째, 신크레티즘이라는 용어는 처음부터 정치적 맥락에서 사용된 단어이며, 이것은 이 용어가 이후 정치적인 논쟁의 지점이 된다는 사실과 무관치 않다. 둘째, 이 용어는 사용하는 사람의 입장과 배경에 따라 긍정과 부정의 가치를 담을 수 있다. 이 용어의 긍정적 뉘앙스는 그 이후 16세기경 르네상스 시기의 인문주의자 에라스뮈스(Erasmus)의 용법에도 유지된다. 그는 기독교 신학이 그리스 고전 문화를 흡수하였고 그럼으로써 기독교를 풍부하게 한 긍정적인 성취를 이루었다고 평가하였다. 그는 기독교에 미친 고전 문화의 영향이라는 긍정적인 맥락에서 신크레티즘을 사용했다.[8]

이 용어가 신학적 용어로 본격적으로 사용되기 시작한 것은 종교

---

6 Plutarch, W. C. Helmbold tr., *Plutarch's Moralia,* Vol.VI, London: William Heinemann LTD, 1939, p.313.(490b)
7 Stewart and Shaw, op.cit., p.3.
8 Ibid., p.4.

개혁기인 17세기부터였다.[9] 당시 게오르그 칼릭투스(George Calixtus)
라는 루터파 신학자는 루터파 내에 존재하던 여러 진영이 서로 불일
치와 적의를 누그러뜨리고 공유된 진리를 기반으로 일치해야 한다는
태도를 갖고 있었는데, 그의 신학적 입장을 혼합주의(syncretism)라고
불렸고, 그를 중심으로 해서 다양한 분파를 일치시키려는 움직임을
보인 사람들은 혼합주의자(syncretist)라고 불렸다. 칼릭투스파의 움직
임은 루터교회 내에서 '혼합주의 논쟁'이라고 불리는 큰 논란을 일으
켰지만 결국 논쟁에서 패배해 실패로 돌아갔다. 논쟁의 결과는 이후
신크레티즘의 의미를 규정지었다. 칼리투스에 의해 긍정적 의미로 사
용되었던 이 용어는 그의 정치적 패배로 인해 비난하는 의미로 사용
되기 시작하여 거의 잡종(雜種, hybrid)과 동의어로 사용되었다. 신크
레티즘은 일반적으로 원칙에 대한 배신 행위나 진리를 희생하고서라
도 안전한 통합을 이루려는 노력으로 간주되었다.[10] 그 이전의 긍정적
인 함축은 완전히 부정적인 함축으로 전환되었고, 부정적 함축은 현
재까지도 지배적인 함축으로 남아 있다.

　신학적 논쟁 내의 권력관계에 의해 규정된 이 용어의 부정적 함축
은 19세기 후반 들어서 헬레니즘 종교현상에 대한 용어로 사용되면서
종교사 서술에도 영향력을 행사한다. 1853년에 어느 익명의 필자가
잡지에 기고한 글에서 처음으로 사용된 이래,[11] 역사학자 드로이센(J.

9　판데르비어는 신크레티즘 용어가 다시 등장한 이 시기가 보편적 종교개념의 성립 시기
　　와 일치한다는 점에 주목한다. Peter van der Veer, "Syncretism, Multiculturalism and
　　the Discourse of Tolerance", Stewart and Shaw, op.cit., p.197.

10　Moffat, op.cit., p.155.

11　그 내용은 다음과 같다. "윤리적, 정치적, 사회적, 그리고 신학적 형태로, 가능한 모든

G. Droysen)의 헬레니즘 문화 서술에서 신크레티즘의 도입이 정식화
되었고, 이후 다수 학자의 저술에서 이 용어가 나타났다. 이들이 사용
한 신크레티즘 개념은 헬레니즘과 로마 후기의 종교의 상황을 부정적
으로 묘사하는데 사용되었다. 즉, 로마 후기의 종교는 그리스, 이집트,
바빌로니아 등지의 다양한 종교들이 뒤섞인 무질서, 혼란의 상태라는
관점에서 기술되었으며, 신크레티즘은 이 현상을 일컫는 용어로 채택
되었다. 로마 후기에 대한 이러한 서술은 기독교의 등장과 맞물려 진
화론적인 도식을 형성한다. 즉 기독교 이전의 상황은 혼란과 무질서
상태였는데 그것이 기독교의 등장을 요청하는 시대적 배경이 되었다
고 설명하는 것이다. 그러한 도식은 "기독교가 성장함에 따라 이러한
이교적인 혼합주의는 종국에 이르고 말았다"[12]는 단정적인 역사 서술
로 나타났다. 20세기 중반 이후 신학계에서는 혼합주의에 대한 부정
적 시각이 더욱 강화되었다. 특히 개신교회 연합단체인 세계교회협의
회(WCC)와 관련된 논쟁에서 부정적 함의는 더 짙어지게 되는데, 이에
대해서는 2장에서 혼합주의 담론을 다루면서 상술하도록 하겠다.

형태의 신크레티즘은 로마 황제들이 가장 좋아한 정책이었다. 그들은 모든 종류의
인류를 불러들여 카이사르의 화폐로 다시 찍어내고자 하였다." Anonymous, "the
Octavius of Minucius Felix", *Fraser's Magazine for Town and Country*, Vol.XLVII,
March 1853, p.294. (Martin, Luther H., "Why Cecropian Minerva? Hellenistic religious
syncretism as system", *Numen* 30, 1983, p.135.에서 재인용)

12 Anthony Parel, S. J., "혼합주의", 기독교대백과사전편찬위원회 엮음, 『기독교대백과사
전』, 기독교문사, 1985, Vol.16, 594쪽. (이 항목은 원래 C. S. J. Annette ed., *The
Catholic Encyclopedia for School and Home*, New York: Gradlier, 1965.에 실려 있던
것임)

2) 기존 논의에 대한 성찰

기존의 혼합현상 용어 사용의 양상을 종교학자 로버트 베어드 (Robert D. Baird)를 따라 정리해보자. 그에 따르면 종교사 서술에서의 혼합현상의 사용은 크게 두 가지로 분류될 수 있다. 어떤 때는 혼합현상이 종교사에서 불가피하고 보편적인 현상으로 기술되는가 하면, 어떤 대목에서는 동양 종교들의 본질적 특성으로 기술되는 모순된 용법을 보여준다.[13] 이 다른 쓰임새를 정리하여 베어드는 전자를 '역사 현상으로서의 혼합현상', 후자를 '신학 현상으로서의 혼합현상'이라고 불렀다.

역사 현상으로서의 혼합현상은 사상이나 운동 간의 역사적 상호관련성을 묘사하기 위해서 사용된다. 하늘 아래 새로운 것은 없으며, 이러한 의미에서 역사성의 모든 종교는 기존 문화의 혼합을 통해 형성된다고 말할 때, 역사 현상으로서의 혼합현상이 적용된 것이다. 헤르만 궁켈(Herman Gunkel)이 기독교를 혼합적 종교라고 한 것은 이러한 용법의 예가 된다. 베어드는 이러한 용법이 종교문화에 대한 이해를 증진하는 데 전혀 도움이 안 된다고 지적한다. 모든 종교가 혼합이라는 진술은 지극히 당연한 사실에 대한 동어반복일 뿐이며, 어떠한 사실에 대한 분석적 가치를 지니지 못하기 때문이다.

반면에 신학 현상으로서의 혼합현상은 신념 체계의 차원에서 다양한 이념들을 혼합한 경우를 말하는데, 상충되는 이념들이나 실천들이 한 데 모여 일관성의 이득 없이 유지되는 상태나 그 결과가 조화로운

---

13 Robert D. Baird, *Category Formation and the History of Religions*, The Hague: Mouton & Co. N. V., 1971, p.143.

통합이 아닐 때 적용된다.[14] 혼합현상은 유기적 총체를 이룬 종합보다
는 평가절하된 의미로, 종합을 이루지 못한 채 모순이 공존하고 있는
상황을 나타낸다. 이러한 식의 용법은 특히 인도, 중국, 일본 신도 등
동양의 종교를 묘사할 때 널리 쓰인다. 베어드는 이러한 용법에서 주
장되는 정합성의 결여, 상충되는 이념들의 공존은 순전히 외부적 관
점의 결과라는 점을 지적한다.[15] 해당 문화권 내의 사람들은 외부인이
모순된다고 생각하는 부분에 대해서 하등의 모순을 느끼지 않고 자신
의 세계관 내에서 조화시키며 살아간다. 그러므로 혼합현상이 종합에
비해 일관성이 떨어진다는 식의 위계 설정은 의미가 없으며, 어느 문
화권의 특성으로 주장될 수도 없다는 것이다.

　베어드는 두 용법의 혼합현상 모두 서술 범주로서의 부적절하다고
지적한다. 역사 현상으로서의 혼합현상은 보편적으로 적용 가능한 것
이기 때문에, 신학 현상으로서의 혼합현상은 정당한 종교사적 이해에
방해가 되기 때문이다.[16] 그러나 혼합현상이라는 용어의 범주 설정이
잘못되어 있다고 해서 그것이 그 용어를 폐기 처분해야 한다는 결론
으로 곧장 이어지는 것은 아니다. 기존 용법에 대한 베어드의 분석은
타당하지만, 혼합현상이라는 용어가 악의에 찬 함축을 지니지 않은
경우 그것을 배제할 필요는 없다. 혼합현상에 대한 학술적 논의의 중
지로 인해서 그 용어가 신학적인 함축을 담고 오용되는 현실을 묵과
하는 결과를 낳는다는 점을 생각한다면,[17] 우리에게 요청되는 것은 용

14　Ibid., p.147.
15　Ibid., p.150.
16　Ibid., p.152.
17　Robert J. Schreiter, "Defining Syncretism: An Interim Report", *International Bulletin*

어의 폐기가 아니라 용어의 전제를 성찰하고 학술적으로 생산성 있는
용어로 다듬는 작업이다. 이 글에서 주장하는 것은, 혼합현상이 사용
될 수 있는 세 번째 용법으로 한 종교가 다른 문화권에 수용될 때
발생하는 현상, 문화접변의 현상을 서술하는 범주로서 혼합현상을 사
용하는 것이다. 이하에서는 고전 종교학에서 나타나는 이 용어와 관
련된 통찰을 살피고, 3절에서는 인류학의 이론적 발전을 소개하며 혼
합현상을 생산성을 지닌 용어로 다듬는 길을 모색할 것이다.

3) 고전 종교학의 통찰

앞서 언급했듯이 종교 연구에서 혼합현상이 처음 주목받게 된 것
은 19세기 말, 20세기 초 헬레니즘과 초기 기독교 연구자들에 의해서
였다. 헤르만 궁켈(Herman Gunkel)을 중심으로 힌 학자들은 기독교와
신약성경이 헬레니즘 종교문화와의 상호작용을 통해 형성되었음을
강조하면서 기독교가 '혼합적 종교'임을 선언하였다. 신학적으로 혼
합을 부정적으로 평가해왔음을 생각한다면, 이는 혼합에 대한 기존의
평가를 뒤엎는 도발적인 시도였다. 이 학자들에게 혼합현상은 초기
기독교에서 유대교 문헌 전승 이외의 맥락을 강조하고 기독교를 당대
다문화적 상황의 결과물로 해석할 수 있게 해주는 새로운 방법론을
상징하는 용어였다.[18]

혼합현상을 종교사 일반의 차원에서 이론화시킨 이는 종교현상학

---

of Missionary Research 17(2), 1993, p.50.

18 Hans G. Kippenberg, "In Praise of Syncretism: The Beginnings of Christianity
Conceived in the Light of a Diagnosis of Modern Culture", A.M. Leopold and J.S.
Jensen eds., *Syncretism in Religion: A Reader*, New York: Routledge, 2016.

자 게라르두스 판데르레이우(Gerardus van der Leeuw)였다.[19] 그는 1933
년에 출간된 주저서『본질과 현현으로서의 종교』에서 "종교의 역동성,
혼합현상, 선교"라는 독립된 절을 설정하고 혼합현상 이론을 본격적
으로 제시하였다. 그는 이 절의 앞부분에서 혼합현상의 본질적 성질을
"종교 역동성의 한 형태"로서 철저히 이해해야 한다고 주장하였다.[20]
그는 모든 종교가 접촉 과정에서 혼합을 겪는다고 지적하였고, 특히
혼합현상과 선교를 병렬해서 배치함으로써 혼합현상이 나타나는 현
실적인 장으로서 선교를 주목하게 하였다.[21] 더 나아가 그는 혼합현상
에서 반복적으로 나타나는 구조를 '자리 물림(transposition, Verschie-
bung)'이라고 개념화하였다.

　'자리 물림'은 종교들의 역동성 내에서 발생하는 것으로, 형태는 전혀
변하지 않은 채 있으면서 어떤 현상의 의미가 변하는 것이다. 그래서 베델,
즉 '신의 집'이라는 성스러운 말과 신화는 주물숭배의 경험으로부터 신현
(神顯)의 경험으로, 이어서 신이 가까이 있음에 대한 언표로, 최종적으로는
고양된 위안으로 '자리 물림'된다. 이와 매우 비슷하게, 차라투스트라 이전
의 페르시아 종교에서는 칭송할 가치가 있는 삶의 해방으로 간주되던 소
도살이, 조로아스터교에서 '자리 물림'되어 아리만(Ahriman)의 첫 번째
파괴 행위로 악한 의미를 부여받았다. 또 향을 바치는 기도는 기독교 예배
에서 (자리 물림에 의해) 성만찬에서 주의 강림을 희원하는 기도(epiclesis)

---

19 한국 종교학계에서 'Gerardus van der Leeuw'는 '반 델 레우', '반 데어 레에우', '반
드르 레우후' 등 다양하게 표기됐다. 본 논문에서는 국립국어원에서 제안한 외래어표
기법 규정에 따라 '판데르레이우'라고 표기하도록 하겠다.

20 Gerardus van der Leeuw, J.E. Turner tr., *Religion in Essence and Manifestation*,
Princeton: Princeton University Press, 1986, p.609.

21 Ibid., pp.611~12.

가 되었다.[22]

판데르레이우가 지적하고 이후 여러 학자가 지적하였듯이, 혼합현상의 중요한 사례 중에는 이전 종교가 지녔던 공간과 시간에 새로운 종교가 겹쳐지며 발생한 것들이 많다. 종교의 변화에도 불구하고 신자가 이전의 신앙에서 지니던 성스러운 시간, 공간, 상징 등이 잔존하는 경우는 세계종교사에서 흔하게 보고된다. 고대 이집트의 사원이 있던 자리에 콥트 기독교 사원이 세워지고, 그 위에 이슬람 사원이 건축되는 사례에서처럼, 지배적인 종교 전통이 교체되더라도 그 지역민들에 의해 성스럽게 여겨지던 공간은 여전히 자신의 자리를 유지한다. 한국의 경우 토착 신앙의 중심지인 소도(蘇塗)가 있던 자리에 불교 사원이 건립된 경우가 그러한 현상에 해당한다.[23]

위 인용문에서는 성스러운 돌을 향해 고대인의 신앙이 행해지던 자리가, 야곱이 하느님의 계시를 받은 장소로 새롭게 의미화되고 이후 하느님의 집 베델(Bethel)로 명명된 후, 기독교 내에서 전승되면서 신자들에게 위안을 주는 자리로 추가적인 의미를 획득하였다. 추상적으로 표현한다면 주물숭배와 기독교의 혼합이라고 할 만한 이 현상은, 신학자의 이론적 작업에 의한 것이 아니라 동일한 공간의 점유라는 물질적 조건과 거기서 행해진 실천을 통해 형성된 것이다. 이러한 통찰은 혼합의 물질적 측면, 의례적 장을 강조하는 최근 연구에서 이어지고 있다.[24] 판데르레이우는 혼합현상을 종교문화의 역동성을 보

---

22 Ibid., p.611.
23 서영대, "葛蟠地小考 - 蘇塗의 佛敎的 變容", 『종교학연구』 2, 서울대학교 종교학연구회, 1979.

여주는 주요 현상으로 인식하고 선교를 그 주된 영역으로 제시하였다는 점에서 연구 분야를 선도적으로 제시하였고, 구체적인 시공간의 공유에 주목함으로써 중요한 이론적 자원을 제공하였다.

판데르레이우가 혼합현상에 종교의 역동성이라는 주제를 부여하였다면, 미르치아 엘리아데(Mircea Eliade)는 이를 계승하면서 혼합현상에 종교의 창조성이라는 주제를 부여하였다. 특히 엘리아데 말년의 저작 『세계종교사상사』에서 혼합현상은 종교사의 주요 국면들에서 빈번히 등장한다. 주요 사례를 들면, 가나안 종교와 유대교의 만남, 중앙아시아 종교의 독자적인 창안, 발트계 민족의 기독교화, 르네상스 시기 유럽의 헤르메스 전승, 티베트 본교와 불교에서 혼합현상이 핵심적으로 등장한다.[25] 그리고 가장 두드러진 혼합현상은 19세기 말 종교 연구자들이 주목했던 헬레니즘 종교였다.

진실로 혼합현상은 당시의 강력한 시대적 특징이었다. 아득한 과거에서부터 풍부하게 입증된 현상이기도 한 혼합현상은 히타이트, 그리스, 로마 종교의 형성에서, 그리고 이스라엘 종교, 대승불교, 도교에서도 중요한 역할을 담당했지만, 헬레니즘과 로마 시대의 혼합현상은 그 규모와 독창성에 있어 특별한 데가 있다. 혼합현상은 의미의 퇴색과 빈약성을 드러내기는커녕 오히려 **모든 종교의 창조를 가능하게 하는 조건**인 듯하다.[26]

---

24 혼합에서 물질과 장소의 공유가 중요하다는 점이 강조된 최근 연구의 예로는 다음을 볼 것. Webb Keane, "Rotting Bodies: The Clash of Stances toward Materiality and Its Ethical Affordances," *Current Anthropology* 55(S10), 2014.

25 미르치아 엘리아데, 이용주·최종성·김재현·박규태 옮김, 『세계종교사상사』, 이학사: 2005, 1: 280~84쪽, 3: 14쪽, 3: 53쪽, 3: 398~414쪽, 3: 422~428쪽.

26 위의 책, 2: 381쪽. '혼합주의'를 '혼합현상'으로 수정하여 인용하였음.

위의 언급에서 강조되듯이 혼합현상은 종교에 창조성을 부여한다. 이는 엘리아데의 종교사 서술에 등장하는 거의 모든 혼합현상에 해당하는 특징으로, 그가 이 용어를 얼마나 적극적으로 사용하였는가를 보여준다.

그러나 이들 대표적인 종교학자들의 언급에서 불구하고, 전반적으로 종교학에서 혼합현상 개념은 적극적으로 사용되지 않았고 이론적 발전도 더뎠다. 이 용어는 종교학계에서 한동안 묻혀있다시피 했으나 인류학계의 조명과 더불어 되살아나고 있다. 새로운 논의에서도 고전 종교학자들의 통찰은 유효하다. 혼합현상을 종교의 창조적 변화의 원천으로 본 점, 선교와 같은 종교 간 만남의 장에서 일어나는 현상으로 파악한 점, 종교적 공간과 의례적 장에서 혼합을 언급한 사실은 이하의 논의에서 중요하게 계승된다.

3. 혼합현상에 대한 새로운 인식

1) 인류학의 통찰

인류학에서는 종교계, 종교학계보다 혼합현상에 대해 긍정적 인식이 더 강한 편이었다. 이러한 분위기를 형성한 선구적인 학자는 1940년대에 아프리카계 미국인 종교에 관한 기념비적인 업적을 남긴 멜빌 허스코비츠(Melville Herskovits)이다. 허스코비츠는 『니그로의 과거라는 신화』에서 혼합현상 개념을 통해 아프리카계 미국인의 전통문화가 존재한다는 점을 옹호하였다. 당시 미국 사회와 학계는 일반적으로 흑인이라고 불렸던 아프리카계 미국인을 전통이 상실된 사람으로

보았다. 그들은 아프리카에서 아메리카로 끌려온 후 몇 세대 동안 노
예 생활을 하는 중에 원래의 언어와 문화적 전통이 완전히 상실되었
다는 것이다. 그러나 허스코비츠가 '니그로의 (비어 있는) 과거'라는 신
화에 대항해서 주장한 것은, 현재 아프리카계 미국인 문화는 잔존해
있던 아프리카 문화와 미국 기독교 문화가 창조적으로 결합하여 형성
된 제3의 형태라는 것이다. 혼합현상은 두 세계의 만남의 과정을 분석
하고 그 문화적 역동성을 드러내는 핵심적인 개념으로 사용되었다.[27]
이전의 인식이 아프리카 문화라는 고정된 단위를 전제하고 그것의
결여를 이야기했다면, 혼합현상 분석은 고정된 정체성을 넘어 새로운
형태의 문화를 설명하며 그것이 열등한 형태가 아니라 창조적 형태의
문화임을 보여주는 것을 가능케 했다. 허스코비츠 이후 미국 인류학
자들은 혼합현상을 상대적으로 긍정적으로 개념으로 사용되는 경향
이 있었는데, 여기에는 여러 문화의 융합을 강조하는 용광로(melting
pot) 이미지를 중시하는 미국 사회의 분위기도 한몫하였다.[28]

우리가 인류학의 혼합현상 논의에서 도움받을 수 있는 이론적 쟁점
은 혼합현상을 구성하는 주체에 대한 관심이다. 인류학자들은 문화를
구성하는 주체의 시각에서 문화를 이해하고자 하였고, 문화를 전수
받는 객체로서가 아니라 의미제작자(meaning-maker)로서의 인간을
강조하였다. 대표적인 예가 구조주의 인류학자 레비스트로스(Claude

---

27 Melville J. Herskovits, *The Myth of the Negro Past,* Boston: Beacon Press, 1958[1941],
   xxii~iii.
28 David Lindenfeld and Miles Richardson eds., *Beyond Conversion and Syncretism:
   Indigenous Encounters with Missionary Christianity, 1800~2000,* New York: Berghahn
   Books, 2011, p.4.

Lévi-Strauss)가 제시한 손재주꾼(bricoleur)이라는 인간형이다. 손재주
꾼은 재료를 적절하게 조합함으로써 원래의 재료가 가지지 못했던
용도에 쓰일 수 있는 구성물을 제작해내어 당면한 문제를 해결한다.
다른 말로 해서, 손재주꾼은 주어진 요소들의 재조합을 통해 구조를
구성하는데, 이때 생성된 구조는 이전의 것과는 상이한 형태를 갖는
다. 이러한 손재주꾼이라는 인간형, 의미제작자로서의 인간은 종교를
실천하는 인간의 행위를 이론화하여 서술하는데 유용한 틀이 된다.
예컨대 인류학자 코마로프(Jean Comaroff)는 남아프리카인들이 토착
적 종교 전통과 기독교 전통을 결합하여 현실에 대응하는 종교적 체
계를 구성하는 과정을 연구하였다.[29] 또 구조주의적 관점의 영향을 받
은 종교학자 조너선 스미스(Jonathan Z. Smith)는 마오리족의 이오(Io)
신 신화 연구에서, 서구적 영향력에 직면한 마오리 사람들이 전통의
요소들과 외래의 요소들을 결합하여 현실에 대한 성찰을 가능케 하는
틀로 신화를 사용하였다는 사실을 밝혔다.[30] 이러한 연구들에서 강조
되는 것은, 신화를 누리는 사람들, 제의를 실천하는 사람들이 어떠한
방식으로 자신에게 주어진 것을 활용하느냐에 대해서이다. 연구의 초
점은 종교 전통 자체보다는 그것을 수용하는 인간에 맞추어진다. 혼
합현상은 의미 수용자가 형성하는 요소들의 조합으로서 연구된다.[31]
그 조합의 창조성이 혼합현상을 이해하는 가장 큰 관건이 된다. 그러

---

29 Jean Comaroff, *Body of Power, Spirit of Resistance*, Chicago: The University of
Chicago Press, 1985.

30 Jonathan, Z. Smith, "The Unknown God: Myth in History", *Imagining Religion*, Chicago:
The University of Chicago Press, 1982.

31 Drooger, op.cit., p.18.

므로 수용자들이 어떤 요소, 즉 '무엇을' 받아들였느냐에 대한 연구에서 더 나아가, 그것을 '어떻게' 받아들였느냐에 대한 연구가 요청되는 것이다.

이 글에서 주목하는 혼합현상은 대중 전통의 실천에 의해 빚어지는 현상이다. 엘리트 전통에서 '무엇을' 대중 전통에 부여하였을 때, 대중 전통은 그것을 곧이곧대로 신행하지 않는다. 여기서 '어떻게'의 문제가 제기된다. 대중 전통은 기존의 요소와 엘리트 전통에서 받아들인 새로운 요소들의 창조적 결합, 즉 혼합을 통해 자신들의 전통을 고안한다. 물론 이렇게 고안된 전통은 엘리트 전통과 긴장 관계에 놓인다. 엘리트 전통은 고안된 전통을 상황에 따라 묵인하기도 하고, 규제하기도 하면서 그것을 제어하려는 노력을 계속한다. 이러한 의미에서 혼합현상은 권력관계가 작용하는 영역이다.

2) 개념 이해의 전환점

(1) 혼합의 정치학

인류학에서 혼합현상 이론의 발달에 중요한 계기를 마련한 저작은 1994년 찰스 스튜어트(Charles Stewart)와 로절린드 쇼(Rosalind Shaw)가 편집한 『혼합주의/반혼합주의: 종교 종합의 정치학』이었다. 이 책은 학계에 혼합현상에 대한 본격적인 관심을 불러일으켰고 차후 여러 후속 연구들이 등장한 발판이 되었다. 이 책이 지닌 중요한 의미로 다음 두 가지를 꼽을 수 있다.

첫째, 이 책은 혼합현상이라는 용어의 경멸적 의미를 극복하고 학술적 용어로 되살리려는 저자들의 의도를 성공적으로 전달하였다. 저자들은 인류학에서 혼합현상이 중립적이고 때로는 긍정적 의미로 사용됐지만, 신학의 영향을 받아 그 사용이 기피된 경향도 있었음을 지적한다. 이들은 서문에서 혼합현상 개념사를 개관함으로써 신학적 판단에서 벗어난 용어 정립을 위한 기반을 제시하였다. 이들은 페티시즘(fetishism)이 과거의 경멸적 의미를 극복하고 문화현상을 서술하는 용어로 되살려서 사용되고 있는 것처럼, 혼합현상 역시 폐기되기보다는 되살려져야(recast) 할 용어라고 주장하였다.[32] 무엇보다도 이 책의 기획이 빛나는 부분은 1990년대 학계의 뜨거운 관심사였던 다문화 상황과 혼성성(hybridity)에 해당하는 주제가 종교 연구에서는 혼합현상임을 일깨워 주었다는 점이다. 언어학의 크리올화(creolization)의 경우처럼, 이전에는 열등한 문화로 여겨진 혼성적 장르들이 이제는 문화의 창조성을 보여주는 영역으로 재인식되기 시작하고 있었다. 이책이 주목받고 후속 연구를 이끌어낸 이유는, 적당한 타이밍에 학계의 관심을 종교 영역과 연결한 기획 능력에 있다고 생각된다.

둘째, 이 책의 부제에 포함된 '정치학'에서 잘 드러나듯이 책에 실린 다수의 논문이 주목한 것은 권력의 행사와 그에 대한 저항이라는 혼합현상의 정치적 맥락이었다. 중심에서 종교적 전통성을 주장하는 반혼합주의와 주변부 목소리를 대변하는 혼합주의의 대립은 종교사를 서술하는 유용한 도식이 되었다. 이 책의 연구들이 다루는 사례들은 서구와 비서구세계의 만남이고, 이 만남에는 서구 제국주의라는 배경이 존재하기 때문에 정치적 분석은 필수적일 수밖에 없다. 여러 연구가 민족주의와 다문화사회를 연구의 배경으로 삼고 있다.[33]

---

32 Stewart and Shaw, op.cit., pp.1~2.
33 다문화사회 내에서 혼합현상이 갖는 정치적 의의에 대해서는 다음 글이 주목할 만하

혼합현상에 대한 정치적 해석은 후속 연구들에 많은 영향을 주었다.[34] 그러나 정치적 측면만으로 혼합현상의 완결된 분석이 가능한가 하는 문제가 남는다. 더구나 정치적 해석은 흔히 의도성과 연결되기 때문에 현상보다는 담론적 분석을 강조하는 경향이 강하다. 우리는 선교의 만남을 다룬 최근 연구를 검토하면서 혼합현상이 종교의 변형을 어떻게 설명하는지 이론적 정교화 과정을 정리해보도록 하겠다.

(2) 기독교 인류학

2000년대 이후 기독교를 인류학의 진지한 연구 대상으로 삼아야 한다고 주장하는 일군의 인류학자들이 '기독교 인류학(the Anthropology of Christianity)'이라는 이름으로 등장하였다. 이들의 문제의식을 요약하면 다음과 같다. 인류학의 주된 연구 대상은 비서구세계의 토착 문화이다. 인류학자는 자신이 연구하는 한 문화가 고유한 모습을 유지한다고 생각하는 경향이 강하다. 이들의 입장에서 기독교는 식민주의의 산물로 고유문화를 교란하거나 변형시키는 외부 요인으로 인식되기 때문에 기독교가 그들의 삶에서 어떠한 역할을 하는지에 대해서는 평가가 박했다. 인류학은 타자를 연구하는 학문인데, 기독교는 타자로 인식되기에는 너무 서구적인 존재라서 인류학의 정체성과 마찰하는 불편한 존재였고 이 사실이 그동안 인류학에서 기독교에 관한 연구가 소극적이었다는 사실로 나타났다는 것이다.[35] 그러나 기독교 인류학

다. Peter van der Veer, op.cit..

34 이러한 후속 연구 중 대표적인 성과로 다음 책을 꼽을 수 있다. S.M. Greenfield and A.F. Droogers eds., *Reinventing Religions: Syncretism and Transformation in Africa and the Americas,* Oxford: Rowman & Littlefield, 2001.

을 표방하는 학자들은 실제 비서구인들의 삶에서 기독교가 하는 역할
을 정당하게 분석하기 위해서는 인식의 전환이 필요하다고 주장한다.

이 글에서 기독교 인류학에 주목하는 이유는 이들의 연구가 선교
를 다루고 기독교와 기존 문화 간의 접촉과 변화를 주요 주제로 하기
때문이다. 이들의 연구에서는 개종이나 혼합현상이 흔히 키워드로 등
장한다. 따라서 인류학 내의 기독교 연구에 대한 전반적인 반성은 구
체적으로 종교적 만남을 묘사하는 방식에 대한 반성을 의미한다.

우리는 기독교 인류학을 주도하고 있는 학자 중 하나인 조엘 로빈
스(Joel Robbins)의 저작에서 혼합현상에 대한 구체적인 반성과 대안을
볼 수 있다. 그는 종전의 인류학 연구에서 비서구세계에 전달된 기독
교가 정당하게 다루어지지 않고 있다는 점을 비판하면서 논의를 시작
한다. 어떤 인류학자는 주민들의 기독교적 진술을 진지한 의미가 없
는 클리셰나 불완전하게 이해된 단편으로 보기도 한다. 다른 인류학
자는 외관상 기독교로 보이는 것이 사실은 전통 종교인데 기독교라는
새로운 옷으로 변장한 것이라고 주장하는데, 바로 이 맥락에서 기독
교와 전통 종교의 혼합이 언급되는 때가 있다. 이에 해당하는 사례로
로빈스가 인용한 내용은 다음과 같다.

---

35 이국적인 문화를 연구한다는 포부를 갖고 현지조사를 떠난 인류학자가, 막상 현지에서
는 기독교인이 된 사람들을 만나 기독교만 접하게 될 때 당혹스러움을 느끼는 경우가
있다. 조엘 로빈스가 인용한 다음 글에서 이러한 감정이 잘 나타난다. "나는 현장에서
카틀라족 종교를 연구하면서, 조상신에게 드리는 이교적 희생을 보는 대신에 평범한
개혁교회 예배에 앉아 있는 것에 실망하지 않을 수 없었다……(전통문화를 기록하는
데 써야 할) 열심을 갖고 기독교 결혼식이나 견진성사 내용을 기록하고 있는 나 자신이
그렇게 한심할 수가 없었다." Joel Robbins, *Becoming Sinners: Christianity and Moral
Torment in a Papua New Guinea Society*, University of California Press, 2004, p.28.

"혼합현상은 사회적 문화적 항상성의 한 양태로, 새로운 문화의 외부 형태를 빌림으로써 원래의 내적 의미와 가치 체계의 많은 부분을 오랫동안 유지하고 원래 문화의 중요한 부분을 보존하고 위협 아래 생존하게끔 도와준다 …… 기독교에서 빌려오거나 나란히 시행되는 혼합적 실천 아래에는 기독교 이전의 토착적 가치와 믿음이 심리적 생활, 감정적 지향, 근본적 태도로 잘 존재하는 경우가 많다."[36]

여기서 언급된 혼합현상 개념은 지금까지 우리가 봐왔던 것과 상당히 다른 맥락에서 사용되었다. 인류학자들은 자신이 연구하는 특정 문화가 항상성을 지닌, 다시 말해 근본적으로 변화하지 않고 지속한다는 전제를 갖는 경우가 많다. 기독교 선교는 이러한 문화의 지속에 방해가 되는 현상이다. 기독교 선교에도 불구하고 전통적인 종교문화가 지속하고 있음을 주장하기 위해 혼합현상 개념이 동원된다는 것이 로빈스의 지적이다. 그는 2011년의 논문에서 이 비판을 본격화하고 대안적 이론도 제시하였다. 그는 종전 인류학에서 문화의 지속성을 주장하기 위해 사용되는 혼합현상 개념을 '숨은 종교(Crypto-religion)' 모델이라고 불렀다. 숨은 종교 모델은 원주민들이 기독교로 개종할 때 전통적인 종교적 신행은 내면에 간직한 채 외면적으로 기독교를 받아들인다는 설명 방식이다. 그래서 오랜 개종에도 불구하고 기독교의 역할은 그들의 의미 체계에서 최소한의 부분만 차지한다고 설명되는 경우가 흔하다. 새로운 관념과 실천은 언제나 '표면적'이고, 보다 '심층적'이고 '핵심적'인 전통적 관념 위에 '덧씌워'진다는 것이다. 기독교는 전통의 '본질'을 가릴 수는 있어도 파괴하지는 못하는 '표면'

36 Robbins, op.cit., p.30.

에 불과하다는 것이 이 모델에서 흔히 등장하는 표현이다.[37]

로빈스는 '숨은 종교' 모델을 극복하고 혼합현상을 분석하는 이론적 대안을 제안하였다. 혼합현상은 기원이 다른 문화 범주들로 구성된 문화복합체이다. 이 현상의 분석은 범주 간의 관계를 구조화하는 가치의 역할에 초점을 두어야 한다. 즉 범주들은 더 중요하거나 덜 중요한 가치의 위계에 의해 형성된 구조 속에 존재한다.[38]

로빈스의 현지조사 대상인 파푸아뉴기니 우라프민(Urapmin) 사람의 예를 통해 설명하면 다음과 같다. 이들은 최근에 기독교로 전적으로 개종하였다. 그래서 현재 이들은 전통적인 조상신 관념을 받아들이지 않는다. 그런데 자연신에 대한 믿음은 여전히 남아 있어서, 사람들은 누군가가 아프면 자연신 때문이라고 생각한다. 이런 경우에 성령 부인(Spirit women)이라고 불리는 기독교 의례 전문가가 와서 자연신을 물리치는 기도를 드려 아픈 사람을 낫게 해준다. 기독교인을 자처하는 이들에게 어떻게 자연신에 대한 믿음과의 공존이 가능했을까? 기독교인인 그들에게 우선적 가치는 개인의 구원이고 이를 위해서는 창조주 하느님에 대한 믿음이 중요하다. 조상신은 전통적 신앙에서 신화적 과거의 창조자로 이해되기 때문에 이 가치 영역에서 창조주 하느님에 대한 믿음과 충돌하고 그래서 기독교적 세계관에서 배제되었다. 그런데 자연신의 경우는 다르다. 그들은 하느님이 인간의 질병과 같은 악한 일을 창조했을 것이라고는 믿지 않기 때문에 이런 일을

37 Joel Robbins, "Crypto-Religion and the Study of Cultural Mixtures: Anthropology, Value, and the Nature of Syncretism", *Journal of the American Academy of Religion* 79(2), 2011, pp.413~14.
38 Ibid., p.418.

자연신의 탓으로 돌린다.[39]

우라프민의 세계관에는 분명한 가치의 위계가 있다. 중심적 범주인 구원관에서 기독교적 설명이 확고하며 이와 충돌된다고 생각되는 전통적 범주는 제거되었다. 하지만 전통적 범주가 모두 사라진 것은 아니고 어떤 것들은 기독교 세계관 내의 주변적 범주에 잔존하면서 나름대로 조화를 이루고 있다. 기독교의 요소와 전통의 요소가 하나의 구조를 형성하고 있는데, 이들은 동등한 관계가 아니라 가치의 위계 속에 존재한다. 그 결과물은 우라프민 특유의 기독교이다.

3) 의례적 장에서 일어나는 혼합

1990년대 인류학계에서 혼합현상이 주목받은 이후 혼합현상에 대해 적지 않은 연구들이 이어지고 있다. 이 글에서는 편의상 종교학과 인류학의 고전적인 연구들을 분리하여 소개하였지만, 최근의 종교 연구에서 이 두 학제를 구분하는 것은 큰 의미가 없다고 생각된다. 종교적 만남이라는 주제에서 두 분야의 관심이 거의 일치하고 있고 현실적으로 출신 학부와 소속학과가 중첩되어 있기 때문이다.

혼합현상과 관련된 최근 연구 중에는 개종에 대한 새로운 관점을 제시해주는 것이 주목할 만하다. 케네스 모리슨(Kenneth Morrison)은 17세기 북미원주민 알곤킨족(Algonquian)이 유럽인들과 만나 가톨릭으로 개종하는 과정을 혼합현상으로 분석하였다. 여기서 혼합현상은 요소들의 단순한 뒤섞임이 아니고 외부의 요인을 전통적 세계관 내에서 의미화하는 과정, 다시 말하면 전통적 의미 체계의 논리적 확대

---

39 Ibid., pp.416~18.

과정이다. 알곤킨족의 가톨릭 개종은 겉으로 보기에는 유럽 세계관의 도입으로 보이지만, 모리슨은 혼합현상 분석을 통해 실제로 진행된 것은 전통적 세계관이 외부적 요소들을 자신의 맥락 내에 포함한 종교적 변화임을 보여준다.[40]

이 글에서 주목하고 싶은 최근의 다른 성과로는, 오랜 기간 서양 식민 통치의 대상이었고 가톨릭 선교가 진행되었던 인도 고아(Goa)지역의 사례를 연구한 알렉산더 헨(Alexander Henn)의 『고아에서 일어난 힌두교와 가톨릭의 만남: 종교, 식민주의, 근대성』을 들고 싶다.[41] 이 책은 동서 종교가 만나는 혼합의 흥미로운 사례를 세밀하게 연구한 동시에, 혼합현상에 대해 이론적으로 주목할 만한 주장들을 제시하고 있다.

인도 고아지역은 포르투갈 항해사 바스쿠 다 가마(Vasco da Gama) 가 진출한 1510년부터 꽤 최근인 1961년까지 여러 정치적 변화에도 불구하고 포르투갈의 지배력이 행사되었던 지역이다. 그 영향력으로 인해 인도 내에서 가톨릭 교세가 강한 지역으로, 2011년 기준으로 힌두교 65%, 기독교 27%, 이슬람교 6%의 종교인구 분포를 보인다. 포르투갈의 지배와 예수회의 진출 이후 이 지역에서 강제 개종과 힌두교 사원과 신상 파괴가 진행되었으나 이후 힌두교 세력이 회복되면서 오랜 공존의 역사를 갖게 된다. 이 역사적 경험은 오늘날 고아지역에

---

40 Kenneth M. Morrison, *The Solidarity of Kin: Ethnohistory, Religious Studies, and the Algonkian-French Religious Encounter*, Albany: State University of New York Press, 2002, pp.131~146.

41 Alexander Henn, *Hindu-Catholic Encounters in Goa: Religion, Colonialism, and Modernity*, Bloomington: Indiana University Press, 2014.

서 볼 수 있는 다양한 혼합현상에 반영되어 있다. 이 지역 사원이나 길가 신당에는 힌두교 신과 가톨릭 성인들이 인접해 있거나 동일한 공간에 모셔져 있는 경우가 많다. 두 종교의 신자들이 같은 공간을 참배한다. 이 지역에서 행해지는 전통 의례 '자가르'는 가톨릭 선교를 위해 전용되었던 적이 있어 오늘날도 의례 연행 중간에 라틴어 기도문이 낭독된다. 그런데 삽입된 라틴어 기도문 안에는 성모와 성인의 이름 사이에 가네샤 신이 등장한다. 인도 전통의 마을신앙 구조 안에 가톨릭 성인 숭배가 편입된 양상도 흥미롭다. 고아의 수호성인 하비에르는 유골이라는 물질적 현존으로 인해 기적을 일으키고 지역을 보호하는 수호신 역할을 하고 있다. 고아 마푸사(Mapusa) 지역의 성모는 지역 신화 속 힌두교 신의 계보에서 기독교로 개종한 다섯 번째 딸로 등장한다.

이처럼 풍성한 혼합현상의 사례들로부터 어떠한 이론적 쟁점을 도출할 수 있을까? 헨의 저작에서 주목할 만한 쟁점은 다음 두 가지이다. 첫째, 고아 사례는 혼합현상을 종교적 정체성의 차원에서 평가하는 견해가 적절하지 않음을 보여준다. 흔히 혼합현상 분석에서, 특히 신학적 혼합주의 담론에서 쟁점이 되는 것이 종교적 정체성의 문제이다. 신학적 입장에서 혼합주의는 무원칙한 뒤섞임에 의해서 전통의 순수성을 상실한다는 이유에서 비판받는다. 얼핏 생각하기에 혼합현상은 두 전통의 섞임이고 그 결과는 그 어느 것도 아닌 상태이다. 예를 들어 가톨릭과 힌두교의 혼합의 결과는 가톨릭이라고 할 수도 없고 힌두교라고 할 수도 없는 어정쩡한 종교라는 것이다.

그러나 헨은 신자들이 종교적 정체성에 혼란을 느끼지 않는다는 사실을 강조한다. 그가 현지 조사에서 만난 고아 사람들은 엄연히 자

신들이 힌두교인이나 기독교인이라고 말한다는 것이다. 실제로 공동
의 축제에 참여하거나 성소에 참배할 때, 고아의 힌두교인이나 가톨
릭 교인은 각기 자신의 종교에 속한 실천 양태를 보인다. 힌두교인은
신에게 기름 램프와 꽃을 봉헌하는 반면에 가톨릭 교인은 양초와 과
일을 봉헌한다.[42] 그들은 각자 무리 지어서 구별된 시간대에 참배하거
나 축제 내에서도 구분된 구역에서 활동한다. 두 전통이 뒤섞여서 혼
란스럽다는 것은 순전히 외부인의 시각이다. 신자의 눈으로 볼 때 그
실천은 하나의 정합적인 종교적 세계관 속에서 실천되는 행위이다.
그리고 우리가 지닌 종교 정체성 관념이 근대 이후에 형성된 종교
범주에 바탕을 두고 있다는 점도 염두에 둘 필요가 있다. '힌두교'라
는 범주는 19세기 영국 지배 이후 형성되었다. 고아의 혼합현상은 근
대에 힌두교와 가톨릭이라는 범주 구분이 확립되기 이전부터 존재했
던 현상이다. 우리가 지닌 근대적 종교 정체성을 기준으로 혼합현상
을 평가하는 것은 재검토될 필요가 있다.

　둘째, 앞서 『혼합주의/반혼합주의』의 출간 이후 학계에서 혼합현
상에 대한 정치적 해석이 강조되었다고 지적한 바 있는데, 헨의 저작
은 이에 대한 대안적 이론을 제공한다. 종교 갈등이 심한 인도 사회에
서 고아의 혼합주의는 종교 간 공존의 모범으로 중요성을 지닐 수
있다. 그러나 현재의 의미가 그러하다고 해서 혼합현상이 다원주의적
관용의 선구라는 식의 정치적 해석을 하는 것이 온당할까? 한 현상이
정치적 의미를 지닌다는 것과 정치적 의도에서 형성되었다는 것은
다른 이야기이다. 혼합현상이 근대적인 정치 아젠다로 모두 설명될

42　Ibid., p.64.

수 있는 것은 아니다. 다른 설명의 모델을 찾을 필요가 있다.

혼합현상은 교리적 논리나 정치적 의도에 의해 형성되기보다는, 종교의 기초를 이루는 물질적 현실성에 기반을 두고 일어나는 현상이다. 헨은 혼합현상에서 의례적인 장, 종교적 기호를 구성하는 이미지와 물질에 주목해야 한다고 강조한다. 힌두교 신상과 가톨릭 성인이 서 있는 자리의 공간적 인접, 전통적인 마을신이 있던 자리에 모셔진 성인의 유골, 동일한 의례 안에 존재하는 다른 요소들, 교통의 요지에 다른 신들이 함께 모셔질 수밖에 없는 사정 등이 혼합을 가능하게 하는 조건이다. 혼합은 논리적 의도성 이전에 물질적인 차원의 공유, 공동의 의례적 장의 형성을 전제로 한다. 구체적 물질성에 주목하는 것이 종교현상으로서의 혼합을 이해하는 데 중요한 관건이 된다.[43]

4. 혼합주의에서 혼합현상으로

원래 신크레티즘은 다른 견해를 지닌 사람들 간의 정치적 제휴를 뜻하는 용어였다. 이 용어는 종교개혁기 개신교와 가톨릭의 제휴를 주장하는 사람들에 적용되었고, 제휴를 주장하는 이 집단의 정치적 패배 이후 제휴는 배신을 뜻하게 되었다. 이후 종교계에서 이 용어는 다른 종교적 교리 간의 무질서한 결합이라는 의미로 굳어지게 된다. 현재 한국에서 혼합주의라고 지칭할 때는 이러한 의미를 지닌다. 그러나 혼합을 부정적으로 평가했던 종교계와는 달리, 학계에서는 혼합

---

43 Ibid., pp.177~184.

을 통해 종교의 변형을 설명하는 가능성을 보았다. 특히 고전 종교학
자 판데르레이우는 혼합이 선교와 같은 만남의 상황에서 일어나며,
의례적 맥락에서 일어나는 혼합을 강조하였다. 엘리아데는 혼합이 종
교의 창조성의 원천임을 인정하였다.[44]

　인류학에서 혼합현상은 긍정적인 맥락에서 되살려지며 정교한 이
론화가 진행되고 있다. 기독교 인류학자 로빈스는 혼합현상을 요소들
이 위계를 이루며 구성된 구조 모델로 설명하며, 신자들의 세계관이
이러한 정합적 구조를 이루기 때문에 기독교인이 전통적 요소를 자기
세계관을 훼손하지 않으면서 공존시키는 것이 가능함을 보여주었다.
헨은 혼합현상에서 의도적으로 만들어지는 정치적 이념적 측면보다
의례적 맥락에서 구체적인 물질을 통해 이루어지는 실천적 측면에
주목해야 할 필요성을 강조하였다. 여러 요소가 공존하는 의례적 장
에서 행해지는 혼합적 신앙은 외부자의 염려와는 달리 신자의 정체성
문제를 일으키지 않는다.

　최근에 융합과 혼종의 상상력을 높이 평가하는 학문적 분위기에
속에서 혼합현상에 본격적으로 주목하는 학술 작업은 증가하고 있
다.[45] 최근의 한 저서는 종교계의 부정적 인식과는 완전히 전도된 분
위기를 전해준다. 다음 인용문에서 저자는 혼합현상을 종교의 이상적

---

44 엘리아데가 강조한 대로 혼합현상을 성스러움의 창조적 측면으로 접근하는 연구는
최근에도 이어지고 있다. S. Palmisano and N. Pannofino eds., *Invention of Tradition
and Syncretism in Contemporary Religions: Sacred Creativity*, Cham, Switzerland:
Springer International Publishing, 2017.

45 혼합현상에 대한 고전적 논의들을 묶어 간행한 다음의 글 모음집이 이러한 분위기를
반영하고 있다. A.M. Leopold and J.S. Jensen eds., *Syncretism in Religion: A Reader*,
New York: Routledge, 2016.

측면으로 추켜세운다.

　혼합현상은 좋은 것이고 건강한 과정이다……내가 보기에 혼합현상은
사람들이 서로를 배워가는 매우 중요한 과정이다. 그것이 항상 꼭 좋은
것만은 아니다. 때로는 그것이 폭력과 적대에 뿌리를 두어서 일시적이나
마 악한 믿음이 좋은 믿음을 이길 때도 있다. 때로는 혼합현상이 가치
있는 목표를 이루는 것을 돕는 자리에서 벗어나 파괴를 조장하는 자리로
이동하는 잘못된 길을 가는 것을 의미할 때도 있다. 그러나 전반적으로
혼합현상은 종교들이 지혜와 이해 속에서 성장하는 수단이고 매우 소망스
러운 것이다.[46]

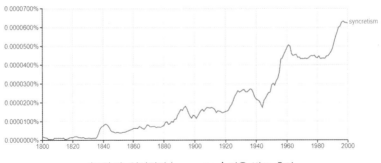

〈그림 2〉 영어권의 'syncretism' 사용 빈도 추이

　지금까지 신크레티즘이라는 용어의 복잡한 역사를 개괄하였다. 그
내용을 시간순에 따라 배열해보면 용어의 발달 과정을 다른 측면에서
정리할 수 있다. 위의 그래프는 영어권 저작에서 신크레티즘이라는

---

46 William H. Harrison, *In Praise of Mixed Religion: The Syncretism Solution in a
Multifaith World*, Montreal: McGill-Queen's University Press, 2014, p.9.

단어가 사용된 빈도수의 추이를 보여준다(〈그림 2〉).[47] 이 단어의 사용
빈도는 지속적으로 상승하였다. 그중에서도 사용 빈도가 눈에 띄게
상승한 시기를 다음과 같이 꼽을 수 있는데, 이는 신크레티즘 개념사
의 주요 변곡점에 해당한다. 첫째 시기는 1890년대로, 헬레니즘, 초기
기독교 연구가들에 의해 혼합현상에 대한 학술적 관심이 본격화된
시기이다. 둘째 시기는 1960년대로, 세계교회협의회가 혼합주의를 비
난하는 태도를 전면화하였고, 이 때문에 전세계적으로 혼합주의를 비
난하는 담론이 팽창한 시기이다. 셋째 시기는 1990년대로, 혼합현상
에 주목하는 새로운 학문적 분위기와 인류학 연구들에 의해 학술적
언급 빈도가 급상승한 시기이다. 신크레티즘에 대한 관심은 1890년
대의 학술적 관심, 1960년대의 부정적 관심, 1990년대의 긍정적 관심
을 거쳐 성장하였으며, 현재는 1990년대의 긍정적인 관심의 분위기
의 연속선상에 있다고 볼 수 있다.

국내에서 신크레티즘은 1960년대의 부정적이고 신학적 의미의 혼
합주의를 위주로 소개되어 있다. 1890년대와 1990년대의 학술적 용
법은 국내에 잘 소개되어 있지 않기 때문에, 이 글에서 소개된 혼합현
상의 중립적이거나 긍정적 가치를 논의한 이론적 성과들은 이 개념을
새로운 관점에서 논의하는 데 도움을 줄 것이라 기대된다. 이러한 성
과들은 혼합현상의 긍정적 가치를 지향하는 것을 넘어 그것이 분석적
개념으로서 종교문화의 만남을 서술하는 이론적 틀을 갖추고 있음을

---

[47] 구글 엔그램(books.google.com/ngrams)에서 'syncretism'을 검색한 결과이다.(검색일:
2017년 11월 5일) https://books.google.com/ngrams/graph?content=syncretism&year
_start=1800&year_end=2000&corpus=15&smoothing=3&share=&direct_url=t1%3B%2
Csyncretism%3B%2Cc0

보여준다.

　종교문화의 만남과 변화에 관한 이론적 고찰은 문화의 변형, 메타모포시스를 설명하는 이론적 태도와 연동된다. 현재 학계의 문화 연구는 단순히 문화들을 고찰하기보다는 '문화들 사이의 공간'을 바라보려는 움직임이 큰 흐름을 이룬다. 과거에는 경멸적 대상이었던 잡종(雜種), 혼종(昏鐘)이 주요 연구 주제로 대상으로 부상하고 있다.[48] 융합과 퓨전의 시대의 종교 연구로서 종교 간의 만남에 관한 관심이 자연스럽게 고조되고 있고, 혼합현상은 이 시대 종교 연구의 키워드로 부상할 조짐을 보이고 있다. 혼합에서 비롯한 종교 변동 설명은, 만남에서 비롯한 문화 변동의 중요한 사례인 동시에, 변형을 설명하는 유효한 이론적인 모델을 제시한다.

---

48 멜러니 나이, 유기쁨 옮김, 『문화로 본 종교학』, 논형, 2013, 80~84쪽.

2장
혼합주의 담론의 역사

1. 혼합주의 담론

1장에서 혼합현상을 설명하는 이론적 노력들을 살펴보았다. 이러한 학술적 차원의 논의와는 별개로 종교 현실에서 신크레티즘은 신학적 경멸을 담은 표현으로 유통되었고 한국에서는 이 용법이 혼합주의라는 번역을 통해 정착하였다. 이 장에서는 한국 신학계의 혼합주의 담론의 역사를 개관한 후, 한국 기독교에 혼합현상 분석을 적용하고자 했던 기존의 노력을 소개하도록 하겠다.

신크레티즘(syncretism)이라는 말이 지금과 같이 신학적으로 부정적 의미를 지니게 된 것은 종교개혁 이후부터였다. 17세기 독일의 신학자 칼릭투스(George Calixtus)는 루터파 내에 존재하던 여러 진영의 제휴를 주장하였으나, 그의 반대자들은 이를 순수한 루터주의에 대한 배신이라고 비판하였고, 칼릭투스를 종교를 무원칙하게 뒤섞는 혼합주의자(syncretist)라고 불렀다. 17세기 독일의 루터파 내부에서 벌어진 '혼합주의 논쟁(syncretistic controversy)' 이후 이 단어는 부정적인 의미로 교회 내 정치적 논쟁의 맥락에서 등장하게 되었다.[1] 이 용어는 정체성을 상실한 무분별한 결합을 비판하는 신학적 욕설로 사용되기

시작하여 현재까지도 강한 부정적 함의를 가진 단어로 사용되고 있
다. 종교계의 용법은 학계에도 영향을 미쳐 이 용어를 부정적으로 생
각하거나 학술용어로 적합하지 않다고 생각하는 이들이 적지 않다.
이하에서는 한국 개신교계에서 이 부정적인 가치를 담은 혼합주의
담론이 정착하는 과정을 구체적으로 살핀 후, 그것을 극복하고 한국
개신교에 적용하려는 움직임을 소개하겠다.

2. 한국의 혼합주의

1) 혼합주의 담론 이전

19세기 후반 선교사들이 입국하면서 한국의 종교현상을 기독교의
시각에서 서술한 글들이 대거 등장하기 시작하였다. 당시의 개신교
선교사들은 한국 종교의 다원중층성(多元中層性)에 관해 여러 언급을
남겼다.[2] 그러한 언급 중에서 가장 대표적인 것은 예는 헐버트의 다음
과 같은 기술일 것이다.

> 한국인의 삶의 어떤 영역에서도, 다양한 개인들뿐 아니라 어떤 개인에
> 게도 유지되는 종교 신념들의 혼성물(mosaic) 만큼 문명의 유구함을 분명
> 하게 보여주는 것은 없다. …… 모든 한국인의 심성에는 전체가 뒤엉켜

---

1   "Syncretistis," J. McClintock and J. Strong eds., *Cyclopedia of Biblical, Theological, and Ecclesiastical Literature*, New York: Haper and Brothers, 1887.

2   개신교 선교사 중에서도 존스, 헐버트, 게일 등의 서술에서 나타난다. 김종서, 「한말, 일제하 한국종교 연구의 전개」, 『한국사상사대계』 6, 한국정신문화연구소, 1993, 257쪽, 259쪽, 262쪽.

(jumble) 있다. 아무리 논리적으로 서로를 부정하는 것이라고 해도, 다른
신앙 간에는 어떠한 대립도 존재하지 않는다. 그 신앙들은 수 세기에 걸쳐
함께 침잠(沈潛)하여 일종의 종교 복합체(religious composite)를 이루었
고, 사람들은 이 복합체로부터 자기가 좋아하는 요소를 선택하면서도 나
머지 요소를 무시하지 않는다.[3]

혼성물(mosaic), 뒤엉킴(jumble), 종교 복합체(religious composite) 등
의 표현은 등장하지만, 신크레티즘이라는 표현은 나타나지 않는다.
아마 20세기 이후의 서술에서라면 분명히 등장했을 법한 신크레티즘
대신에 다른 표현들이 부정적 함축을 담지 않은 채 쓰이는 것을 볼
수 있다. 서구 학계에서 신크레티즘이 로마 종교와 초기 기독교에 사
용되는 용어로 등장한 것이 19세기 말부터였음을 감안할 때, 19세기
말과 20세기 초까지는 한국에 온 선교사들에 이 용어가 알려지지 않
았다고 생각된다.

한국의 종교문화에 신크레티즘이 적용된 최초의 예는 1929년에 출
판된 백낙준의 『한국개신교사(The History of Protestant Missions in
Korea 1832~1910)』에서 보인다. 이 책은 백낙준은 예일대학에 교회사
가 라투레트(Kenneth Scott Latourette)의 지도를 받아 작성한 1927년
박사학위 논문을 출판한 것이다.[4] 그는 한국 종교의 특성을 개괄하는
대목에서, 기독교 유입 이전의 한국에는 고유신앙들이 쇠퇴하였고 독

---

3 Homer B. Hulbert, *The Passing of Korea*, New York: Page & Company, 1906, p.433.
4 L. George Paik, *The History of Protestant Missions in Korea, 1832~1910*, 2nd ed., Seoul:
   Yonsei University Press, 1970[1929]. 백낙준이 라투레트로부터 받은 영향에 관해서는
   다음을 볼 것. 최재건, 「라투레트와 백낙준의 교회사관: 그 상관성 연구 서설」, 『한국교
   회사학회지』 41, 한국교회사학회, 2015, 192~196쪽.

특하고 지배적인 종교가 존재하지 않았다고 전제하고, "고(古) 로마
세계에도 있었지마는, 당시 우리나라에도 종교혼합이 성행하고 있었
다."라고 서술하였다.[5] 우리는 1장에서, 19세기 말 서구 학계에서 로
마 종교사를 서술하는 용어로 신크레티즘이 사용되기 시작하면서, 그
것이 기독교의 승리라는 진화론적인 도식으로 연결되었음을 살펴본
바 있다. 백낙준은 기독교가 국교화되기 이전의 로마 종교 상황을 신
크레티즘으로 서술한 교회사가 아돌프 하르낙(Adolf von Harnack)의
종교혼합(religious syncretism) 개념을 받아들였다.[6] 그리고 로마의 상
황과 19세기 말 한국 종교의 상황을 유사한 것으로 놓는 비교의 인식
을 통해서, 이 개념을 한국 종교사 서술에 도입하였다.

　로마 종교가 여러 종교들의 혼합이라는 혼돈의 상황에 놓였을 때
그것이 기독교 확장의 배경이 되었다는 서구 종교사의 설명과 마찬가
지로, 한국의 종교적 상황은 혼합이라는 무질서에 처해 있었고 그때
기독교가 수용됨으로써 혼합을 극복할 수 있었다고 설명되었다. 따라
서 기독교 유입 이전의 한국 종교계는 암흑기로 규정되었다. 각각의
전통들이 쇠퇴하여 제 모습을 상실하고 혼합형태로 존재할 수밖에
없었다는 것이다. 그는 "종교혼합행위는 우리 겨레가 진리의 확증을

5　백낙준, 『한국개신교사 1832~1910』, 연세대학교출판부, 1973, 12쪽.(*The History of
　Protestant Missions in Korea, 1832~1910*, p.16.) 기독교 수용 이전의 종교적 배경을
　서술하는 이 부분은 1973년에 번역판이 나오면서 많이 증보된 부분이다. '종교혼합행
　위'를 언급하면서 정대위를 참조한 것도 초판에 없었던 내용이다. 그러나 혼합현상에
　대한 그의 서술에는 변화한 것이 거의 없다.
6　백낙준은 신크레티즘을 언급하면서 하르낙의 다음 저술을 참조하였다. Adolf Harnack,
　James Moffatt tr., *The Mission and Expansion of Christianity in the First Three
　Centuries*, 2nd ed., New York: G. P. Putman's Sons, 1908, Vol.1, p.22.

찾아보려는 비판성과 신앙적 집착성을 결여함을 보여주는 예증이 될 것 같다"라고 평가하였다.[7] 그래서 "표면적으로 볼 때에 한국인의 종교혼합은 신앙에 무관심 내지 무한한 관용성의 표현같으나, 엄정히 따져보면 종교신앙의 기갈(飢渴)을 여실히 증명하는 것이라 할 수 있다"라고 주장하였다.[8]

백낙준이 사용한 신크레티즘은 기독교를 제외하고 한국에 있던 종교들을 통틀어 한국의 종교적 상황을 서술하는 용어로 사용되었다. 베어드의 구분에 따르면, 백낙준의 용법은 동양 종교의 상태를 묘사할 때 전형적으로 사용되었던 '신학 현상으로서의 혼합'에 해당한다. 혼합은 요소들이 상호 모순을 지닌 채 의미 없이 공존하는 부정적인 상태를 묘사하는 뜻으로 사용되었다. 백낙준의 서술에서 기독교 전래 이전의 한국 종교사는 일종의 결핍 상태로 묘사되며, 그것은 그가 서술하는 개신교 선교의 역사를 정당화하는 배경이 된다. 그러한 구도를 형성하는데 신크레티즘은 중요한 역할을 담당하였다. 그의 용어 사용은 이후 학계에서 한국의 종교문화를 서술하는 데 많은 영향을 끼치게 된다. 하지만 혼합을 부정적으로 인식하고 있음에도 불구하고, 그의 서술 중에는 기독교의 혼합현상을 은연중에 요청하는 대목도 있다.

우리 겨레의 종교혼합현상을 고찰할 때에 새 의의를 발견할 수 있다. 이 세 가지 종교가 그 특성에 의하여 제공하고 있는 종교적 욕구를 충족시

7 백낙준, 앞의 책, 20쪽.
8 위의 책, 21쪽.

켜 줄 수 있는 하나의 세계적 종교를 요청하는 그것이다. 유교가 가진
높은 윤리적 표준과 불교가 지닌 창생제도(蒼生濟度)의 자비와 샤마니즘
에서 볼 수 있는 생사의 신비성과 영계 관념을 구비한 종교를 갈구하는
현상이다.[9]

위의 문장에서 한국인에 의해 수용된 기독교에 혼합의 계기가 존
재한다는 사실이 부정되지 않고 있다. 기독교를 수용하는 한국인의
'종교적 욕구'는 한국적인 기독교를 형성하는데 매우 중요한 작용을
한다. 이러한 맥락에서 한국에 수용된 기독교의 변화를 서술하는 개
념으로 혼합이 사용될 가능성이 내포되어 있음은 의미가 있다.

백낙준은 미국 유학에서 신크레티즘 개념을 학습하고 이를 한국
종교 서술에 처음을 적용하는 이론적 공헌을 하였다. 그것은 개신교
선교 당시의 한국종교 상황을 부정적으로 규정하기 위해 사용되었고,
그 부정적 측면만이 후에 영향을 끼친 것은 아쉬운 대목이다. 엄밀히
보면 백낙준의 신크레티즘 적용은 영어 문헌에서 사용된 것이고, 그
의 저작이 한국어로 번역된 것은 해방 이후의 일이기에 그의 개념
사용은 아직 한국어로 유통된 것이라고 볼 수는 없다. 한국 신학계에
서 이 용어가 활발히 사용된 것은 해방 이후의 일이다.

2) 1960년대의 혼합주의

신학계에서 혼합주의 담론의 사용이 폭발적으로 증가한 것은 1960
년대 들어서부터였다. 그 시기 이전에도 한국 전통문화와 기독교의

---

[9] 위의 책, 20~21쪽.

관계성에 대해서는 간헐적으로 언급이 있었다. 그 대부분은 전통문화에 의한 기독교의 오염을 염려한 것이었다. 1958년의 김재준의 글에 등장하는 다음 대목은 그 한 예가 된다.

> 현단계 한국교회의 생태는 유교가 대표하는 중국의 복고사상에 영합하는 정통주의 신학지지파가 다수를 점한 데다가 불교를 대표하는 인도의 도피사상, 초연자적(超然自適)의 도인사상, 봉건시대의 주종관계, 샤머니즘적인 흥분과 도취 등이 한국민족 본래의 '종교성'을 기회로 서로 영합, 반발하면서 혼선을 이루어 그리스도교의 순수성을 침략하고 있다.[10]

위의 인용문은 기독교에 끼친 다른 전통의 영향을 부정적으로 서술하는 개신교 신학의 전형적인 서술이다. 그러나 위의 부정적인 서술 속에서 아직 혼합주의는 사용되지 않고 있다. 그 용어의 사용이 1960년대 들어서 본격화되었기 때문이다.

한국 사회에 이 용어가 본격적으로 소개된 것은 해방 이후 개신교회 내부의 논쟁이 계기가 되었다. 1959년에 장로교회는 에큐메니컬 진영(통합)과 복음주의 진영(합동)의 분열을 경험하였다. 이때 분열의 쟁점 중 하나가 세계교회협의회(WCC)에 대한 평가였다. 통합 측에서 세계교회협의회에 참석할 것을 주장한 반면에, 합동 측에서는 사회주의 국가의 참여와 혼합주의를 이유로 참여를 거부하였다. 그러자 교단에서는 1954년 제2차 세계교회협의회 총회에 참석했던 이들을 불러 의견을 청취하였는데, 참석자 중 한 명인 명신홍은 세계교회협의

---

10 김재준, 「한국의 재래종교와 그리스도」, 『기독교사상』, 1958, 8·9쪽.

회가 "교리적으로 혼합주의적이며 용공적"이라고 부정적으로 보고하였다.[11] 이 평가는 대체로 이후 통합 측의 기조로 유지되었고, 이후 교단 분열로 이어지게 된다. 이들은 세계교회협의회의 설립 목표인 세계교회의 연합과 일치의 추구를 무원칙한 결합이라는 의미에서 '혼합적'이라고 평가하였다.

세계교회협의회와 혼합주의의 연결하는 담론은 그 이후에도 이어졌고, 현재도 반복되어 나타난다. 1960년대 이후 세계교회협의회가 종교 간 대화를 추구하는 노선을 지향하면서, 그리고 1991년 7차 세계교회협의회 총회에서 여성신학자 정현경이 초혼제 공연을 통해 한국의 영성을 소개한 것이 세계 신학계에서 화제가 된 사건을 계기로, 국내의 보수적인 교단에서는 세계교회협의회가 혼합주의적이라는 평가를 더욱 강화하게 된다.[12] 2013년 10월에 우리나라 부산에서 제10회 세계교회협의회 총회가 개최되었을 때, 통합 측 교단들이 주축이 되어 반대 목소리를 내었다. 예를 들어 보수교단협의회는 "WCC는 혼합주의 인본주의 종교다원주의로 이단이자 적그리스도 단체"라고 하면서 총회 준비를 규탄하였다.[13] 세계교회협의회가 혼합주의라는 비난은 1950년대 말 논쟁에서 사용되었던 표현인데, 오랫동안 잠복해 있다가 2010년대에 다시 등장하였다.

11 한국기독교역사연구소, 『한국 기독교의 역사 3: 해방 이후 20세기 말까지』, 기독교문사, 2009, 91쪽.
12 정병준, 「WCC 제10차 부산총회 반대의 주요 쟁점과 대안」, 『기독교사상』, 2013. 9, 43~45쪽.
13 정형권, 「'WCC 반대' 거세진다」, 『기독신문』, 2013.7.2.
(http://www.kidok.com/news/articleView.html?idxno=81253 2023년 1월 5일 접속)

그런데 혼합주의와 세계교회협의회의 관계에는 상당히 역설적인 측면이 있다. 앞서 보았듯이 국내에서 세계교회협의회는 혼합주의의 원흉인 것처럼 비난받고 있지만, 정작 영어권에서 세계교회협의회는 혼합주의를 비난하고 그에 부정적 의미를 부여한 대표적인 주체이기 때문이다. 이것은 세계교회협의회가 혼합주의라고 비난받은 것에 대한 반작용으로 보인다. 그 결과 혼합주의는 세계교회협의회에 대해 찬성, 반대하는 양 진영에서 공히 비난하는 대상이 되었다. 1960년대 세계교회협의회는 종교 간 대화를 표방하는 동시에 혼합주의는 종교 간 협력에서 넘지 말아야 할 선으로 규정하고 강력하게 비난했다.[14] 세계교회협의회는 1961년 제3차 총회에서는 혼합주의의 망령을 피해야 한다는 노선을 제시하였다.[15]

이러한 입장은 1960년대 서양에서 혼합주의에 대한 공포를 확산하고 신학적 경멸의 의미가 고착하는 데 결정적인 영향을 미쳤다. 이러한 분위기는 세계교회협의회 초대 총재를 지낸 비써트 후프트의 저서 『다른 이름은 없다!』에 잘 나타난다. 이 책에서 그는 기독교사를 혼합주의와의 투쟁의 역사로 재서술한 후, 흐리멍텅하고 부정확한 통합에 반대하는 그리스도 중심적 통합을 교회 구성의 원리로 놓아야 한다고 주장하였다. 그는 세계교회협의회에서 추구하는 종교 상호 간의 협력에 혼합주의는 필요하지 않다는 태도를 분명히 밝힌다.[16]

14 David Lindenfeld and Miles Richardson eds., *Beyond Conversion and Syncretism: Indigenous Encounters with Missionary Christianity, 1800~2000*, New York: Berghahn Books, 2011, p.6.
15 말린 벤엘데렌, 이형기 옮김, 『세계교회협의회 40년사』, 한국장로교출판사, 1993, 87쪽.

세계교회협의회로 인하여 혼합주의를 비판하는 분위기가 1960년
대 전 세계를 휩쓸었고, 이는 다시 국내 신학계에 영향을 미쳤다. 한
국 신학자들은 세계 신학계의 분위기를 받아들여 부정적인 함축을
지닌 신크레티즘을 강화된 형태로 한국 사회에 정착시키게 된다. 이
시기에 신크레티즘은 종교혼합, 제설혼효(諸說混淆), 습합(褶合), 제교
종합주의 등 다양한 표현으로 번역되었지만 나중에는 혼합주의라는
표현으로 번역 정착되어 다음과 같은 의미를 가졌다. 한국 신학계에
서 혼합주의는 기독교의 독자성 혹은 절대성을 해치면서 기독교를
종교일반의 보편성을 가진 것으로 격하하는 의도를 지칭하는 것이었
다. 이때 혼합주의가 적용되는 양상은 백낙준의 용법과는 다소 차이
를 보인다. 백낙준의 혼합주의가 기독교 전래 이전의 종교적 지형을
뭉뚱그려 지칭하던데 반해, 60년대 이후 신학자들의 혼합주의는 기독
교 내에서의 전통의 영향을 지칭하고 있다. 용어가 겨냥하는 지점이
전통에서, 기독교적 요소와 전통적 요소의 접촉면으로 이동하였다.
이 시기에 나타난 그 전형적인 표현을 전경연의 다음과 같은 주장에
서 볼 수 있다.

재래 신앙이 그리스도교와의 유사성을 가지고 있었기 때문에 그리스도
교 신앙을 받아들이는 데 길 안내를 하였다고 한다. 그리하여 그리스도교
고유의 것이 한국적 종교심과 습합하여 특수한 형태를 이루었다고 한다.

16 W.A.V. Hooft, *No Other Name: The Choice between Syncretism and Christian
Universalism*, London: SCM Press, 1963. 이 책은 다음과 같이 번역되었다. 비써트 후프
트, 임홍빈 옮김, 『다른 이름은 없다!: 혼합주의와 기독교적 우주주의』, 성광문화사,
1993.

그러나 이러한 습합의 과정(syncretism)이 그리스도교의 토착화는 아니다. 그리스도교는 그리스도 신앙이라야 하며 불교적이거나 유교적인 것이 되어서는 안 된다.[17]

이러한 주장에는, 기독교의 역사에는 혼합의 과정이 부재했다는 점이 전제된다. 그래서 역사신학자 이장식은 초기 기독교사에서 나타난 로마와 그리스 문화의 영향을 설명하면서, "그러나 카타콤 예술에서 나타나는 기독교는 종교적 종합(syncretism)이 아니었다"[18]라고 강조한다. 4장에서 자세히 다루겠지만 60년대부터 논의된 토착화 신학도 혼합에 대한 동일한 인식을 갖고 혼합주의를 배격하였다.

이렇게 60년대에 세계교회협의회의 영향을 받아 경멸적인 의미로 확고하게 자리를 잡은 혼합주의는, 담론(discourse)으로서의 지위를 갖고 기독교와 전통 종교의 관계를 논하는 신학의 자리에 상투적으로 등장하였다. 그것은 신학이 범하지 말아야 할 오류로 지적되었다. 그러나 혼합이 어떠한 의미에서 부정적인 것인지에 대한 이론적 성찰은 결여되어 있다. 그저 한국문화와의 접촉, 변형은 혼합주의라는 이름으로 단죄되기 마련이었다. 그러한 의미에서 한국 신학에서 혼합주의는 현상을 서술해주는 분석적 개념으로 사용되는 것이 아니라 현상에 대한 인식을 차단하는 개념으로 역할을 하였다. 신학 저술에서 나타난 다음의 예들은 60년대 이후 혼합주의 담론이 일정한 의미를 유지하며 지속되어 왔음을 보여준다.

---

17 전경연, 「그리스도 문화는 토착화할 수 있는가?」, 『신세계』, 1963. 3, 212쪽.
18 이장식, 「基督敎 土着化는 歷史的 課業」, 『기독교사상』, 1963. 6, 38쪽.

기독교가 세계적인 수준에 달했다는 것은 그것이 그 특정된 시대와 사회의 문화, 언어, 풍습, 사상 등과 결합하여 어떤 혼합주의 내지 절충주의적 신학을 산출함을 의미하는 것은 결코 아닐 것이며 다만 그것이 세계적으로 진행되고 있는 기독교 신학의 연구에 참여해서 당면한 신학적 문제들에 대한 해답을 제시할 수 있는 신학을 형성함을 의미한다고 할 수 있을 것이다.[19]

이것은 혼합주의가 가져오기 쉬운 오류이다. 즉 혼합주의는 같은 점만을 골라내어 혼합하려고 노력하기 때문에 어떤 때는 의식적으로 양편의 차이점을 무시해버리는 경향이 강하다는 말이다.[20]

성급한 토착화 신학은 솔로몬의 지혜처럼 우상숭배와 제교혼효(Syncretism)의 위험을 동반하고 있음이 분명하다.[21]

복음이 하나의 외래문화로서 재래문화 속에 수용될 때에 맞지 않는 형태(form)를 입음으로써 내용이 왜곡될 수 있으며 또는 잘못된 의미(meaning)를 덧붙임으로써 의미 자체가 변질될 수 있다. 잘못된 형태와 결합하거나 틀린 의미가 부여됨으로써 야기되는 복음 내용의 왜곡은 혼합주의(syncretism)라는 용어로 대변될 수 있다. 흔히들 토착화와 혼합주의를 같은 개념으로 혼동하는데, 사실상 이 두 개념은 상반된 개념이다. 전자는 토착문화의 형태를 사용하여 어떻게 그 문화에 흡수되느냐이며, 후자는 내용(content)을 변용하여 어떻게 종교적 신앙을 융합하여 적응하느냐이다. 크래프트의 견해를 따르면, 토착의 형태와 기독교의 의미가 합하여(indigenous form + christian meaning) 토착화를 이루고, 기독교의 형태와 토착적인 의미가 합하여(christian form + indigenous meaning) 혼합주

19 박아론, 「韓國的 神學에 대한 異論」, 『기독교사상』, 1973. 8, 81쪽.
20 박봉배, 「한국학과 기독교 - 특히 방법론적인 면에서」, 『기독교사상』, 1971. 2, 129쪽.
21 김중은, 「성서신학에서 본 토착화신학」, 『기독교사상』, 1991. 6, 25쪽.

의가 된다. 따라서 혼합주의는 토착화와 반드시 구별이 되어야 하며 마땅
히 지양되어야 할 것이다.[22]

이처럼 신학적 논의들 속에서 혼합은 종교가 다른 문화와 접촉하
는 일반적인 상황에 대한 용법이 아니라, 접촉의 변용 중에서도 엘리
트 전통의 입장에서 볼 때 허용할 수 없는 특수한 상황만을 지칭하는
용어로 사용되고 있다. 혼합의 본질이 상충되는 이념들을 조합하려는
이념적 차원에서의 인위적인 시도로 인식된다. 게다가 혼합주의에 들
어있는 '-주의'라는 접미사는 혼합을 신학 현상으로서 부각시키고 있
다. 이처럼 한국 신학계 전반은 혼합을 부정적 현상으로 규정하는 담
론으로 점철되어 왔다. 그러나 그 와중에도 혼합을 종교가 한 문화권
에 수용될 때 발생하는 필연적인 현상으로 인식하고 이론화하려는
노력이 없지 않았다. 이제 우리가 살필 내용은 한국종교를 혼합주의
혹은 혼합현상으로 설명하고자 했던 몇몇 시도들에 대해서이다.

3. 한국 개신교와 혼합현상

1) 오순절교회와 혼합현상

혼합주의에 대한 부정적 인식이 강하게 고착화된 국내와 달리 해
외 학계에서는 한국 기독교에 혼합현상 개념을 적용하는 경우가 종종
보인다. 특히 오순절교회 연구자들을 중심으로 순복음교회와 무교(巫

---

22 이광순, 「선교와 문화적 수용」, 『기독교사상』, 1991.6, 71쪽.

敎)의 혼합을 지적하곤 한다. 여성신학자 정현경이 1991년 세계교회
협의회 총회에서 굿 퍼포먼스를 한 것은 해외 학자들에게 큰 인상을
주었고 한국 기독교와 무교의 혼합에 관한 관심을 증폭시켰다.[23] 저명
한 신학자 하비 콕스가 세계 오순절교회에 대한 저서에서 순복음교회
와 무교의 관련성을 적극적으로 지적한 것이 대표적인 사례이다. 그
는 한국 오순절교회가 예배 속에 한국 무교와 귀신들림을 흡수함으로
써 폭발적으로 성장하였다고 지적하였다. 이러한 성장은 '기독교 무
교'하고 이름 붙일 만한 것이었다. 그에 따르면 한국 오순절교회 성장
은 "누가 누구를 흡수하는 것인지가 분명하지 않을 정도로 무교를 흡
수한 측면이 광범위"하다. 그는 이 현상이 "부정적으로는 '혼합주의'
문제, 긍정적으로는 고대 신앙을 변형시키는 성령의 능력"으로 표현
될 수 있다고 하였다.[24] 혼합현상 분석이 가능함을 인지하면서도 신학
적 논란을 피한 표현을 택한 것이다. 그는 자신의 책이 혼합주의 문제
에 연루되기를 원치 않았지만,[25] 많은 한국 학자들에게는 그렇게 받아
들여졌다. 혼합주의 논쟁에서 더 자유롭지 못한 한국 학자나 한국 출
신 학자들은 콕스보다도 혼합에 대한 논의에서 거리를 두려는 경향을
보인다. 그들은 한국 오순절교회에 대한 무교의 영향을 논할 때 혼합

23 하비 콕스, 유지황 옮김, 『영성·음악·영성: 21세기 종교와 성령운동』, 동연, 1996, 303~309쪽; Charles Stewart and Rosalind Shaw eds., *Syncretism/Anti-Syncretism*, London: Routledege, 1994, p.17.
24 Harvey Cox, *Fire from Heaven: The Rise of Pentecostal Spirituality and the Reshaping of Religion in the Twenty-First Century*, Cambridge: Da Capo Press, 2001, pp.218~228; 하비 콕스, 『영성·음악·영성』, 309~322쪽.
25 훗날 하비 콕스는 자신이 순복음교회를 '무교적 기독교'로 규정했다는 점에 대해 유보하는 태도를 보였다. Harvey Cox, "A Response to Jürgen Moltmann's 'Blessing of Hope'", *Journal of Pentecostal Theology* 14(2), 2006, pp.287~88.

현상 개념의 적용에 반대하거나 소극적인 모습을 보이는 것이 일반적
이다.[26]

그러나 한국종교사로 넓혀 보면 한국 사례에 혼합현상을 적용하려
는 주목할 만한 학술적 시도들이 있다. 영국학자 그레이슨은 인왕산
선바위를 불교와 무교의 혼합현상의 사례로 적절하게 분석한 바 있
다.[27] 또 최종성은 혼합주의/반혼합주의라는 도식을 조선 종교사에 적
용하여 유교 위주의 조선 종교사 이해를 탈피하여 유교와 불교, 무속
이 상호 경쟁하는 새로운 도식을 통해 한국 종교사를 서술하였다.[28]

2) 정대위의 기여

한국 기독교에 혼합현상 분석을 본격적으로 시도한 학자로서 가장
중요한 인물은 정대위(David Chung)이다. 그는 1959년 예일대학에서
리처드 니버(Helmut Richard Niebuhr)의 지도 아래 한국 전통종교와 기
독교의 만남을 혼합현상으로 설명하는 박사논문을 제출하였다.[29] 백
낙준이 예일대학에서 박사논문을 작성하고 40년 후에 작성된 정대위
의 논문은 혼합현상에 대한 다른 접근을 담고 있다. 그는 혼합현상을
엄밀한 학술적 용어로 사용하여 한국 기독교에 체계적으로 적용시키

---

26 Kirsteen Kim, "Korean Pentecostalism and Shamanism: Developing Theological Self-Understanding in a Land of Many Spirits," *PentecoStudies* 16(1), 2017.

27 Huntley James Grayson, "The Accomodation of Korean Folk Religion and the Religious Forms of Buddhism: An Example of Reverse Syncretism", *Asian Folklore Studies* 51(2), 1992.

28 최종성, 「조선전기 종교혼합과 反혼합주의」, 『종교연구』 47, 한국종교학회, 2007.

29 David Chung, "Religious Syncretism in Korean Society", Ph.D. diss., Yale University, 1959.

고자 노력한 첫 학자라고 평가할 수 있다.

그가 적용하고자 했던 용어는 이전의 신학적인 용어와는 다른 전제를 함축하고 있었다. 그의 용어에는 혼란, 무질서, 주체성 상실과 같은 부정적인 함축은 담겨 있지 않다. 그는 하나의 종교가 다른 문화권에 유입될 때 생기는 필연적인 변화에 혼합현상을 적용하였다. 다음의 서술에서 그는 혼합현상이 선교의 과정에서 발생하는 일반적인 현상임을 전제한다.

> 종교혼합의 가능성 혹은 필연성은 문화적인 변천의 메카니즘 속에 불가피하게 포함되어 있다 …… 왜냐하면 한 외래종교가 전래되는 때에 이것을 채용하는 문화에 있어서나 그 본유한 종교관념, 용어, 근행(勤行), 의식(儀式), 경향성 등의 수용 도관(導管)을 통하지 않고서는 그것이 거기 성공적으로 전입될 수 없는 것이고, 이 도관을 통과할 때에 본래의 것으로부터 오는 변색을 입지 않을 수 없는 것이 실제상 불가피한 사실이기 때문이다.[30]

이러한 입장을 바탕으로 하여 그는 한국 기독교 선교의 성공 원인을 혼합현상으로서 설명하고자 했다.[31] 그것은 한국 전통종교들이 혼합이라는 퇴락 상태에 있었기 때문에 기독교의 수용이 용이했다고 설명하는 종래의 설명방식과는 전혀 다른 것이다. 정대위에게 혼합은

---

30 정대위, 「한국의 그리스도교와 신크리티즘의 문제」, 『그리스도교와 동양인의 세계』, 한국신학연구소, 1986, 155쪽. (이 글은 1959년에 제출된 그의 학위논문의 요약 번역이다.) 선교와 혼합현상의 관계에 대한 자세한 설명으로는 다음 부분을 볼 것. 정대위, 「그리스도교와 내일의 동양」, 『그리스도교와 동양인의 세계』, 21~22쪽.
31 정대위, 앞의 책, 147쪽.

기독교의 변화에 적용된 용어였고, 한국 내에서의 기독교의 변화에서 수용의 원리를 찾아보려는 것이었다.

그는 한국에 기독교 선교가 급속히 이루어질 수 있었던 문화적 요인을 다음과 같이 설명하였다. 한국인은 전통적인 유교, 불교, 도교, 무속에 존재하는 유사한 요소들을 통해 기독교라는 새로운 종교를 이해할 수 있었고 이 과정에서 일어난 혼합현상이 기독교 성공에 중요하게 작용하였다는 것이다. 그는 유교에 있어서는 한국 유학자들이 마테오 리치의 보유론(補儒論)적인 기독교 해석을 받아들였다는 점을 지적하였고, 불교에 있어서는 천당지옥설과 메시아 사상으로 이해될 수 있는 미륵 신앙이 있었음을 지적한다. 도교에서는 장생(長生), 화신(化神) 개념이 기독교의 영생(永生), 성화(聖化) 개념을 이해하는 토대를 마련해 주었으며 민속신앙에서는 지고신 관념인 하느님과 샤머니즘적인 영 개념이 기독교 수용에 직접적인 도움을 주었다고 설명한다.[32] 정대위가 주장하는 것은 한국 문화 내에 기독교를 받아들일 수 있는 조건(precondition)이 준비되어 있었기 때문에 한국 기독교의 성장이 가능했다는 것이다. 동아시아 종교 전통에서 볼 수 있는 삼교 공존의 전통이 한국인의 기본 정서를 이루고 있었으며, 각 전통별로도 기독교 이해와 연결되는 개념들이 제공되어서 기독교와의 친연성을 형성했다는 것이다.

한국의 종교 전통에는 유일신론적인 하느님 개념, 구원에 대한 갈망, 메시아적 희망, 피안에서의 영생과 같은 본질적으로 상통하는 요소들이

---

32 위의 책, 159~171쪽.

있음을 볼 수 있었다. 우리는 이제 기독교적 영향이 들어온 시점에 한국 사회의 역사적 단계 위에 성공적인 기독교 복음전파를 위한 종교적 조건들이 잘 준비되어 있었다고 충분히 주장할 수 있을 것이다.[33]

그는 "한국의 종교적 유산은 급속한 복음 전파에 해가 되기보다는 도움이 되었다."라고 결론 내린다. 그는 한국 기독교에 나타난 혼합현상의 사례가 다른 문화권의 기독교에 나타난 사례들과의 비교를 통해서 일반적 이론으로 발전될 것이라는 희망으로 결론을 대신하고 있다.[34]

그가 한국 종교사에 적용한 혼합현상은 부정적이라기보다는 중립적이거나 긍정적인 평가가 담긴 단어였고, 이는 당시 종교학계의 분위기가 반영된 결과였다. 그런데 정대위가 한국에 귀국하여 활동한 1960년대 이후는 앞서 보았듯이 세계교회협의회의 영향으로 혼합주의를 비난하는 분위기가 세계적으로 고조되었고 국내에서는 토착화 신학 논쟁을 통해 혼합주의에 대한 부정적 의미가 확립된 때였다. 정대위는 귀국 후 박사논문의 개요를 간단히 설명한 글을 『사상계』에 기고하였다. 그러나 그의 혼합현상 개념(정대위 자신의 표현으로는 '종교 혼합')은 혼합주의 담론에 휩쓸려 제대로 이해되지 못하고 묻혔다. 그는 혼합주의의 소개자로 알려졌으나, 그의 용어는 그의 원래의 학술적 의도와는 완전히 다르게 사용되었다. 여러 학자가 그를 인용하기는 하였지만, 그의 문제의식이나 용어 사용의 맥락은 망각된 채 인용

---

33 Chung, op.cit., p.179.
34 정대위, 앞의 책, 171쪽.

자들의 의도에 따라 곡해되어 인용되었을 뿐이다. 이후 그의 논의는
혼합현상이라는 용어와 함께 제대로 된 조명을 받지 못한 채 묻혀있
는 중이다.[35] 이와 함께 한국종교사에 학술적 개념으로서 혼합현상을
적용할 가능성도 한동안 유예될 수밖에 없었다.

21세기 들어 그의 박사논문 원고가 오강남의 편집을 통해『혼합현
상(Syncretism: The Religious Context of Christian Beginnings in Korea)』이
라는 제목으로 출간되었다.[36] 그의 논문은 출판되지 못하고 마이크로
필름 형태로 존재했는데, 오강남의 도움으로 한글표기법을 수정하고
원문 인용문을 영어로 옮기는 등의 보완을 거쳐 출판함으로써 그의
업적을 재평가할 계기가 마련된 것이다. 그의 책은 1950년대의 시점
에서 한국 종교에 대한 영미권 연구로서 독보적인 성취를 보여준다고
여겨진다. 1940, 50년대라는 격동의 시절에 중국, 한국, 일본, 미국을
전전하며 학업을 연마한 정대위는 독어, 불어, 라틴어, 히브리어, 희랍
어, 산스크리트어 등의 언어를 활용하면서 이 논문을 작성하였다. 한
국에서 종교학이 채 정립되지 못했던 시기에 엘리아데의 '물러난 신'
개념을 한국 종교에 적용하기도 하였다.[37] 하지만 2000년대에 출판된

35 다음 문장에서 저자의 심정이 솔직하게 드러난다. "옛 문지기들에 의해서 상처 입은
   학술용어 'syncretism'은 예리고 성 밖에 그냥 버려져 있는 상태이다. 나는 이미 그
   구출운동의 선봉에 설 수 없지만 후학들에게 종교현상에 대한 분석적 접근으로서
   'syncretism' 현상에 대한 연구는 금후에도 매우 유용한 것이 될 것이라는 점을 성의껏
   일러두고 싶은 것이다." (정대위, 앞의 책, 145쪽.)
36 David Chung, *Syncretism: The Religious Context of Christian Beginnings in Korea*
   (Albany, NY: State University of New York Press, 2001).
37 정대위는 엘리아데의 물러난 신(deus otiosus) 개념을 소개하며 이를 한국의 하느님
   개념에 적용하였다. 이것은 엘리아데 이론을 한국 사례에 적용한 최초의 시도라고
   평가할 수 있을 것이다. Chung, op.cit., pp.173~75; cf. 정진홍, 「하늘'님 고」, 『기독교

책으로서는 현대 학계의 수준에 미달하는 부분을 많이 담을 수밖에
없다. 예를 들어 이 책에 대한 서평에서 최미화(Mihwa Choi)는 정대위
가 찾아낸 한국 문화 내의 기독교 친화적인 요소들은 경험적 자료의
뒷받침이 없는 사변적인 작업에 불과하다고 지적한다.[38] "정대위는 신
학적 차원에서나 철학적 차원에서나 비교 분석을 제시하지 않으며
단지 기독교와 동아시아 종교들 사이의 희미한 개념적 유사성들을
찾을 뿐이다. 이 요소들이 초기 한국 기독교인의 경험 속에 존재하는
지에 대해 논의하거나 증거를 제시하지 않았기 때문에, 그의 생각은
자신의 신학적 추론에 머물러 있다."[39]

하지만 혼합현상 이론사에서, 그 개념을 한국에 적용하려는 학문적
시도의 역사에서 정대위의 작업은 중요한 자리를 차지한다. 혼합주의
를 비난의 담론으로 사용하던 경향이 전세계와 한국 신학계를 지배하
던 그 시대에, 정대위의 작업은 혼합현상을 선교의 장에서 일어나는
현상으로 주목하고, 종교의 역동성과 창조성의 원천으로 이해하는 고
전 종교학의 통찰을 살린 개념적 작업을 보여주었다. 비록 당시의 혼
합주의 담론에 묻혀 제대로 이해받기 어려운 작업이었으나, 이후 한국

사상』 165, 1972. 2, 122~129쪽.

38 Mihwa Choi, "(Review) Syncretism: The Religious Context of Christian Beginnings in Korea by David Chung," *The Journal of Religion* 82(3), 2002, pp.505~507.

39 Ibid., pp.506~507. 또 최미화는 한국 문화를 기독교와 배치되는 것으로 보고 싶어
하지 않는 신학적 의도가 노출되어 있고, 동아시아에 대한 분석과 한국에 대한 분석이
혼재되어 있다는 점을 문제로 지적하였다. "정대위의 지나치게 넓고 모호한 접근 방법
은 많은 부분 그의 역사적 설명과 신학적 가치 사이의, 그리고 중국과 한국 사이의
범주적 혼란과 관련이 있다. 그의 역사적 설명은 설명적이거나 분석적이기보다는 입증
되지 않은 이야기식이고 가치판단이 실려 있다. …… 정대위는 선교사와 신자의 증언을
인용할 때 분석적 렌즈를 거치지 않음으로써 해석적 거리를 유지하는 데 실패하였다."

종교에 혼합현상을 적용하는데 선구가 되는 종교학 작업으로서 의미가 있다. 우리가 3장에서 보게 될 한국 개신교 의례에 혼합현상 이론을 적용하는 작업에도 이러한 선행 연구가 기반이 되었다고 말할 수 있다.

3장
한국 개신교 의례의 혼합현상

1. 한국 개신교 의례의 특성

혼합현상에 대한 학문적 접근을 1장에서 소개한 바 있다. 그 주요 내용은 혼합현상이 종교의 부정적 측면이 아니라 종교 변화의 역동성을 보여주는 탐구 대상이라는 것, 선교 과정에 생기는 혼합현상이 중요하다는 것, 그리고 혼합은 의례의 장에서 몸짓의 실천을 통해 형성된다는 것 등이었다. 이제 앞서 논의된 내용을 염두에 두고, 3장에서는 한국 개신교 의례의 정착 과정이라는 구체적인 종교사 자료에 나타나는 혼합현상을 소개하고자 한다.

한국 개신교는 신학적으로 '말씀 중심의 교회'임을 강조해왔다. 그것은 다른 측면에서 볼 때 의례, 즉 실천 체계에 대한 관심의 약화를 뜻한다. 그래서 "교회의 중추를 이루는 성례(聖禮)는 한국에서는 지극히 소극적인 면밖에는 가지고 있지 못했으며", "성찬 예식을 모르고, 그 성례의 견고한 짜임새 위에 세워지지 아니한, 그러한 한국 교회"가 세워졌다는 평가가 가능할 정도이다.[1] 심지어 한국 개신교는 반(反)의

---

1 민경배, 『한국기독교회사』, 연세대출판부, 1994, 174~175쪽.

례적 성향을 내세우기도 하였다. 개화기의 개신교인들은 의례보다는 정신적 측면에 치중하는 것이 고등한 종교라는 논리를 내세워 상대적으로 의례에 비중을 두었던 유교나 천주교와 자신을 차별화했다.[2] 성경, 교리에 대한 관심이 중요한 특성인 것만큼이나, 제의에 대한 관심의 결여는 전래 초기 한국 개신교의 중요한 특성을 이룬다. 개신교 엘리트 전통이 의례에 대해 소극적인 관심을 가졌다는 사실은 의례의 혼합에 하나의 배경을 이룬다.

엘리트 전통의 신학적 관심은 제의 실천 전반에 균일하게 적용되지 않았다. 신학적 관심의 정도가 다르게 나타났다는 것은 의례에 대한 신학적 통제의 정도가 다르게 나타났다는 것을 의미한다. 신학적 관심은 혼합의 양상과 상관 관계를 갖는다. 신학적 관심이 강하게 투영된 제의 실천에서는 혼합적 양상이 규제되고, 그렇지 않은 제의 실천에서는 혼합적 양상이 상대적으로 자유롭게 정착된다. 이러한 상관 관계는 개신교 의례를 정기 의례, 절기 의례, 평생 의례의 세 범주로 분류할 때 분명히 드러난다.

첫째, 정기 의례는 주로 주일에 행해지는 예배, 성찬, 세례를 가리킨다. 이들은 개신교의 신념 체계를 직접적으로 구현하는 중심적 의례이다. 개신교에서 예배는 말씀을 선포하는 의례로서 가장 중요한 제의적 실천으로 인식되며 성찬과 세례는 개신교의 2대 성사(聖事)로 규정된 공식적 의례이다.[3] 이러한 공식적 성격으로 인하여 정기 의례

---

2   장석만, 「한국 의례 담론의 형성 – 유교 허례허식의 비판과 근대성」, 『종교문화비평』 1, 한국종교문화연구소, 2002, 40쪽.

3   천주교가 7성사(세례성사, 견진성사, 성체성사, 고백성사, 병자성사, 신품성사, 혼인성사)를 규정하여 일상의 의례들을 성사 내에 통합하고 있는 것에 비해, 개신교는 종교개

는 신학적 관심이 강하게 나타나고 혼합이 배제된다. 한국인에게 이 의례들은 새롭고 낯선 몸짓으로 구성되어 있다. 그리하여 한국 개신 교회에서 예배나 세례, 성찬식 등의 의례는 선교사들에게 배운 미국 교회의 양식을 그대로 재현하는 방식으로 진행되었다.

둘째, 절기(節氣) 의례는 1년을 구획하는 의례로, 크리스마스, 부활 절, 추수감사절 등의 교회력의 실천이 여기에 속한다. 도입할 때부터 신학적 의미가 부여되긴 하였지만 정기 의례와 성례전에 비하여 상대 적으로 소극적인 관심이 주어졌다. 신학적 통제가 덜한 만큼, 한국 개신교인들은 자율성을 갖고 나름의 방식으로 절기 의례를 영위하였 다. 게다가 절기 의례는 한국인에게 완전히 낯선 의식이 아니었다. 의례에 담긴 기독교적 의미는 새로운 것이었지만, 1년을 구획하여 의 미화하고 기념하는 행위 자체는 고유의 세시풍속(歲時風俗)에 원래 존 재하는 것이었기 때문이다. 개신교 절기 의례는 한국 교인들이 원래 부터 의미화하여 지니고 있었던 일년 주기 안에 편입되는 양상으로 수용되었다. 그러므로 개신교의 절기 의례의 실천에 있어서, 고유의 절기 의례들과 어떠한 관계 맺음을 이루느냐가 혼합의 중요한 관건이 된다.

셋째, 평생 의례는 주요한 삶의 계기에서 행해지는 의례로, 결혼식, 장례식, 제사 등이 여기에 속한다. 평생 의례에 대해서는 신학적 관심 이 상대적으로 가장 적게 주어졌으며, 평생 의례의 실천에는 교인의 자율성이 허용되는 범위가 넓었다. 교인은 자기 몸에 배어있던 전통 의 행위 양식을 통해 기독교 신념 체계를 구현하고자 하였고, 이 과정

혁 당시 성만찬과 세례만을 성사로 인정하여 성사의 범위를 제한하였다.

에서 전형적인 혼합현상이 일어났다. 기존의 의례가 존재하는 상황에서 기독교 평생 의례를 실천하는 것은 기존의 행위의 일부를 수정하거나 기독교 상징을 첨가하여 변형시킴으로써 이루어졌다.

지금까지의 논의를 도식화하여 정리하면 다음과 같다. 여기서 제시한 의례의 범주들 내에서 동일한 정도의 혼합이 나타난 것은 아니다. 크리스마스와 추수감사절, 결혼식과 제사 등의 의례에서는 상이한 양상의 혼합이 나타난다. 이 도표는 함께 묶여 있는 의례들이 동일한 정도의 혼합을 나타낸다는 점을 지시하는 것이 아니라 혼합 양상의 공통적인 특성을 지시하는 것뿐이다. 이제 우리는 개신교 의례 중 혼합현상이 나타나는 평생 의례와 절기 의례를 살펴보도록 하겠다.

	의례	신학적 관심	친밀도	혼합의 양상
정기 의례	예배, 성찬, 세례	강하게 적용	낯선 행위 위주	제한적
절기 의례	크리스마스, 부활절, 추수감사절	소극적으로 적용	낯선 행위와 익숙한 행위의 혼재	부분적
평생 의례	결혼식, 장례식, 제사	약하게 적용	익숙한 행위 위주	전반적

〈표 1〉 개신교 의례의 분류와 혼합의 양상

2. 평생 의례에 나타나는 혼합

1) 결혼식의 정착 양상과 혼합

개신교 평생 의례 중에서 전통의 실천 양식을 가장 많이 변화시킨 것은 결혼식이었다. 한국 고유의 풍속 중 결혼식을 둘러싼 폐단에 많은 비판이 제기되었고, 그 폐단을 고치는데 개신교 결혼식이 모델이

되었기 때문이다. "일생에서 가장 슬픈 것 중 하나가 이교도의 결혼식"이라는 한 선교사의 표현에서 볼 수 있듯이,[4] 전통적인 결혼식에 대한 기독교 신자들과 선교사들의 시각은 비판적이었다. 그들은 종래의 결혼식을 타파하고 새로운 기독교식 결혼식을 수립하고자 하였다.

그러나 그러한 비판적 시각에도 불구하고 개신교 결혼식의 형성은 기존 요소들의 완전한 소거를 통해 형성된 것이 아니었다. 예컨대 감리교 선교사 메리 스크랜튼(Mary Scranton)은 1898년도에 은혜라는 개신교 신자의 결혼에 참석한 후 다음과 같이 말했다. "우리 기독교인들은 비기독교인들의 결혼에서 보이는 반대할만한 점들은 버리고, 대수롭지 않은, 하지만 바람직한 것으로 여겨지는 점들은 지키고 있다."[5] 개신교 결혼식은 기존의 결혼식에서 문제되는 부분을 개량하고 선택적으로 서구의 요소를 도입함으로써 이루어졌다. '바람직한 것'으로 여겨진 부분은 그대로 유지되었다. 기독교인을 찾아서 중매가 이루어지고, 비단 봉투에 사주를 넣어 보내고, 혼수를 마련하는 등의 절차가 진행되었다. 개신교 결혼식은 처음부터 혼합적으로 진행되었다.[6] 다음의 예식 장면 묘사에서도 전통적인 예식의 많은 부분이 유지되고 있음을 볼 수 있다.

머리 장식 후 은혜는 옷 위에 옷으로, 치마 위에 치마로 돌돌 싸여서 커다란 물통과 같은 모양이 되었다. 최종적으로 입힌 옷은 노란 저고리와

---

4 Miss Katherine McCune, "A Hearthen Bride", *KMF* 6(9), 1910. 9, p.222.

5 Mrs. M. F. Scranton, "Grace's Wedding", *Korean Repository* 5, 1898, p.295.

6 Laurel Kendall, *Getting Married in Korea*, Berkeley: University of California Press, 1996, p.63.

땅에 끌리는 붉은 치마였다. 작은 관이 머리 위에 올려졌고 손은 하얀 모슬린 조각으로 감싸졌다.……때가 되자 신랑이 불려나왔다. 그는 결혼식 날의 여느 신랑들처럼 관복을 입고 등장했다. 눈을 감은 신부는 네 번 절했다. 신랑은 두 번 절했다. 그러고 나서 이들 낯선 남녀는 예배당으로 걸어가서, 거기서 기독교식 예식을 거행했다. 피로연이 이어졌다.[7]

기독교 예식은 전통적인 절차 안에 삽입되어 의미화되었다. 위의 기록보다 약 20년 후에 감리교 선교사 어윈(Cordelia Erwin)이 남긴 기록에서도 우리는 전통의 실천 체계 내에 개신교 의식이 삽입되는 비슷한 양상을 확인할 수 있다. 그는 강원도 화천(華川)에서 1918년 거행된 개신교 결혼식에 참석하였다. 그때 신부의 아버지 박관사가 찾아와, "최소한의 이교의 흔적도 없는 엄격한 기독교식 결혼식을 원하지만 기독교식 방법에 대해 확실히 아는 바가 없어" 어윈에게 결혼식의 진행을 도와달라고 요청한다.[8] 그 내용은 다음과 같다.

> 우리는 규율(discipline)을 갖고 있긴 하지만, 그것이 한국 방식과 너무 달라서 그 규율대로만 한다면 비신자들은 결혼이 전혀 아니라고 할 것입니다. 물론 그들에 찬성할 수 없지만, 그들의 말은 무마해야겠습니다. 나는 당신이 가능한 한 가장 멋있는 기독교식 결혼식을 하도록 도와주었으면 합니다. 이것은 이 지역에서 처음 있는 일이기에 하느님이 당신을 보낸 것입니다. 나는 신부의 눈이 감기게 하는 것을, 신부의 머리가 절에서 잡아 뜯기는 것을, 뺨과 이마에 붉은 반점이 찍히는 것을 원치 않습니다.[9]

---

7 Scranton, op.cit., p.297.
8 Miss Cordelia Erwin, "Transition, A Korean Christian Wedding", *KMF* 14(4), 1918. 4, p.73.
9 Ibid., p.73.

우리는 그의 요청에서 개신교 의례를 실천하고자 했던 신자의 현실적 어려움을 알 수 있다. '이교의 흔적이 없는' '가능한 한 멋진 기독교 결혼식'을 올리기 위해서 화천 박관사가 택할 수 있는 것은 기존의 실천 체계에 기독교 상징과 행위를 도입하는 것이었다. 어윈은 박관사의 부탁대로 해주었다. 그녀는 서구에서 행하는 식대로 신부의 머리에 흰 베일을 씌웠다. 그것도 한국에서는 서양에서 쓰던 것과 똑같은 재료를 구할 수 없었기 때문에, 주변에 있던 흰 비단을 사용했고 한국인들이 선호하는 주름장식으로 꾸민 것이었다. 그다음에 그녀는 한국식으로 진행된 절차에 약간의 개입을 하여 그녀는 신부를 식장으로 인도한 뒤에 신부에게 말을 시킨다.[10] 신부가 입을 여는 것은 물론 눈을 뜨는 것도 죄악시되었던 종래의 혼인으로부터 나름 변화를 꾀한 것이었다. 이러한 새 상징과 행위의 도입 이후에는 전통적 절차가 그대로 진행되었다. 폐백과 식구들에 인사를 올리는 절차가 진행되는 동안 어윈은 '로마에서는 로마법대로'라는 태도를 보이며 자리를 비켜주기도 한다. 폐백에 담겨 있는 풍요의 상징에 대해서 그것이 비기독교적인 상징일지도 모른다는 생각을 하면서도, 그녀는 굳이 간섭하지 않는 태도를 보인다. 결국 선교사의 도움을 받으면서까지 이교적이지 않은 결혼식을 행하려 했던 개신교인의 노력은, 이렇게 전통적인 행위의 틀 안에서 형성된 혼합적 형태의 결혼으로 귀결되었다.

때로는 한국인에 의해 실천된 개신교 결혼식에는 전통적 실천 논리가 다시 수용되기도 하였다. 그 예가 되는 것이 초기에는 비판받았던 중매(仲媒)가 개신교 결혼에서 다시 행해진 것이다. 중매에 대한

---

10 Ibid., pp.73~74.

비판은 선교 초기부터 빈번히 제기되었다. 그런데 역설적으로 개신교
결혼식의 영향을 받은 사회인들의 결혼에서는 자유연애 풍조가 생겼
지만, 정작 개신교인은 결혼 대상을 제한하려고 했다. 신자들끼리의
결혼은, 신자와 비신자의 결혼에서 생기는 문제점, 특히 여자 신자가
남자 비신자에게 시집가서 겪는 어려움 때문에 요청되기도 하였다.
그러한 필요성은 교회 총회를 통해 율법화되면서 강제적인 규정이
되었다. 1904년 장로교 총회에서 "신자가 불신자와 더불어 결혼하는
것은 죄로 정함"이라고 규정한 이래 신자 아닌 사람과의 결혼은 교회
의 규제를 받았다.[11] 그리하여 "우리 조선교회의 혼인범위는 구한국시
대의 사색(四色)의 혼인보다도 더 좁아졌는지라"라는 개탄이 나올 정
도로 개신교인들의 혼인 상대는 제한되었다.[12]

중매를 통한 개신교인들끼리의 혼인이라는 행위기 교리적으로 의
미화되기도 했다. 우리는 1900년대 초기 복복남이라는 한 개신교인
에게 일어난 사건에 대한 해석에서 그 과정을 볼 수 있다. 사건은 복
씨(卜氏)가 결혼하면서부터 시작된다. 그가 결혼하고 사흘 후부터 난
데없는 불이 나기 시작하여, 가까스로 불을 꺼도 계속해서 불이 났다.
그러더니 결국은 큰불이 나서 복씨의 집을 모두 태우고 노모(老母)와
일곱 살 난 아이가 불에 타죽는 일이 발생한다. 주변 사람들은 신부가
들어올 때 도깨비가 따라 들어왔다고 수군거렸다.[13] 이유 모를 재앙에

11 『長老敎會史典彙集』, 朝鮮耶蘇敎書會, 1918.(한규무, 「초기 한국 장로교회의 결혼 문
　제 인식(1890~1940)」, 『한국기독교와 역사』 10, 한국기독교역사학회, 1999, p.72.에서
　재인용.)
12 「조선교회의 7난(속)」, 『기독신보』, 1917.9.26.
13 「참혹흔소문」, 『신학월보』 2(10), 1902.10.

대한 전통적 해석일 것이다. 그러나 『신학월보』의 기자는 개신교의 시각에서 새로운 해석을 내린다. "당초에 외인(外人) 혼인하는 것은 교규(敎規)를 어긴 것이라, 복형제의 화(禍) 당함은 얼만큼은 외인과 혼인한 까닭에서 난 것"[14]이라는 것이다. 여기서 비신자와의 결혼이 재앙을 불러올 수 있을 정도의 교리적 의미를 갖는 사건으로 인식되고 있다. 여기서 우리는 새로운 실천 체계가 신념 체계에 영향을 주어 그것을 새로 구성하는 과정의 일단을 볼 수 있다.

한국 개신교의 결혼식은 이념적으로는 '이교의 흔적이 없는' 예식을 지향했음에도 불구하고, 실제적으로는 전통적 결혼의 틀을 많은 부분 유지하며 부분적인 행위와 상징의 교체가 이루어지는 혼합의 과정으로 형성되었다. 한국 개신교인들은 기독교 상징을 전통의 혼례 과정에 도입하고, 전통의 요소 중에서 상황에 의해 요청되는 것을 선택적으로 수용하여 결혼 의례를 정착시켰다.

2) 장례식

결혼식이 전통 의례에 상당히 많은 변화를 가져온 것에 비하여, 장례식은 전통적 의례가 그리 많은 변화를 겪지 않은 채 유지되었다. 그래서 현재 개신교 장례식은 예식과 예식 사이에서 되어지는 모든 절차가 구습(舊習)대로 조금의 변화 없이 되풀이되고 있다고 평가된다.[15] 한국의 개신교 장례식은 집례자가 목사로 바뀌고 임종(臨終), 입관(入棺), 하관(下棺)의 절차에 예배가 삽입되었다는 점을 빼고는, 입

---

14 「참혹흔일(연속)」, 『신학월보』 2(11), 1902.11.
15 박근원, 「기독교의 관혼상제 의식지침」, 『기독교와 관혼상제』, 전망사, 1985, 178쪽.

관, 장례, 하관으로 이어지는 기존의 장례식 순서가 그대로 이어진다.

한국 개신교인들은 기본적으로 전통 장례에 기독교 예배를 삽입하는 방식으로 장례 실천 체계를 구성하였다. 그것은 이전에는 없었던 행위를 전통 실천의 맥락 안에 배치하는 작업과 전통의 상징물들을 기독교 상징물로 대체하는 작업으로 구성된다. 전자의 작업은 기독교 예배의 기본 형식인 기도, 찬송, 성경 봉독, 설교 등의 행위를 장례 안의 절차로 삽입하는 것이고, 후자의 작업은 십자가 상징을 의례 도구에 도입하는 일이었다. 발상(發喪)하는 장소로 예배당을 사용하고, 목사가 성경을 들고 관을 인도하며, 상엿소리가 들어갈 대목에는 찬송가를 불렀다. 개신교인들은 낯선 행위들을 전통의 차례 안에 배치하는 혼합을 통하여 그들에게 요구되는 새로운 의례를 창안하였다. 그 창안의 과정은 상징의 도입에서 더욱 두드러진다. 그들은 종래의 상복에 십자가를 새겨 넣고 묘비로 십자가를 사용하였다. 그리스도 죽음의 상징이자 기독교인임을 분별해주는 기호인 십자가를 종래의 상징물들과 결합함으로써 새로운 실천 체계를 구성하였다.[16] 전통적인 몸짓의 틀이 갖는 의미는 결코 간과될 수 없다. 그것은 죽음을 새로운 시작으로 이해하고, 산 자와 죽은 자가 어떤 식으로든 소통할 수 있는 것으로 이해하는 전통적인 죽음관을 담고 있는 몸짓으로 기독교의 죽음관과는 다른 것이기 때문이다.[17] 그러므로 익숙한 행위와 낯선 행위의 혼합으로 이루어진 장례의 반복이 죽음에 대한 어떠한

---

16 이것은 강화도 고씨 부인의 장례식에서 잘 나타난다. (이덕주·조이제, 『강화기독교 100년사』, 강화기독교 100주년 기념사업역사편찬위원회, 1994, 142쪽.)

17 차은정, 「1960년대 이후 한국 개신교 의례의 변화에 대한 연구」, 서울대학교 대학원 문학석사학위논문, 1997, 35쪽.

가치와 의미를 낳는지에 대해 탐구하는 것은 앞으로 중요한 의미를 갖는 과제가 될 것이다.

3) 제사와 추도식

죽음에 관련된 다른 의례로는 제사가 있다. 제사는 원래 기독교 실천 체계 내에서는 존재하지 않았지만 한국의 개신교도들에게 사회적으로 요구되었다. 개신교에서는 초기부터 효의 관점에서 부모 돌아가신 날을 어떤 형태로든 기념해야 한다는 의견과 죽은 사람을 위해 기도하는 일은 교리에 어긋나는 일이므로 금해야 한다는 의견이 대립해 있었다.[18] 개신교 엘리트 전통에서는 1915년에 "부모의 기일은 단지 사람의 슬픈 날일 뿐이므로 음식을 장만하고 손님을 청하는 것은 불합하다."[19]라는 결정을 내림으로써 반대의 태도를 분명히 하였다.

그러나 그러한 결정에도 불구하고 제사 문제는 해결되지 않았고, 1920년에 하나의 사건으로 표면화하였다. 그 사건의 대략은 다음과 같다. 경북 영주에 사는 권성화의 아내 박성녀는 효성이 지극하여 시어머니가 세상을 떠난 뒤에도 살아계실 때와 마찬가지로 아침저녁으

---

18 다음 기사는 개신교식으로 부모의 기일(忌日)을 지킨 것을 보도하였다. "대부인의 영혼을 위하여 하나님께 기도하고 찬미하며, 그 대부인이 생존하여 계실 때에 하나님을 믿음과 경계하던 말씀과 현숙하신 모양을 생각하며 일장 통곡하고 …… 기도하며 경경히 밤을 지낼 새 그 모친에게 참 마음으로 제사를 드린지라"(『죠션크리스도인회보』, 1897.8.11.) 반면에 다음 기사는 죽은 부모를 기념하는 일을 적극적으로 반대하고 있다: "우리 교우 중에 죽은자를 위하여 기도하는 이가 있는 줄을 알 것이다. 그러나 이 일이 대단히 우습고 어리석은 것이라 …… 이 세상을 떠난 후에는 다시 회개치도 못하고 다만 하나님 앞에 심판을 받아 상벌을 벌써 정하였은즉 아무리 위하여 기도할지라도 도무지 쓸데없는 연고라." (『그리스도인회보』, 1911.10.15.)

19 『대한 예수교 장로회 총회 제4회 회록』, 34쪽.

로 밥상을 차려드리는 상식(上食)을 행했다. 그러던 중 남편이 개신교를 믿게 되어 상식을 금하자, 박씨는 '남편의 불효한 죄과는 마땅히 자기의 목숨을 끊음으로써 사죄함을 받아야 한다'고 생각하고 시어머니 신주를 뒷동산에 묻고 부근 냇물에 몸을 던져 죽었다.[20] 이 사건은 동아일보에 기사로 발표되어 사회에 큰 논란을 일으켰다. 같은 날 신문에는 개신교인 이상재(李商在)가 부모에 대한 제사를 옹호하는 사설을 썼다.[21] 이상재는, 부모에 대한 제사는 우상숭배가 아니며 돌아간 부모를 사모하며 그리워하는 마음의 표현일 뿐이라고 주장하였다. 이에 대해서 감리교 목사 양주삼은 "조상에게 제사하는 것은 도덕관념이 유치할 때에 쓰던 일종의 미신적 풍속이오 의식적(儀式的) 도덕에 불과한 것"이라고 주장하는 반박문을 실었다.[22] 그의 주장은 개신교 특유의 반(反)의례적 논리를 바탕으로 이성적 종교인 기독교에는 제사 행위가 필요 없다는 점을 강조한다. 이 논쟁은 제사 문제를 둘러싸고 진행된 엘리트 전통과 대중 전통 사이의 힘겨루기를 반영한다.

대중 전통에서 제사는 공동체적 요구에 의해 실천되어야 하는 행위 양식이었다. 한국 사회의 공동체 질서는 죽은 자들과의 관계를 통해서 유지되어 왔다. 개신교 신자가 되더라도 이러한 전통적인 사회 관계에서 벗어날 수 없는 한, 제사는 필수적으로 요구되는 행위였다. 그리고 제사는 한국인들의 몸에 배어 있는 행위였다. 개신교회 초창기인 1897년에 정동감리교회 교인인 이무영이 추도식(追悼式)을 드렸

---

20 『동아일보』, 1920.9.1.; 전택부, 『토박이 신앙산맥』, 한국기독교출판사, 1977, 97쪽.
21 「宗敎上에도 朝鮮魂을 勿失하라」, 『동아일보』 1920.9.1.
22 『동아일보』, 1920.9.4.

다는 기록이 전한다. 그는 부모님 기일에 가족들이 모인 자리에서 다음과 같은 고민을 한다. "우리가 불신자들처럼 음식을 나누고 제사를 드릴 수는 없다. 그러나 효심을 가진 사람으로서 돌아가신 부모님의 첫 번째 기일을 그냥 보낼 수는 없다."[23] 지금의 개신교인들도 이해할 수 있는 의례적 상황의 딜레마이다. 한국사회는 기일이나 명절에 조상을 생각하면서 가족들이 모이는 시공간적 조건을 부여한다. 개신교인은 이 상황에서 제사 대신에 제사에 해당하는 예배를 드리게 되었는데, 그 과정에서 절하기, 추모의 대상, 음식의 종류 등의 세부 사항에서 기존의 방식과 기독교 방식을 절충하며 새로운 의례를 형성하였다.[24] 이 과정은 종교적 만남의 자연스러움과 창조성을 보여준다.

추도식을 행하는 개신교인은 뚜렷한 개신교인의 정체성을 유지하고 있다. 또 한국 개신교인의 신념체계에서 돌아가신 부모님께 드리는 '효의 표현'은 핵심적인 기독교 구원관과 충돌을 일으키지 않도록 위계화되어있다. 그리고 이 혼합의 진행은 기일과 명절이라는 전통적인 시간, 주로 장남의 집에 마련되는 가족 친지와의 자리, 그들과 나누는 음식이라는 물질적 표현을 통해 이루어진다.[25] 망자와의 관계를 지속해야 하는 사회적 요구가 존재하는 한국 사회에서, 개신교 신자가 모색한 해결은 추도식, 혹은 추모예배라는, 전통에 기반을 둔 새로

---

23 "기일(忌日)에 아무 것도 하지 않은 채 보내면 무언가 허전한 것" 『죠션크리스도인회보』, 1897.8, 11쪽.
24 이복규, 「기제사에서 개신교 추도식으로의 전환 과정」, 『한국 그리스도교 민속론』, 민속원, 2014, 121쪽.
25 이복규, 「한국 개신교 추도식의 현황」, 『한국 그리스도교 민속론』, 민속원, 2014, 161~163쪽.

운 개신교 의례의 창안이었다.

3. 절기 의례에 나타나는 혼합현상

개신교와 더불어 한국에 도입된 교회력에는 크리스마스, 부활절, 추수감사절이 있다. 이들이 한국의 전통적 절기의 맥락에 자리매김하는 양상은 혼합과의 직접적인 상관성을 갖는다. 크리스마스가 기존의 요소와의 혼합을 통해 한국의 명절로 확고한 자리를 얻은 데 반하여, 혼합의 과정 없이 수입된 부활절과 추수감사절은 교회 내의 행사로 한정되었고 제대로 정착하지 못했다. 그 양상을 구체적으로 살펴보도록 하겠다.

1) 한국 크리스마스의 정착

크리스마스는 한국의 개신교 선교가 개시된 1884년부터 선교사들에 의해 누려졌으며,[26] 선교사들이 처음으로 한국인 신자들과 크리스마스를 지내게 된 것은 1887년부터였다. 선교사 언더우드는 세례를 베푼 한국인들을 1887년 크리스마스 때 자신의 집으로 초대하여 처음으로 성례에 참여하게 하였는데, 이것이 한국인이 누린 최초의 크리스마스일 것으로 생각된다.[27] 선교 초기에 선교사들은 크리스마스

---

26 한국에 가장 먼저 입국한 선교사 알렌은 1884년 12월 26일 일기에서 그 해 크리스마스에 대해 기록하였다. 본국에 있는 아내와 선물을 주고받은 이야기이다.

27 A. J. Brown, *The Mastery of Far East*, New York: Charles Scribner's Son, 1919, p.506.

에 그리 적극적인 의미를 부여하지 않았다. 선교가 어느 정도 진척된 1890년대 중반에도 그들에게 크리스마스는 종교적으로 중요한 의미를 지닌다기보다는 휴일(holiday)로서의 의미가 강하였다. 즉, 선교사로서 한국 신자들과 함께 크리스마스를 지내겠다고 생각하기보다는 가족들과 선물을 교환하거나 가족과 함께 있는 것을 생각하였다. 크리스마스 날 선교 임지를 떠나 가족이 있는 곳으로 왔다는 기록이나 안식년 휴가를 크리스마스에 맞추어 떠나는 것에서 그러한 생각이 드러난다.[28]

선교사들의 상대적 무관심과는 달리, 한국인들은 1890년대 후반부터 본격적으로 크리스마스를 자신들에게 의미 있는 날로 정착시켜 나가기 시작한다. 이 당시에 발간된 신문들을 참고하면 이 시기에 크리스마스가 급속히 확산되었음을 볼 수 있다. 1896년에는 크리스마스가 소개되는 정도이다.[29] 그러나 1897년에는 배재학당에서 크리스마스 행사가 있었다는 기사가 등장한다.[30] 그 해 『대한크리스도인회보』에는 행사 동정과 함께 최병헌이 쓴 크리스마스 소개글이 실린다. 1898년에는 행사가 여러 곳에서 진행되었음을 보고하는 기사가 실린다.[31] 그리고 다음과 같이 장로, 감리 교회 이외의 곳에서의 크리스마

---

28 "저는 방금 평양에서 (서울로) 내려왔습니다. 크리스마스를 처자와 함께 보내려고 합니다."(그래함 리, "1895년 12월 27일 편지", 『마포삼열 목사의 선교 편지(1890~1904)』, 장로회대학교출판부, 2000, 349쪽.); "선교본부에서 안식년 휴가를 떠나라는 허락이 와서 11월에 출발할 수 있게 되기를 바라고 있습니다. 그렇게 되면 성탄절에 맞춰서 집에 도착할 수 있을 것입니다."(사무엘 마펫, "1896년 9월 22일 편지", 『마포삼열 목사의 선교 편지(1890~1904)』, 412쪽.)

29 "내일은 예수 그리스도에 탄일이라"라는 기사로 소개되었다. 『독립신문』, 1896.12.24.

30 『대한크리스도인회보』, 1897.12.29; 『독립신문』, 1897.12.28.

31 전년도에 배재학당의 풍경만을 보고한 데 반해서, 1898년에는 제물포 교회, 인천 담방

스 풍경을 이야기하며 그 확장을 이야기한다.

제물포 교회에는 조목사 내외분이 다 편치 못하므로 회당에 참여하지
못하였으나 교우들이 모여 구세 교회의 적십자기와 대한 국기를 달고 등
불을 밝혀 경축하는 예식을 행하였고, 천주교 교인들도 종현 회당과 약현
회당에 등불을 굉장하게 달았으니, 우리 생각에는 대한 천지에도 성탄일
에 기념하는 정성과 경축하는 풍속이 점점 흥왕할 줄로 믿노라.[32]

1899년에는 크리스마스가 한국의 중요한 축일로 정착했다는 평가
에 이르게 된다. "서울 성 안과 성 밖에 예수교 회당과 천주교 회당에
등불이 휘황하고 여러 천만 사람이 기쁘게 지나가니 구세주 탄일이
대한국에도 큰 성일이 되었더라"라는 신문 기사는 그러한 평가를 보여
준다.[33] 1890년대 후반의 몇 년 사이에 크리스마스는 한국에 많은 곳에
서 기념되는 날로 자리를 잡았다. 이처럼 크리스마스가 급속히 보급된
것에는 한국인들의 자발적인 수용 의지가 있었음을 짐작케 한다.

이렇게 정착한 크리스마스는 한국적 맥락에서 몇 가지 특수한 의
미를 갖는다.

첫째, 한국에서 크리스마스는 기독교인과 비기독교인이 만나는 연
결 통로의 역할을 하였다. 크리스마스는 한국에서 이국적 풍습으로
출발하였고, 그래서 비기독교인들이 호기심을 갖고 기독교를 구경하
는 날이 되었다. 선교사들은 크리스마스의 이국성(異國性)을 통해 사

리 교회, 강화 교향동 교회, 부평 굴재 회당의 행사 모습이 기록되어 있다.
32 『대한크리스도인회보』, 1898.12.28.
33 『대한크리스도인회보』, 1899.12.27.

람들을 끌어 모으고 전도하였다.[34] 그런데 그것은 초기의 상황으로 그
친 것이 아니라 이후 한국 크리스마스의 특성으로 자리매김하였다.
교회에 외부인들을 불러 기독교를 소개하는 일은 매해 반복되었고,
그 반복을 통해 크리스마스는 신자의 입장에서는 '전도하는 날', 비신
자의 입장에서는 '구경 가는 날'이라는 의미화가 이루어졌다. 초기 기
록에서부터 크리스마스 행사에 기독교인이 아닌 마을 사람들도 모여
들어 구경한 모습은 쉽게 찾아볼 수 있다. "근처 여러 동네 사람들이
남녀노소 없이 구경하여 회당문이 다 상하도록 들어오는"[35] 광경이
교회마다 연출되었다. 상당수의 지역에서는 교인보다도 많은 숫자의
구경꾼들이 와서 교회를 가득 채우기도 하였다.[36] 평소에는 교회에 들
어가지 않던 비신자들도 크리스마스 때만은 교회에 들어가 행사를

---

34 1893년의 노블 부인의 일기에 그러한 활동이 기록되어 있다.: "며칠 전에 나는 우리
어학 선생에게 이웃의 부인들을 오후에 초대하는 글을 써달라고 부탁해 놓았다. 이
날은 우리의 큰 명절이기 때문이다. …… 대다수의 한국인들은 우리의 축복받은 크리스
마스에 대해서 알지 못하며 예수에 대해서 들어보지도 못했다. 오늘은 그들에게 예수
이야기를 들려줄 수 있는 기회인 것이다."(Wilcox Noble, "1893년 12월 25일 일기",
The Journals of Mattie Wilcox Noble 1892~1934, 한국기독교역사연구소, 1993, p.36.)
1894년에 명성황후에게 크리스마스를 소개했다는 스크랜튼 부인의 기록도 비슷한 맥
락을 지닌다: "크리스마스 전날, 왕비는 나를 불러 우리의 성대한 축제와 그 기원,
의미, 그리고 어떻게 거행하는지 얘기해 달라고 요청했다. 이보다 더 명백한 인도의
기회를 바랄 수 있겠는가? 그리하여 나는 그녀에게 천사의 노래, 별, 그리고 구유에
누워있는 작은 아기에 대해서 이야기했으며 버려진 세상의 구속됨, 세상을 지극히
사랑하시는 하느님과 세상 사람들의 죄를 속죄하기 위해 온 구세주에 대해 설명하였
다"(L. H. Underwood, 신복룡·최수근 역주, 『상투의 나라』, 집문당, 1999, 147쪽.)
35 『대한크리스도인회보』, 1899.1.4.
36 1900년에 인천 담방리 교회에는 교우 50여 명에 구경하는 사람들 수백 명이 있었으며
구경꾼 중 30여 명이 같이 예배를 보았다. 인천 항우동 교회에는 교인 200여 명에
구경꾼 300여 명이 행사에 참여하였으며 이 중 50여 명이 예배를 보았다. (「예수탄일경
축」, 『신학월보』 1(2), 1901.1, 79~80쪽.)

구경했다. 이러한 의미에서 한국의 크리스마스는 평소에는 지역 사회
와 격리되어 있던 교회의 신앙공동체와 지역 주민들 사이에 물꼬가
트이는 날이 되었다. 1935년에 선교 잡지(The Korea Mission Field)는
다음과 같이 크리스마스가 한국에 정착했다는 진단을 내린다.

> 예수가 베들레헴에서 태어난 이후 18세기 동안 한국에는 크리스마스가
> 없었다. …… (그러나 이제) 모든 도시와 골짜기의 기독교회와 더불어, 크
> 리스마스는 비기독교인들에게 있어서조차 일 년 중 가장 잘 알려진 날이
> 되었다. …… (크리스마스) 프로그램은 한국적인 것이고 서구에서 즐기는
> 크리스마스와 다른 낯선 특징들이 있다. …… 크리스마스 기간 동안 기독
> 교 교회는 비기독교인 공동체에 영향을 끼친다.[37]

이러한 자리매김은 현재까지도 어느 정도 남아있다. 크리스마스를
전후한 기간은 전도 주간으로 설정되고, 그 행사에는 주변 사람들이
신앙에 상관없이 초청 받아 참석하는 것이 자연스러운 모습으로 전승
되고 있다. 한국의 크리스마스는 개신교 공동체 외부와 개신교인들을
매개하는 지점으로 작용한다. 개신교 실천 체계 중에서 유일하게 비
기독교인에게도 의미를 지닐 수 있는 실천이라는 점에서 크리스마스
는 중요한 의미를 지닌다. 다른 실천들이 개신교 공동체를 다른 집단
과 구별해주고 배타적인 태도를 강화하는 쪽으로 작용했던데 반해서,
크리스마스는 다른 집단과의 관계를 형성하는 쪽으로 작용하였다. 그
러기에 개신교인 공동체 내부의 의미화와는 별도로, 한국 사회 전체
의 맥락에서 크리스마스는 의미화될 수 있는 실천이 되었다.

---

37 "Christmas in Korea", *KMF* 31(12), 1935, p.245.

크리스마스가 한국 사회에서 갖는 두 번째 의미는 '선물 받는 날'이
라는 의미이다. 초기 크리스마스의 선물은 교회가 신자들에게 나누어
주는 식으로 이루어졌다. 특히 선교 본국으로부터 한국의 어린이들에
게 보내지는 선물이 당시의 대표적인 선물이었다. 크리스마스 상자
(Christmas Box)라고 불린 꾸러미가 매년 미국으로부터 한국으로 전송
되었다.[38] 거기엔 아이들에게 주기 위한 학용품, 사탕, 과자, 건과 등이
들어있었다.[39] 매우 간단한 선물이었지만 당시 상황에서는 매우 귀한
것으로 인식되었음이 틀림없다. 물 건너온 선물이 한국인 아이들에
배포되었던 크리스마스는 교회가 신자들에게 무언가를 베푸는 날로
자리매김하였다. 크리스마스 수주일 전부터 열리는 주일학교는 이 선
물과 관계가 있었다. 주일학교에서 성경을 암송하게 하여 그 상으로
선물을 주었기 때문이다. 때로는 암기왕을 선발하여 상을 수여하기도
하였다.[40] 그리하여 크리스마스 몇 주 전에는 주일학교 학생이 폭발적

---

38 공통적인 용법으로 사용되기도 하지만, 엄밀히 말하면 역사적으로 크리스마스 상자
(Christmas box)는 크리스마스 선물(Christmas gift)보다 초기의 형태이다. 크리스마스
상자는 지주가 크리스마스 때 하인이나 고용인들에게 베풀었던 물질적 보상에서 유래
한다. 그러한 농촌의 관행이 17세기 영국에서 도시적 형태로 나타난 것이 크리스마스
상자였다. 18세기 말부터 크리스마스 상자는 점차 선물로 변하기 시작한다. 수혜의
공간이 사회에서 가정으로, 수혜의 대상이 하층 계급에서 어린이로 축소 변모되는
과정을 통해서, 크리스마스 선물이라는 용어가 정착되었고 그것은 개인적인 수여의
성격을 띠게 된다.(Stephen Nissenbaum, *The Battle for Christmas*, New York: Alfred
A. Knopf, 1997, p.110.) 선교 초기에 한국인에게 부여된 선물은, 집합적 대상의 성격을
지니며 음식물과 같은 소비재가 주를 이루기 때문에, 그것에 '크리스마스 상자'라는
명칭이 적용된 것은 타당해 보인다.
39 Mattie Wilcox Noble, "How the Methodist Episcopal Church observes Christmas in
Korea", *KMF* 15(12), 1919, p.257.
40 어느 해에는 두 소녀가 일 년 내에 5000구절을 암송하여 상을 받기도 하였다. (Ibid.,
p.257.)

으로 늘어나는 모습을 보이기도 한다.[41] 이러한 주일학교 풍경은 현재
의 교회에도 많이 남아있다.

크리스마스는 교회가 수혜적 이미지를 갖도록 하는데 상당한 공헌
을 하였다.[42] 이 이미지는 교회가 일반 교인과 갖는 관계에서도 나타
난다.[43] 이처럼 교회에서 선물을, 그것도 선교 본국으로부터 온 선물
을 베풀었다는 점을 감안해볼 때, 한국에서 산타클로스라는 낯선 신
격의 역할을 처음으로 수행한 이들이 선교사였다는 점은 상징적인
의미를 지닌다.[44] 크리스마스가 주는 풍요로움, 그것도 먼 곳으로부터
오는 풍요로움이라는 이미지는 산타클로스 상징과 결합하여 초기부
터의 반복적 실천을 통해 형성되었다.[45]

우리는 초기의 상황에 의해 규정된 크리스마스의 모습 두 가지를
살펴보았다. 하나는 '보여주는 날'로서의 크리스마스라고 한다면, 다
른 하나는 '받는 날'로서의 크리스마스였다. 이 두 가지는 순전히 선

---

41 "Christmas in Korea", *KMF* 31(12), 1935, p.245.

42 교회의 수혜적 이미지는 해방 후 구호물자로 인해 더욱 강화된다. 이서구, 『세시기』,
박영사, 1969, 166~167쪽.

43 해방 이후의 일이긴 하지만, 성탄 때만 교회를 찾는 사람이라는 뜻의 '성탄 교인'이라는
말이 생겼다. 다음 유행가는 크리스마스가 일반인들에게 갖는 의미를 잘 말해준다.
"오늘 예수 첨 믿는 날 / 좋은 선물 받았네 / 다음 성탄 또 와서 / 더 좋은 것 받겠네"
(위의 책, 177~178쪽.)

44 1901년에 블레어 선교사가 산타로 분장하여 아이들에게 선물을 나누어 주었다는 기록
이 있다.(사무엘 마펫, "1901년 12월 25일 편지", 『마포삼열 목사의 선교 편지(1890~
1904)』, 680~681쪽.) 그 이후에도 선교사가 산타로 분장하는 것은 흔했던 것으로 보인
다. 예를 들어 맥쿤 박사가 산타로 분장했다는 기록이 있다.(Mrs. Harold Voelkel,
"Christmas Memories of a Missionary Home", *KMF* 31(12), 1935.)

45 크리스마스 선물이 지니는 의미가 일제강점기를 거쳐 어떻게 발전하였는지에 관해서
는 다음을 볼 것. 방원일, 「한국 크리스마스 전사(前史), 1884~1945: 이원적 크리스마
스 문화의 형성」, 『종교문화연구』 11, 한신대학교 종교와문화연구소, 2008.

교 당시 한국의 상황에 기인하여 생성된 특성으로 서구와는 다른 양상을 보인다. 중요한 것은 이러한 특성이 선교 초기에만 일시적으로 나타나는 것이 아니라는 점이다. 이후에도 한국인들에 의해 향유된 크리스마스는 이러한 특징을 반복적으로 나타낸다. 크리스마스를 맞는 한국인 신자는 이전의 행사를 생각하고 그것을 그 해에 반복한다. 성스러운 시간 내에서 이루어진 행위는 우연한 것이라거나 상황 논리에 의해 규정된 것으로 생각되지 않는다. 그것은 매해 반복됨을 통해 신성함의 논리를 갖춘다. 그 과정을 통해 한국의 크리스마스는 독특한 특성을 갖추었다.

2) 크리스마스에 나타난 혼합

크리스마스는 전통적 실천 체계와의 혼합을 통해서 한국에 정착되었다. 혼합의 양상은 세 가지로 나누어 살펴볼 수 있다.

첫 번째, 크리스마스는 한 해를 마무리하는 절기 의례로서 한국에 정착하였다. 전통적인 절기 의례에서는 한 해를 마무리짓는 역할을 담당한 날은 동지(冬至)였다. 크리스마스와 동지는 한 해를 마무리짓는다는 구조적 동일성을 지니면서 3, 4일 정도의 시간적 간격을 두고 존재하였고, 이질적인 두 풍습은 서로 섞이면서 양립하게 되었다.[46] 구체적으로 동지는 음력에서의 한 해를 마무리짓는 날로 팥죽을 해먹고, 다음 해의 달력을 나누어주며, 친한 사람을 방문하는 날이었다. 한 해를 정리한다는 의미를 지닌 이러한 행위들은 크리스마스에서도

---

46 덕성여자대학교 인문과학연구소, 『한국인의 의식과 예절문화 Ⅱ: 한국 의례문화의 구조와 역사』, 96년 교육부 인문·사회과학 중점영역 연구결과 보고서, 1998, 179쪽.

반복되었다. 예를 들어 가까운 사람에게 찾아가 문안을 드리던 관행
은 카드와 연하장을 보내는 풍속으로 자리잡았으며,[47] 달력을 나누어
주는 행위도 크리스마스에 그대로 나타난다.[48]

전통적인 동지가 유지되지 못하고 크리스마스로 대체된 것은 물론
양력의 보급 때문이다. 앞서 우리는 1890년대 후반의 몇 해 동안 크리
스마스가 급속히 자리잡았다는 사실을 보았다. 그 시기는 양력의 보
급 시기와 일치한다. 양력의 보급에 따라 음력의 한해를 마무리하는
것은 의미를 잃게 되었고, 대신에 성탄(聖誕), 신정(新正), 구정(舊正)으
로 이어지는 새로운 연말연시의 절기가 한국 사회에 형성되었다.[49] 이
새로운 구도에서 크리스마스는 동지가 하던 역할을 계승하여 한 해를
마무리하는 한국인의 절기 의례로 자리잡을 수 있었다.

두 번째로, 한국 크리스마스의 실천에서 나타난 혼합의 양상은 고
유한 생일 모심과의 연속성에서 찾아볼 수 있다. 크리스마스라는 낯
선 명절이 한국인에게 이해될 수 있는 하나의 통로는 그것이 '예수의
생일'이라는 점에 있었다. 원래 모셔 오던 부모의 생일, 임금의 생일의
연장선상에서 한국인들은 구세주의 생일을 이해할 수 있게 되는 것이
다. 초기 감리교 신학자인 최병헌에 따르면, 가정에는 부모의 생일이
있어 이를 기념해야 하고, 나라에는 임금의 생일인 만수성절(萬壽聖節)

---

47 위의 책, 180쪽.
48 1901년에 선교사 마펫이 묘사한 평양의 크리스마스의 풍경은 다음과 같다: "예배 후에
   교회 직원들의 주도하에 수많은 교인들이 달력을 가지고 평양의 각 대문으로 나가서
   아직 전도 받지 못한 시골 마을의 집집마다 복음이 퍼지길 바라며 지나가는 사람들에
   게 나누어 주었소."(사무엘 마펫, "1901년 12월 25일 편지", 『마포삼열 목사의 선교
   편지(1890~1904)』, 680~681쪽.)
49 이서구, 앞의 책, 208쪽.

이 있어 이를 경축하는 것이 당연한 것처럼 세계의 구세주의 생일을 모든 이가 경축해야 한다는 설명된다.[50] 여기서 구세주의 탄생일을 모시는 방식이 부모의 생일 모심, 임금의 생일 모심의 연장선상에 있으며 따라서 그 방식이 유사성을 띠고 있다는 점을 생각할 수 있다.

이러한 이해 논리에 유념할 때, 우리는 전통적 생일 모심의 행위가 예수의 탄일에도 나타났음을 예상할 수 있다. 그러한 연속성을 보여주는 것이 크리스마스의 등불 장식과 깃발의 사용이다. 등불 장식과 깃발의 사용은 석탄일에서, 그리고 임금의 생일인 만수성절에서 사용되었던 축하의 행위였다.[51] 이러한 상징 논리의 전승이 혼합의 세 번째 양상에 해당한다. 그것은 전래 초기 한국 크리스마스의 대표적인 풍경인 등불 장식에서 잘 나타난다. 다음의 기록들에서 나타나는 크리스마스 풍경 묘사는 등불 장식이 크리스마스의 실천에서 중요한 몫을 차지했음을 보여준다.

> "등불 수백 개를 켰는데 그중에 제일로 큰 십자등 한 개를 만들어 광조동방(光照東邦) 네 글자를 써서 공중에 높이 달고"[52]
> "회당 종집 위에 등불을 가득히 달아놓고"[53]
> "십자기를 세우고 등 삼십육개를 십자로 달고 회당문 위에 태극기를 세웠으며"[54]

---

50 최병헌, 「구세주의 탄일」, 『대한크리스도인회보』, 1897.12.15. 이 글은 이듬해에 약간 수정된 채로 같은 신문에 다시 실렸다.
51 만수성절은 고종의 생일을 기념하는 날로, 기독교인들에 의해서도 경축되었다.
52 『대한크리스도인회보』, 1897.12.29.
53 『대한크리스도인회보』, 1898.12.28.
54 『대한크리스도인회보』, 1899.1.4.

"등불 이백 오십 개를 전후좌우에 달고 십자기와 태극기를 세우고 청송 홍예문을 세우고 방포 삼성 후에 좌우에서 지포를 일시에 놓고 성기전을 올리며"[55]

각색 비단으로 주련을 만들어 성경의 좋은 구절을 금자로 써 벽 위에 달고 문마다 청송으로 취병을 틀고 십자기와 태극기를 꽂았으며 또한 아름다운 전나무를 취하여 회당 가운데 세우고 보기 좋은 각색 물종으로 단장하였고 회당 밖에도 청송으로 홍예문을 만들고 십자기와 태극기를 높이 달고 등 수백 개를 예비하였더라.[56]

온 (순천) 요양소가 바닥부터 꼭대기까지 등불로 장식되었으며, 또한 푸른 소나무 장식과 소나무 가지로 만들어진 커다란 문 입구로 장식되었다. 토착 브라스 밴드(농악대)가 미국 사람들은 결코 제대로 이해할 수 없는 소리와 음악을 선보였다.[57]

등불 징식은 선교사의 명령으로 이루어진 것이 아니라, 한국인들이 자발적으로 예전 방식대로 등을 달아 장식했던 것이다.[58] 선교 잡지에는 '한국의 풍물'이라는 제목으로 한국의 등불 장식이 소개되기도 하였다.[59] 사실 탄일(誕日)을 등불로 장식하는 것은 한국 불교에서 성행했던 풍습이다. 이것이 기독교 전래 이후 크리스마스라는 외래적 요소

---

55 『대한크리스도인회보』, 1899.1.4.

56 「제물포교회쥬탄신경츅」, 『신학월보』 3(2), 1903.2.

57 R. M. Wilson, M. D., "Christmas in the Leper Colony at Soonchun", *KMF* 31(12), 1935, p.254.

58 초기 인천, 강화 지역 교인들이 십자등, 태극등을 달아 장식한 사례에 관해서는 다음을 볼 것. 이덕주, 「초기 한국교회 성탄절 문화」, 『토착화와 민족운동 연구』, 한국기독교역사연구소, 2018, 173~177쪽.

59 F. S. Miller, "Things Korean: Christmas Lanterns", *KMF* 13(12), 1917, pp.319~320. 이 글에서 밀러는 전통적인 초가에서 닥종이에 대나무로 살을 엮어 만든 한국의 등불 장식의 제작 과정을 상세히 묘사하고 있다.

와 등불이라는 토착적 요소의 결합이라는 혼합현상으로 이어진 것이다. 기독교에서 제공된 크리스마스라는 틀 안에서 전통적인 등이라는 요소가 새로이 배치되어 의미를 획득하는 과정이 일어난 것이다.

이상에서 살펴본 크리스마스의 정착과 혼합 과정에서, 우리는 엘리트 전통의 신학적 관심과 혼합현상의 반비례 관계를 확인할 수 있다. 한국에 온 개신교 선교사들은 크리스마스의 종교적 의미에 그다지 큰 신경을 쓰지 않았다. 그러나 한국 개신교 신자들은 크리스마스를 수용하여 한해를 마무리하는 절기 의례로 정착시켰다. 신학적 규제가 약했던 영역인 크리스마스의 정착 과정에서는 이전의 동지에서 행해진 행위들, 생일 모심의 행위들이 그대로 반복되면서 그 위에 개신교 신념 체계가 덧씌워지는 혼합이 일어났다.

3) 부활절과 추수감사절

반면에 크리스마스와 함께 개신교 교회력을 구성하는 대표적인 절기 의례인 부활절과 추수감사절은 크리스마스와는 달리 중요한 절기 의례로 자리잡지 못하였다. 엘리트 전통의 차원에서 부활절은 크리스마스 못지않은 중요한 행사로 강조되었지만, 유럽에서 부활절이 정착할 때 일어난 과정, 즉 봄의 축제라는 대중 전통과의 혼합과 같은 일이 한국에서는 일어나지 않았다.

더욱이 추수감사절은 선교 과정에서 엘리트 전통에 의해서 부과되었다는 특성이 두드러진 절기 의례이며, 이 점에서 대중 전통에 의해 수용이 주도된 크리스마스와는 대조를 이룬다. 추수감사절은 선교 개시 직후가 아니라 한국의 교단 체계가 어느 정도 정비된 시점에서 실행되기 시작한 절기 의례이다.[60] 교단마다 달리 지켜지던 추수감사

절은 1914년 장로교 총회에서 11월 셋째 주 수요일로 확정되었다.[61]
그런데 이 날짜의 결정은 선교사들의 입장을 강하게 반영한 것이었
다. 1902년 첫 추수감사예배가 행해질 때만 해도 시행 날짜는 미국의
추수감사절 날짜에 비해 한 달 이상 앞당겨진 10월 5일이었다. 이것
은 초기의 추수감사가 한국의 추수시기에 맞추어 추석과 비슷한 시기
에 행해졌음을 암시한다.[62] 이에 반해 1914년의 결정은 전통적인 삶의
리듬보다는 선교사를 고려한 것이었다. 날짜가 11월 셋째 주 수요일
로 정해진 것은 그날이 '선교사 최초 도선일(渡鮮日)', 즉 한국에 외국
인 선교사가 최초로 도착한 날을 기리기 위해서였다. 추수감사절은
"외지(外地) 전도(傳導)를 위해서 예배하고 강도(講道), 기도, 연보(捐補)
하는 날"로 규정되었다.[63] 추수감사절은 엘리트 전통의 강한 신학적
관심을 내포하고 있는 실천이었기 때문에 혼합의 여지는 별로 없었
다. 전통적 절기 의례 중에 추석이라는 매우 유사한 의례가 있었음에
도, 교계는 "하나님 은혜로 얻은 추수 감사를 집안 귀신에게 굿하여
주는 것은 하나님의 물건을 악신에게 드리는 것"이라는 배타적인 태
도를 보인다.[64] 추수감사절의 실천에는 전래의 행위와의 혼합을 통한
정착이 아니라 배제를 통한 이식의 의도를 강하게 갖고 있었던 셈이
다. 그러나 몸에 익은 절기와의 단절로 인해 추수감사절은 개신교 대

---

60 1902년에 들어서야 이천의 감리교회에서 처음으로 추수감사예배를 올렸다는 기록이
    등장한다. 「곡식 거둔 감사례빅」, 『신학월보』 2(11), 1902.11.
61 "感謝日은 陽曆 十一月 第三主日後 三日(水曜日)노 定하니 此는 宣敎師가 朝鮮에 始渡
    하던 日이다" 곽안련 엮음, 『長老敎會史 典彙集』, 北長老敎宣敎會, 1936, 12쪽.
62 이정훈, 『한국의 그리스도인을 위한 절기 예배 이야기』, 대한기독교서회, 2000, 53쪽.
63 곽안련 엮음, 앞의 책, 12쪽.
64 「츄슈째깃븜」, 『신학월보』 1(1), 1900.12.

중 전통에 제대로 수용되지 않았다. 크리스마스는 양력의 보급이라는 조건에 의해서 동지를 흡수 대체할 이유를 갖고 있었던 반면에, 추수 감사절의 경우에는 추석 대신에 준수되어야 할 이유가 없었다. 결국 추수감사절은 교회 내부의 행사였고 사회적 영향력은 미미했다.

4. 개신교 의례 혼합현상의 의미

혼합현상은 한 종교의 선교에 따른 문화접변을 서술하는 용어로 사용되는 것이 바람직하며, 그것은 자리 물림, 즉 어떠한 요소가 형태는 변하지 않으면서 현상의 의미가 변하는 양상으로 나타난다. 이것은 옛 요소가 잔존하여 새로운 맥락에서 변화된 의미를 갖는 것을 가리킨다. 우리가 한국 개신교 의례의 정착 과정에서 주목하는 것은 이 옛 요소의 잔존이 어떠한 의미작용을 일으키는가이다. 한국 개신교 의례에서 두드러지는 것은 이전의 의례 실천에 의해 한국인의 몸에 배어있던 몸짓이 남아있다는 점이다. 익숙해져 있던 몸짓의 잔존은 개신교 의례를 한국적 방식으로 창출한다. 개신교식 결혼식과 장례식의 뼈대를 이루고 있는 전통적인 절차들, 제사 금지에도 불구하고 부모의 기일(忌日)이 되면 행해져야 했던 몸짓들, 그리고 백일, 환갑 등 이전부터 경축해왔던 삶의 대목들은, 이교의 습속을 폐지하겠다고 결심했던 개신교인들에게도 유지되었다. 그러나 잔존해 있던 몸짓들은 이전의 의미 그대로 행해지는 것은 아니며, 여기서 바로 자리 물림이 일어난다. 개신교인의 정체성을 가지고 있는 행위자에게서 이전의 행위들은 새로운 신념체계를 실천하는데 사용된다. 전통적인 등불 장식은 세상의 빛인 구세주의 탄일을 기념하는데 사용되고, 새벽의 비손은 절대자를 향한 갈망을 표상한다. 기독교 신념 체계라는 새로운 맥락 안에서 이전의 몸짓들이 반복되고, 잔존해 있던 이 행위들이 한국 개신교 의례를 독특한 것으로 만든다. 이 과정에 의해 한국 개신교는 독자적인 실천 체계를 갖게 되었다.

한국 개신교 의례의 정착 과정에서 나타난 혼합현상은 대중 전통의 실천에 의해서 형성되었다. 우리는 혼합현상을 의미제작자로서의 인간이 요소들을 창조적으로 결합하는 과정으로 이해한다. 그러나 기존의 혼합주의 담론에서는 혼합현상을 일종의 타락, 난맥상으로 여긴다. 한국의 경우에도 순수한 기독교 전통을 지키지 못하고 다른 전통과의 혼합을 통해 기독교를 오염시키는 행위에 대해서 비판이 집중되었다. 그러나 전통의 고정성, 순수성은 엘리트 전통의 교의적 주장일 뿐 혼합현상을 판단하는 기준이 되어서는 안 된다. 혼합주의 담론에서 벗어난 위치에서 혼합현상을 기술하는 작업은 현상을 엘리트 전통의 시각에서 보는 것이 아니라 엘리트 전통과 대중 전통의 긴장 관계의 맥락에서 보는 것을 전제로 한다. 한국 개신교 의례의 혼합은 대중 전통에서 일어난 창조적 결합을 통해 이루어졌으며 반면에 엘리트 전통의 신학적 관심은 이를 규제하는 방향으로 작용하였다. 그래서 의례의 혼합의 양상은 엘리트 전통의 신학적 규제의 강도에 반비례하여 나타났다. 신학적 관심이 강하게 투영되었던 정기 의례에서는 선교사들이 전수해 준대로 의례 절차가 한국인들에 의해 준수되었다. 반면에 엘리트 전통의 신학적 관심이 소극적이었던 절기 의례, 그리고 관심이 거의 적용되지 않았던 평생 의례의 영역에서는 전통적 요소들과의 혼합이 활발하게 일어났다는 사실을 우리는 볼 수 있었다.

한국 개신교 의례의 상황에 관한 기존 연구는 대부분 그것을 혼란의 상황으로 묘사한다. 개신교 실천과 전통적 실천이 공존하는 상황은 흔히 개탄의 대상이 되었으며 개신교 의례가 담고 있는 신념 체계와 이전부터 행해오던 몸짓이 담고 있는 신념 사이의 갈등이 해소되지 않은 채로 난맥상을 이루고 있다고 평가받았다. 이 글에서 이루어진 작업은 어떠한 신학적 당위에 입각한 것이 아니라 종교현상을 있는 그대로 이해하려는 시도에서 비롯되었다. 혼합현상은 비판의 대상이 아니라 종교가 새로운 문화권에 전래될 때 나타나는 역동적인 현상이며, 그 종교가 문화권에 정착될 때 거쳐야 할 필수적인 과정이다. 한국 개신교 전통을 이해하는 일은 개신교의 혼합현상을 직시하는 데서 출발한다. 그것을 어떻게 수정할 것인가를 고민하는 신학의 입장에서 벗어나서, 혼합 자체에서 전통을 형성하는 역동성을 인식하고 그 방향성을 가늠하는 것이 종교현상의 이해에 근접하는 길을 열어줄 것이다.

4장
토착화와 메타모포시스

1. 메타모포시스 이론의 모색

메타모포시스(metamorphosis)는 문화의 변화를 설명하기 위해 동원된 개념이다. 이 글은 메타모포시스 개념을 구체화하고 이론적으로 정교화하기 위해 기획되었다. 그 이론적 자원을 1960년대 우리나라에서 진행된 토착화 신학 논쟁을 재고찰하는 데서 찾고, 독일 대문호(大文豪) 괴테의 식물학 이론을 비교함으로써 메타모포시스 이론과 연결하는 통찰을 얻고자 한다. 토착화 신학의 중심 개념인 토착화(土着化)는 복음이라는 씨앗이 다른 문화의 토양에서 움터 뿌리내림으로써 새로운 형태의 기독교를 형성하는 과정이다. 씨앗과 토양이라는 식물 생장의 모델을 핵심 모티브로 한다는 점에서, 토착화 신학은 메타모포시스 이론을 정립하는데 많은 참조점을 제공한다. 당시 토착화 논쟁을 뜨겁게 달구었던 논쟁의 지점을 되짚어 보는 것은 이 글의 목적과 직결된다. 즉, 씨앗이 의미하는 바가 어디까지인지, 종교문화에서 변하는 것과 변치 않는 것은 어떻게 설정할 것인지, 혼합과 관련하여 기독교 정체성 문제를 어떻게 규정할 것인지 등의 쟁점을 정리할 필요가 있다.

사실 토착화 신학을 둘러싼 논쟁에서 메타모포시스라는 단어는 거의 등장하지 않았다. 그럼에도 이 글에서 메타모포시스 이론화 작업에 토착화 신학을 끌어들인 것은 그 논의의 핵심에 문화의 변화를 설명하는 식물학적 비유가 존재하기 때문이다. 이 사실은 식물학을 통해 메타모포시스 이론을 전개한 괴테의 논의와 연결점이 된다. 괴테가 제시한 독자적인 식물학 이론은 널리 알려지지는 않았지만 점차 학문적 조명을 받고 있다. 그는 식물의 생장을 원형 식물(原植物, Urpflanze)이 뿌리, 줄기, 잎으로 변형하는 과정, 즉 메타모포시스로 설명하였다. 그는 메타모포시스를 통해 식물 개체의 성장, 나아가 식물 종의 형성을 설명하였다. 이러한 이론은 토착화 신학과 비교의 쟁점을 제공하여 메타모포시스 이론을 정교화하는 데 도움을 줄 것이다.

이 글은 2절과 3절에서 토착화 신학 논쟁을 재정리한 후 4절에서 메타모포시스 이론과 연결을 모색하는 순서로 진행된다. 2절에서는 토착화 신학 논쟁의 맥락을 정리하고 중심 모티브인 씨앗과 토양 개념을 소개한다. 3절에서는 토착화 신학에서 기독교 정체성이라는 논란과 관련된 혼합주의와 토착화의 관계를 정리한다. 4절에서는 괴테의 식물학과 메타모포시스를 간단히 소개한 뒤 우리 논의와 연결 지점을 모색하도록 하겠다.

토착화 신학을 논하기에 앞서 이 글에서 토착화라는 주제를 다룰 때의 범위를 다음과 같이 제한하였음을 밝혀둔다. 첫째, 이 글은 종교 문화의 교리적, 의례적, 공동체적 차원 중에서도 교리적 차원에만 집중하여 분석하였다. 뒤에서 지적하겠지만 원래 토착화 논의는 의례적 차원에 속하는 예배 형식에 대한 문제로부터 비롯하였고,[1] 또 이러한 실질적인 문제로부터 출발할 때 보다 설득력 있는 논의를 할 수 있는 것이 사실이다. 토착화 논쟁을 주도했던 유동식도 그러한 점을 인식하고 추수감사절, 크리스마스의 문제라든지 교회 제도의 문제를 거론했다.[2] 그러나 토착화 논쟁 자체는 주로 교리적 차원에서 진행되었다. 이 글은 논쟁의 지점들을 뒤쫓는 방식으로 형성되었으며, 따라서 이 글은 지상(誌上) 논쟁에 대한 교리적 차원에서의 분석 작업이 주가 된다.

둘째, 개신교의 토착화 논쟁만을 대상으로 다루었다. 천주교의 경우에는 개신교와는 양상이 달랐다. 우리나라에서 논의를 주도하기보다는 제2차 바티칸공의회에서 결정된 사항을 실천하는 과정이 토착화 논의의 주를 이루기 때문이다. 예를 들어 1984년의 사목회의 의안에는 바티칸공의회의 토착화에 관한 내용을 한국의 실정에 맞게 현실화시키는 내용이 포함되어 있다. 그 실천의 정도는 현장에서 다양하며, 일각에서는 한국 가톨릭교회가 신학 사상, 전례 양식, 신심 운동, 영성 생활, 그리고 건축 양식에 이르기까지 거의 모든 영역에서 서구 교회의 의존에서 벗어나지 못했다는 반성이 제기되기도 한다.[3]

셋째, 이 글에서는 1960년대부터 1970년대 후반까지의 기간을 토착화 논쟁에 있어 가장 중요한 시기로 파악하여 논의를 한정하였다. 이 글은 기독교가 문화의 접촉에 대해서 어떠한 인식을 지니고 있는

---

1 박봉배, 「한국교회 예배의 토착화」, 『기독교사상』 35(6), 1991.6., 54쪽.

2 유동식, 「복음의 토착화와 선교적 과제」, 『도와 로고스』, 대한기독교출판사, 1978, 62~63쪽; 유동식, 「基督敎 土着化에 대한 理解」, 『기독교사상』 6(4), 1963.4., 68쪽; 유동식, 「전통문화와 복음의 토착화」, 『도와 로고스』, 대한기독교출판사, 1978, 73~84쪽.

3 심상태, 「한국교회 토착화의 전망」, 『한국교회와 신학: 전환기의 신앙이해』, 성바오로출판사, 1988, 169~170쪽.

가를 살피는 것을 목적으로 한다. 1960년대의 토착화 논쟁 기간에 그 인식이 처음으로 본격적으로 형성되었으며 가장 직접적인 문제 제기의 형태로 불거져 나왔다고 파악하는 것이 이 글의 입장이다. 여기서는 글의 의도에 비추어 좁은 범위의 토착화 신학을 그 대상으로 한다. 이 장의 2절과 3절은 1960년대『기독교사상』의 토착화 논쟁에 관련된 글들과 유동식, 윤성범의 1960, 70년대 저작을 그 분석의 대상으로 하였다.

2. 1960년대 토착화 신학의 전개

1) 논의의 맥락

1960년대는 한국 신학계의 지형이 새로이 형성되어 가던 시기였다. 해방 직후의 개신교계는 일제 말기의 대규모 탄압으로 지도자급 인물을 상실하였고 거듭된 교단 분열을 겪었기 때문에 혼미한 상황이었다. 신학계가 활력을 찾게 된 것은 그로부터 십여 년이 지난 1960년대 들어서부터였다. 1960년대는 대외적으로는 제2차 바티칸공의회에서 토착화의 원리가 제시되어 그에 대한 논의가 활발해지던 시점이었고, 대내적으로는 해방 직후 해외에 유학 나갔던 신학자들이 하나둘 귀국하여 새로이 신학계를 형성하던 시점이었다. 그즈음에서야 신학자들은 한국에서 기독교의 존재에 대한 물음을 진지하게 던질 만한 신학적 역량을 갖추게 되었다. 기독교가 한국 문화에 갖는 의미를 묻는 글들이 발표되기 시작하였고,[4] 1962년에는 유동식이 「복음의 토착화와 한국에서의 선교적 과제"를『감신학보』에 발표하였다.[5] 토착화

의 개념과 방법론을 구체적으로 제시한 이 글은 토착화 논쟁의 발단
이 되었다. 이에 대해 전경연이 반박문을 『신세계』 지(誌)에 발표함으
로써 토착화 논쟁은 감리교 내부에서부터 신학계와 학계로 무대를
넓혀서 전개되었다.[6] 둘 사이에 한 차례의 공방이 오고간 후 논쟁은
『기독교사상』으로 옮겨졌고 이후 많은 학자들이 논쟁에 참여하였다.
우선 전경연의 글에 대한 유동식의 반론과 이에 대한 전경연의 재공
박이 각각 한 달 간격으로 발표되었다.[7] 특히 전경연의 글에 때때로
나타나는 격한 어조는 토착화를 지지하는 많은 학자들의 참여를 부추
겼다. 예를 들어 전경연은 다음과 같이 주장하였다. "그리스도 신앙의
토착화 문제는 재래 종교의 신앙 형태나 민족 특유의 예술 전통을
어떻게 살리느냐 하는 문제가 아니고, 이 모든 소재들이 복음의 공격
에 의하여 불살라시고 그 잿더미에서 새롭게 솟아나는 새 싹이 어떤
것이겠는가 하는 문제다."[8] 전경연의 주장은 토착화를 옹호하는 학자
들을 자극시키기에 충분한 것이었다. 이에 대하여 이장식이 토착화의
정당성을 옹호하는 글을 발표한 이래로 홍현설, 정하은, 이규호, 나일
스, 한태동 등의 학자들이 토착화를 옹호하는 글을 발표하였다.[9]

---

4 김광식, 「토착화와 해석학」, 35~39쪽 참조. 김광식은 유동식의 논문 발표 이전에도
채필근과 장병일에 의해 비슷한 문제의식을 지닌 논문들이 발표되고 있음에 주목하였
다.

5 유동식(1978), 앞의 책, 40~66쪽.

6 전경연, 「기독교文化는 土着化할 수 있는가?」, 『신세계』(1963년 3월); 「기독교사상강
좌」 3권, 대한기독교서회, 1963, 207~213쪽.

7 유동식(1978), 앞의 책, 64~68쪽; 전경연(1963b), 앞의 글, 22~28쪽.

8 전경연(1963a), 앞의 글, 213쪽.

9 이장식, 「基督敎 土着化는 歷史的 課業」, 『기독교사상』 6(6), 1963.6., 36~44쪽; 홍현설,
「土着化의 可能性과 不可能性」, 『기독교사상』 6(8, 9), 1963.8., 9., 14~18쪽; 정하은,

이러한 논쟁의 한편에서는 윤성범의 신학적 노력이 꾸준히 전개되고 있었다. 그는 논쟁이 시작되기 전부터 「한국신학 방법서설」을 발표하였으며,[10] 계속해서 토착화에 대한 논문을 발표해 1964년에는 『기독교와 한국종교』라는 단행본으로 묶어내기에 이른다. 그는 이 책에서 토착화론을 이론적으로 정리하고, 한국교회사에서의 토착화 작업을 평가하며, 단군 신화론과 고유의 신 관념을 예로 들어 토착화 작업을 전개했다. 윤성범의 토착화 신학에 대해서는 주로 박봉랑이 논평자로 나섰다.[11] 그러나 양자 간의 논쟁은 끊임없는 단절과 거리를 느끼게 할 뿐만 아니라 도리어 한국 기독교의 토착화의 이미지를 흐리게 하였다는 평가를 받는다.[12] 아무튼 윤성범은 계속해서 자신의 신학을 진전시켜서 1972년에 『한국적 신학: 성(誠)의 해석학』이라는 성과물을 제출한다. 이 저작은 한국 토착화 신학에 있어 기념비적인 저서로, 토착화 신학이 하나의 독자적인 체계를 지닌 신학임을 선포하는 의미를 지닌다. 이 책에서 그는 율곡의 성(誠)의 개념을 통해서 신학의 계시(revelation)를 이해하고자 한다. 그것은 전통 문화의 개념을

「神學의 土着化의 起點」, 『기독교사상』 6(7), 1963.7., 14~21쪽; 이규호, 「土着化의 哲學的 根據」, 『기독교사상』 6(10), 1963.10., 10~20쪽; D. T. 나일스, 「聖書研究와 土着化 問題」, 『기독교사상강좌』 3권, 대한기독교서회, 1963, 279쪽; 한태동, 「思考의 類型과 土着化 問題」, 『기독교사상』 6(7), 1963.7., 14~21쪽.

10 이 글은 1961년 12월에 감신대 학생회에서 발간한 『벌레틴』이라는 회지에 실렸다. 이 글은 『기독교와 한국종교』(대한기독교서회, 1964)의 서문으로 실려 있다.

11 박봉랑, 「기독교의 토착화와 단군신화: 윤성범 교수의 所論과 관련하여, 삼위일체적 해석의 신학적 문제를 중심으로」, 『사상계』 123, 1963.7; 박봉랑, 「성서는 기독교 계시의 유일한 소스: 윤성범 박사의 대답에 答함」, 『사상계』 126, 1963. 10월.

12 심일섭, 「현대한국 기독교회의 토착화 논쟁사」, 『韓國民族運動과 基督敎受容史考』, 아세아문화사, 1982, 208쪽.

기독교에 대한 전이해로 활용하여 신학의 지평을 넓히려는 시도였다.

1970년대 중반 이후에는 민중신학이 풍미하였다. 한국 상황에 대한 인식에서부터 출발하였다는 점에서 민중신학은 토착화 신학의 정신을 어느 정도 계승한다고 볼 수 있다. 안병무, 서남동을 중심으로 한 민중신학자들은 토착화 신학이 사회 현실에 무관심했다는 점을 지적하고 민중의 관점에서 성서의 의미를 새로이 하고자 하였다. 토착화 신학은 민중신학의 물결에 뒤덮여 버렸지만, 그것이 제기한 문제는 후대의 학자들에게 여전히 중요한 문제로 남아있다. 현재에 학자들의 토착화 신학에 대한 논의를 살펴보면, 그들이 다른 신학과의 문제의식의 공유를 통해서 토착화 신학의 의식을 심화시키고 확대해 나가려는 경향이 있음을 볼 수 있다. 토착화 신학을 제창하였던 유동식은 무속 연구를 거쳐서 풍류신학이라는 새로운 주제를 개척하였다. 그는 한국인의 종교 심성을 '한 멋진 삶'으로 해석하여, 한국인의 심성 구조에서 기독교를 탐구하는 작업을 진전시켰다. 또 김광식은 토착화 신학에서 제기한 문제를 놓치지 않고 기회가 있을 때마다 거론했으며 해석학과의 연계를 통해 해결을 모색하였다.[13] 그러나 그는 토착화 문제를 성령의 역사로 인식하여 초기 학자들이 지녔던 다원주의적인 계기를 후퇴시켰다는 평가를 받는다.[14] 그 외에도 니버의 도식에 따라 변혁주의 입장에서 토착화를 이해하려는 박봉배, 틸리히의 입장에서 문화신학으로서 토착화를 이해하려는 김경재, 종교다원주의 자

---

13 김광식은 『선교와 토착화』(대한신학연구소, 1975), 『토착화와 해석학』(대한기독교출판사, 1987)을 통해서 계속해서 토착화 신학을 연구해 왔다.
14 이정배, 「토착화 신학과 민중신학의 제문제」, 『토착화와 생명문화』, 종로서적, 1991, 161쪽.

리에서 종교신학을 전개하는 변선환, 토착화 신학과 민중신학의 모티
브를 종합하고 현대의 다른 해방신학들과의 조화를 꾀하는 이정배와
박종천 등이 토착화 신학의 작업을 계승한 학자들이다. 요컨대 현재
의 토착화 신학의 계승자들은 민중신학, 종교신학, 문화신학, 해석학
등의 새로운 신학 사조들과의 상호 대화를 통하여 인식을 심화시키고
문제의 해결을 모색하였음을 알 수 있다. 그러나 토착화 신학을 촉발
시켰던 문화 접촉의 문제는 여전히 대답을 발견하지 못한 채 남아있
고, 오히려 다른 문제의식들과의 융합을 통해서 희석되어가는 것처럼
보인다.

　다시 1960년대로 돌아가 토착화 신학자의 상황 인식을 보도록 하
자. 토착화 신학의 문제가 제기되는 것은 기독교가 한국인에게 일종
의 낯선 것으로 받아들여지기 때문이다. "기독교가 서양 종교가 되어
서는 안되고 우리 종교가 되어야 할텐데 하는 생각과 우리를 살리는
복음이 되어야 한다"라는 생각으로부터 토착화 신학이 출발하였다.[15]
토착화 신학자들은 당대의 상황으로 문제로 진단하였다. 개신교 선교
가 80년이 넘은 시점임에도 불구하고 기독교를 한국 종교라고 하는
것이 어색해 보였던 것이다. 그들은 자신에게도 어색한 것이 참된 신
앙일 수 없다고 생각하였다. 유동식은 자신의 목소리로 신앙이 구성
되지 못하고 서구의 목소리 그대로 따른다는 점을 지적하였다. "가장
주체적이어야 할 그리스도교 신앙에 있어서까지 우리는 자뭇 주체성
을 잃고 서구에만 연연하고 의존하려는 것 같다."[16] 윤성범 역시 주체

15　유동식, 「특집좌담: 한국토착화 신학 논쟁의 평가와 전망」, 『기독교사상』 35(6),
　　1991.6., 80쪽.

성의 문제를 제기한다. 그는 "한국교회가 복음을 받으려면 먼저 한국 교회가 주체성 있는 교회가 되어야 한다"라고 지적한 뒤 한국교회는 복음이라는 새 포도주를 담을 능력이 있는 '새 가죽부대'가 되지 못한 다고 진단하였다.[17]

반면에 토착화에 반대하는 신학자들의 주장은 현실에 대한 낙관적 진단에 근거한 것이었다. 그것은 한국의 기적적인 기독교 선교 결과 에 대한 긍정적 평가에 기인한다. 전경연은 한국에서 기독교 신앙은 이미 말살할 수 없을 만큼 깊은 뿌리를 박고 있다는 점을 강조한다.[18] 토착화라는 것이 뿌리내림을 의미한다고 보았을 때 이미 기독교는 뿌리를 내렸다는 것이 그의 주장이다. 이러한 긍정적 평가는 기독교 교세가 급격히 증가함에 따라서 더욱 큰 목소리를 내게 된다. 기독교 인이 천만에 육박한 1990년도의 상황에서는 토착화를 일축하는데 거 칠 것이 없었다. "'토착화 신학'이 없었던 초대한국교회에서도 설교적 상황이 존재했고 그 설교적 상황은 한국교회의 오늘의 대발전을 가능 케 했다는 사실을 망각하고 있는가?"[19] 성장은 토착화 신학이 필요 없다는 인식의 근거가 되었다. 교회 성장의 역사로 미루어 볼 때, "미 선교사들이 100년 전에 이 땅에 가져온 것은 '서양 신학'이 아니라 '그리스도의 복음' 그것이었다"[20]라는 고백이 가능해진다. 남은 일은 현실을 인정하는 것이다. "그리스도의 복음을 복음 그대로 선포하는

---

16 유동식(1978), 앞의 책, 65쪽.
17 윤성범(1964), 앞의 책, 90, 94~96쪽.
18 전경연(1963b), 앞의 글, 23쪽.
19 박아론, 앞의 글, 85쪽.
20 위의 글, 85쪽.

'바울적 방법론'이 강하면 강할수록 개척교회와 전도대회 등 선교 활동을 통한 한국에서의 '복음의 토착화'가 가속되고 있다는 것은 오늘날의 한국의 현실임을 어찌하랴!"[21]

이처럼 기독교 선교의 외면적 성공이 밑천이 되어 토착화 논의에 대한 강력한 반론을 제시하고 있는 사실이, 한국의 토착화 신학의 독특한 배경을 이룬다. 인도, 일본, 중국에서의 기독교는 소수의 종교로 머물러 있다. 이들 나라에서의 기독교는 선교적인 차원에서 기존의 문화와 대화하고 상호소통하는 방식을 모색해야 하는 입장에 있다. 반면에 한국의 상황은 사뭇 다르다. 여기서는 선교적인 차원에서 토착화의 문제가 제기되는 것이 아니다. 만일 그러한 문제라면 토착화 반대자들의 말대로 기독교 선교가 성공적으로 이루어진 마당에 그 유용성은 상실될 것이다. 한국의 토착화 신학에는 현실의 힘(교세)의 논리를 극복해야 한다는 과제가 주어져 있고, 그래서 그것은 불가피하게 좀더 근본적인 문제를 물어야 했다. 기독교가 다른 문화를 통해 어떻게 이해될 수 있는가의 문제를 넘어서서, 기독교가 그 문화 내에서 어떻게 온전하게 자리잡을 수 있는가의 문제, 기독교가 그 문화 내에 수용되었을 때 직면하게 되는 문화 충돌, 혹은 문화 접변의 문제를 물어야 하는 것이다.

2) 씨앗과 토양

토착화의 기본적인 도식은 종자(복음)와 토양(문화)의 관계로 설명될 수 있다. 기독교는 복음과 문화의 합성체이다. 복음이 서구 문화의

---

21 위의 글, 86쪽.

토양에서 자라난 것이 서구 교회이며, 이것이 한국에 자리 잡기 위해서는 한국의 토양에서 다시 자라날 필요가 있다. "서양 선교사들은 서양에서 자라난 교회라는 화초를 서양의 흙을 담은 화분에 심어 가지고 이곳에 들고왔던 것이다. 우리는 마땅히 이 화분을 깨뜨려 버리고 화초를 우리들의 옥토 속에 심음으로써 힘차게 자라도록 하지 않으면 안 된다."[22] 윤성범 식으로 이야기해서, 토착화는 복음의 씨앗이 이 땅이 뿌리내림(root-in)할 수 있도록 북돋아주는 작업이다. 그리하여 토양이 관건이 된다. 알맞은 토양에서야 씨앗이 싹틀 수 있으며 변질되지 않고 커나갈 수 있기 때문이다. 이러한 의미에서 토착화 신학은 지질학을 요청하는 신학이 된다.[23] 토착화 신학은 한국인의 종교 심성이라는 토양에 대해 지질학적인 탐사를 감행한다. 토양에 대한 조사를 통해서 복음이라는 씨앗이 성장할 수 있는 기반을 마련해 주어야 한다. 복음의 성장을 저해할 요인들을 솎아내야 한다. "우리가 가지고 있는 마음의 바탕이 돌짝밭이라면 우리는 복음의 씨를 심기 전에 먼저 돌을 추려내야만 될 것이고, 만일 비료 성분이 부족한 경우라면 우리는 먼저 부족한 비료를 충분히 제공하여서 우선 옥토를 만들어 놓아야만 좋은 복음의 씨를 심어도 무방할 것이다."[24]

토착화 작업의 기본 전제가 되는 것은 복음과 문화의 분리 작업이다. 토착화 작업은 기독교라는 생명체를 복음과 서구 문화로 절단 수술한 뒤, 도려낸 복음을 우리 문화와 봉합시키는 수술을 시도한다.

22 나일스, 앞의 글, 279쪽.
23 김광식, 앞의 책, 13~16쪽.
24 윤성범(1964), 앞의 책, 101쪽.

첫 번째의 절단 수술부터가 만만치 않은 작업이고, 그래서 이 부분이 반대론자의 반론이 제기되는 지점이기도 하다. 그럼에도 이 절단은 토착화의 확고한 제일원리이다. "여기 토착화를 위한 하나의 원칙이 있다. 곧 복음 자체와 비본질적인 부대형식(附帶形式)과는 분간되어야 한다는 것이다. 그리고 그 비본질적인 것 곧 복음이 자라난 그 세계 고유의 양식을 복음과 동일시해서는 안 된다는 것이다."[25] 유동식은 이러한 절단이 가능한 근거를 그리스 세계의 복음 전파의 예에서 찾는다. 유대인들에게 예수를 설명하는 관념인 '메시아' 또는 '제2의 아담' 등의 언어는 그리스인들에게 낯선 것이었다. 그래서 그리스 개념인 로고스(logos)가 예수를 설명하기 위하여 차용된다. 이 과정에서 복음이 유대주의의 외피를 벗고 그리스 문화의 옷으로 갈아입었다는 것이다.[26] 이처럼 복음과 그 외피를 구분하는 사유 방식에는 불트만 (Rudolf Bultmann) 신학의 영향이 있음을 부인할 수 없을 것이다. 실존적 입장에서 복음의 비본질적인 요소를 제거하는 것이 비신화화 (demytholization)라고 할 때, 동일한 사고방식이 토착화 신학에 적용되었다고 볼 수 있다. 비신화화에서 비본질적인 신화적 요소를 도려내는 데 사용되었던 메스가, 토착화 신학의 비서구화(de-westernization) 작업에서 비본질적인 서구적 요소를 도려내는 데 사용되었다.

  복음과 문화의 절단, 이 대목에서 토착화의 반대자 전경연은 거세게 반발하였다. 그는 두 가지 주장을 한꺼번에 전개한다. 하나는 종교는 문화와 분리될 수 없다는 것, 다른 하나는 기독교는 기독교 문화와

---

25 유동식(1978), 앞의 책, 48쪽.
26 위의 책, 49~50쪽.

는 다른 실체라는 것이다. "그리스도교는 문화와 분리될 수는 없었으나 문화에 의존하지 않고 성서와 신앙 고백에 의존하여 왔다."[27] 기독교는 신앙 고백으로 나타나지 문화 현상으로 나타나는 것은 아니라는 주장은, 그의 협소한 문화 개념에 기인한 것이다. 그에게 문화라는 것은 문학이나 예술과 같은 활동은 말하는 것이기 때문에, "처음 그리스도인에게는 문화라는 것은 염두에도 없었다"라는 식의 진술이 가능했던 것이다.[28] 그는 이러한 전제에서 기독교는 세계적 종교이며 일종의 완성품으로서 주어진다는 점을 강조하였다. "그리스도교는 역사적인 사실로서 이미 2천년 동안 서구의 토양에서 자라고 그릇된 신앙과 전투하여 어떤 형태를 이룬 다음에 한국에 들어왔다."[29] 그렇기 때문에 "성육신은 다시 한국에서 되어질 필요가 없다."[30]

문화와 종교의 분할 가능성을 논하는 것은 매우 어려운 문제임이 틀림없다. 종교는 문화 현상으로서만 자신을 드러낸다. 그럼에도 불구하고 문화와는 구별되는 종교라는 실체를 상정하는 것, 하나의 순수한 대상을 설정하려는 것은 일종의 신학적 의도에서 비롯된 것이 아닌가 생각된다. 그것은 문화에 영향 받지 않는 본질을 보존하려는 신앙적 표현의 일종이다. 뒤에서 다루어질 터이지만, 토착화 신학의 출발점은 복음이라는 씨앗의 변질 가능성을 줄여보려는 노력이다. 그것은 한국 기독교가 겪는 문화접변을 받아들이려는 노력이 아니라 그것을 회피하려는 노력의 일환이다.

---

27 전경연(1963a), 앞의 글, 209쪽.
28 위의 글, 208쪽.
29 전경연(1963b), 앞의 글, 25쪽.
30 위의 글, 26쪽.

3. 토착화와 혼합

1) 혼합주의

기독교가 새로운 문화권에 수용되었을 때, 이미 그 문화권에 뿌리 박고 있던 다른 종교와 영향을 주고받는 현상은, 문화접촉(accultura-tion)이라는 문화 현상으로 자연스럽게 묘사될 수 있을 것이다. 하나의 종교가 다른 문화에 비집고 들어갈 때, 기존의 종교 문화와 몸을 부대끼면서 자신의 터를 잡아나가는 과정은 문화 현상으로서는 하등 이상할 것이 없으며 필연적인 과정으로 서술될 수 있다. 나아가 종교와 종교 간의 부대낌과 거기서 발생하는 상호소통이 종교의 생명력을 유지하는 원동력이 된다는 적극적인 평가까지도 가능할 것이다.

그러나 진작 종교의 자리에서는 문제가 그리 간단치 않다. 신학의 자리에서는 복음의 순수성과 절대성을 유지하는 것이 우선적 과제로 주어지며, 문화접촉의 현실을 승인하는 것에 곤혹스러움을 느낀다. 대신에 신학은 신크레티즘(syncretism)이라는 언어를 통해 이를 비판한다. 플루타르크가 처음에 이 말을 사용했을 때, 신크레티즘이라는 말은 단순히 종교 교리나 제의 간의 혼합을 지칭하는 말이었다. 그러나 신학자들이 사용할 때, 이 용어는 잡종, 혼성물(hybrid)이라는 경멸적인 의미를 함축하여 원칙에서 어긋나는 것이나 진리를 버리고 타협을 갈구하는 시도를 지칭할 때 사용되었다.[31] 한국 신학계에서도 이 용어는 보수신학이 지니는 신랄함까지 덧입혀져서 대표적인 단죄(斷罪)의 언어로 사용되었다.[32]

---

31 강돈구, 「신종교연구 서설」, 『종교학연구』 6, 한국종교학연구회, 1987, 202~203쪽.

혼합주의는 토착화 신학을 한마디에 거부해버리는 대표적인 비판이었다. '토착화? 그거 혼합주의아냐?'라는 식으로 토착화의 문제 제기는 묵살되었다. 지금의 토착화 신학에 대한 평가는 말할 것도 없고, 토착화 논의가 처음 시작될 때부터 이러한 공격은 존재해왔다. 전경연은 "습합의 과정이 그리스도교의 토착화는 아니"라는 점을 강조하였다.[33]

그러나 우리는 토착화에 대한 대표적인 비난인 혼합주의 비판이, 토착화 신학 문제의식의 출발점이기도 하다는 역설적인 사실을 검토할 필요가 있다. 1960년대 토착화 신학자들은 자신의 작업과 혼합주의와는 본질적으로 다르다는 점을 강조하였다. 유동식에 따르면 "토착화와 단순한 혼합주의와는 구별이 되어야 한다. 토착화는 주체성을 잃은 혼합주의가 아니라 주체자의 현실에 대한 적응인 것이다".[34] 또 윤성범은 마테오 리치의 작업을 혼합주의적인 것으로 비판하고, 반면에 자신의 작업은 리치와 같이 "기독교 진리를 중국의 유교 사상과 관계시킴으로써 양자 간의 어떠한 '존재의 유비'를 찾아보려는 태도와는 엄밀히 구별"되어야 함을 강조한다.[35] 이러한 논의만을 떼어놓고 보면 토착화 신학자들의 주장은 반대론자의 주장과 아무런 차이도 없다. 예컨대 선교학 입장에서 토착화를 비판한 이광순은 다음과 같

---

32 한국 개신교의 혼합주의 담론의 역사에 관해서는 다음을 볼 것. 방원일, 「혼합현상에 관한 이론적 고찰: 종교문화의 만남을 서술하기 위하여」, 『종교문화비평』 33, 종교문화비평학회, 2018, 73~76쪽.

33 전경연(1963a), 앞의 글, 212쪽.

34 유동식(1978), 앞의 책, 42쪽.

35 윤성범(1964), 앞의 책, 97쪽.

이 토착화와 혼합주의를 구분한다. "토착화는 토착문화의 형태를 사용하여 어떻게 그 문화에 흡수되느냐이며, 혼합주의는 내용을 변용하여 어떻게 종교적 신앙을 융합하여 적응하느냐이다. 토착의 형태와 기독교의 의미가 합하여 토착화를 이루고, 기독교의 형태와 토착적인 의미가 합하여 혼합주의가 된다. 혼합주의는 토착화와 반드시 구별이 되어야 하며 마땅히 지양되어야 할 것이다."[36]

여기서 강조되어야 할 점은, 토착화 신학자들이 단지 논리적 방어의 차원에서 혼합주의와 토착화의 구분을 강조한 것이 아니라는 점이다. 그들은 한국교회의 현실을 혼합주의라고 진단하였고, 그에 대한 신학적 대안으로 토착화를 주장하였다. 토착화는 혼합주의에 대한 구제책으로 주장되었다. 이들의 논의는 한국교회의 주요한 성장 원인이 한국 민속종교와 기독교의 혼합현상에 있었다는 정대위의 주장에 근거한다.[37] 유동식은 정대위의 주장을 인정하면서도 그것을 바탕으로 한국교회 실패의 원인을 규명하고자 한다. 그에 따르면 한국 기독교는 기존 종교와의 습합을 통해서 찌들어 있다. 한국 기독교는 무속신앙과의 결합 때문에 신앙이 현금주의적인 성향을 띠게 되었으며, 유교와의 결합 때문에 형식주의와 율법주의의 폐단을 안게 되었으며, 불교와의 결합 때문에 신비주의적 요소가 지나치게 강조되어 미신화의 경향을 띠게 되었다는 것이다.[38] 윤성범의 인식도 대동소이하다. 그에 의하면 한국교회는 "토착화 과정을 밟지 않은, 될 대로 된 열매"

---

36 이광순, 앞의 글, 71쪽.
37 정대위, 「韓國社會에 있어서의 宗敎混合」, 『사상계』 80, 1960.3.
38 유동식(1978), 앞의 책, 54~57쪽.

이다.[39] 그는 혼합주의에 짓밟힌 현실에 대한 각성을 요구한다. "교회 안에서도 무당식의 표현이 일어나고 있음에도 불구하고 전연 아랑곳 없다는 듯이 무관심한 상태에 있지 않나 생각된다. 이러한 무당교(巫堂敎)적인 현상은 벌써 그 형식 속에 기독교적이 아닌 어떤 요소가 싹트고 있다는 것을 예감하게 되는 것이다. 유교나 불교에 있어서도 마찬가지이다."[40]

이처럼 토착화 신학자들의 문제의식의 발단에는 혼합주의에 대한 예민한 감각이 존재한다. 흔히 오해되듯이 혼합주의 비슷한 그 무엇으로 토착화의 노력이 시작된 것이 아니라, 혼합주의에서 벗어나려는 가장 래디컬한 시도가 토착화의 노력이었다. 복음을 뿌려야 할 토양이 돌짝밭이라면 돌을 추려내야 한다고 했을 때, 그 말에는 복음의 순수성을 지키고자 하는 신학적 의도가 표현되어 있다.

2) 방법론적 혼합주의

한국에 기독교가 들어옴에 있어서 필연적으로 문화접변의 현상이 발생했고, 그것을 신학적으로 혼합주의라는 용어를 통해서 배척하고 복음의 순수성을 지키려 한다는 점, 여기서 한국 기독교 특유의 맥락이 형성된다. 한편으로는 토착화 신학자들이 지적하듯이 한국 기독교가 기존의 종교문화와 반응하면서 형성되었다는 현실이 존재하며, 다른 한편으로는 문화 접촉이라는 현상을 혼합주의라는 질병으로만 인식하여 부정하고 진리의 순수성을 보존해야 한다는 인식이 존재한다.

---

39 윤성범, 「'Cur Deus Homo'와 福音의 土着化」, 『기독교사상』 9(12), 1966.12., 30쪽.
40 윤성범(1964), 앞의 책, 100쪽.

예를 들어 하비 콕스가 한국의 성령 운동을 '무교적(巫敎的) 기독교적 운동'이라고 규정한 바 있다. "한국 성령운동의 성장은 아시아 문화권에서 기독교가 성공적으로 토착화된 실례인가? 아니면 단지 기독교로 가장한 지속적이며 두드러진 한국 무속 종교의 한 형태인가?"[41] 이러한 질문에 대한 한국 신학자들은 적극적으로 반발하였다.

이 반발의 핵심에는 혼합주의에 대한 반감이 존재한다. 그러나 기독교가 겪어 왔고 또 겪고 있는 문화접변이라는 현상을 혼합주의라는 이름으로 배제하는 것, 모른 체하는 것은 신앙의 순수성을 지키기 위한 노력임에도 불구하고 종교가 처해 있는 문화 환경에 대한 인식의 차단으로 귀결할 것이다. 하나의 문화권에 들어온 종교가 그 문화권 내에서 소통될 수 있는 언어를 포기하고 혼합주의라는 가상 개념에 포위되어 고립된다면, 신앙을 유지하기 위한 노력이 신앙을 독선으로 몰고 갈 위험이 발생한다.

토착화 신학이 봉착한 문제는 이 혼합주의의 벽을 넘어서서 인식의 지평을 확보해야 한다는 것이었다. 기독교의 씨앗을 온전히 보전하면서 다른 문화에 안착하려는 초기의 계획은 난관에 부딪히게 되었다. 오히려 그 부대낌과 생채기에서 생산성과 생명력을 발견하는 것, 그래서 혼합주의라는 관념의 벽을 넘어서는 것이 토착화 신학에 요구되는 과업이었다. 토착화 신학이 초기의 병리학적인 접근을 극복하고 새로운 경지에 올라섰음을 잘 보여주는 것이 윤성범의 『한국적 신학』이다. 그는 성(誠)의 신학을 선포하는 글에서 자신의 신학이 혼합주의

41 하비 콕스, 유지황 옮김, 「한국의 무속과 기업정신: 환태평양 아시아의 원초적 영성」, 『영성·음악·여성: 21세기 종교와 성령운동』, 동연, 1996, 322쪽.

의 위험을 불사하는 것임을 밝힌다. "성의 신학은 기독교 진리와 대비되거나 근사(近似)한 종교적 표현들을 면밀히 연구하고 검토하는 것을 전폭적으로 허용한다. 이러한 의미에서 혼합주의(syncretism)의 성격을 띠게 될지 모른다. 계시와 자연, 그리스도와 문화의 관계에서는 일단은 그렇게 되지 않고는 불가능한 것이 분명하다. 문제는 이러한 혼합에서 어떠한 열매가 맺혀야 되느냐가 중요하다. 혼합주의를 떠나서는 복음의 씨가 토양에 토착될 수 없기 때문이다."[42] 혼합주의를 자신의 방법론으로 수용한 신학, 이것은 토착화 신학이 거둔 큰 성과 중의 하나라고 보인다. 이 땅에 머물기 위해서는 몸을 섞는 일이 요구되며, 그것이 죄악이 아니라는 사실, 그것이 토착화 신학이 얻은 깨달음이다. 신학은 냉동 보관이 아니라 썩음에서 자신의 존재 양태를 찾는다. "복음의 진리가, 물 위에 뜬 기름과 같이, 우리의 전통적인 정신 문화적 토양으로부터 유리(遊離)해서는 안 되고 그 토양 속에 들어가서 썩어가지고 새싹이 나서 많은 열매를 삼십배 육십배 또 백배나 거둘 수 있도록 한다."[43] 토착화 신학이 혼합 개념을 수용하였다는 사실을 확인한 것은 메타모포시스 이론을 구축하는 토대가 된다. 다음 장에서는 괴테의 식물학 이론을 통해 토착화 신학의 통찰을 메타모포시스 이론으로 연결하는 작업을 시도하고자 한다.

---

42 윤성범, 『한국적 신학: 誠의 해석학』, 선명문화사, 1972, 15쪽.
43 위의 책, 16쪽.

4. 토착화와 메타모포시스

1) 괴테의 식물학

독일의 저명한 문학가 요한 볼프강 폰 괴테(Johann Wolfgang von Goethe, 1749~1832)는 시와 소설뿐 아니라 자연 연구에도 관심을 가졌던 인물이다. 괴테의 식물학은 린네(Carl von Linné)의 식물분류체계가 정설로 확립되던 시점에, 변형을 중시한 대안적인 이론을 제시한 의의가 있다. 그의 이론은 라이헨바흐(Reichenbach)와 같은 학자들에 의해 계승되어 생물학사에 낭만주의적 과학의 흔적을 남겼다.[44]

그는 1775년경 바이마르에서 관리로 재직하던 시기에 지질학과 동물학에 관심을 가졌고, 생물계를 지배하는 단일한 구조가 존재한다고 생각하고 이를 발견하려는 계획을 세웠다. 그는 1786년부터 1788년까지 떠난 이탈리아 여행에서 이 계획을 구체화하였다. 특히 1787년 시칠리아섬 팔레르모 식물원을 방문했을 때, 괴테는 식물계를 관통하는 본질적 구조에 대한 확신을 얻게 된다. 그 확신은 다음과 같이 기록되었다.

이 숱한 식물들로부터 원형 식물을 찾아낼 수는 없는 것일까? 원형 식물은 반드시 존재할 터이다! 만약 이 모든 식물이 하나의 원형으로부터 만들어진 것이 아니라면, 나는 어떻게 이런 저런 식물들이 '식물'이라는

---

[44] Nicolas Robin, "Heritage of the Romantic Philosophy in Post-Linnaean Botany Reichenbach's Reception of Goethe's Metamorphosis of Plants as a Methodological and Philosophical Framework," *Journal of the History of Biology* 44(2), Summer, 2011, pp.288~290; 정혜경, 「괴테의 식물형태학: 자연철학과의 밀착성과 낭만주의적 속성을 중심으로」, 『한국과학사학회지』 11(4), 한국과학사학회, 2004, 249~252쪽.

것을 알 수 있을 것인가?[45]

괴테의 통찰은 관찰과 연구를 통해 보강되었고, 그 결과는 1790년에 발표된 시『식물의 메타모포시스(Metamorphose der Pflanze)』에 종합되어 나타난다. 시의 주요 대목을 소개하면 다음과 같다. 괴테는 식물의 전체 얼개가 씨앗에 내포되어 있음을 강조하였다.

식물은 씨앗에서 자라잖아요. 그리곤 바로 열매를 배고 있는
고요한 대지의 품이 친절하게도 생명을 틔우도록 허락하고,
곧 바로 빛의 유혹에, 영원히 움직이는 성스런 빛의 유혹에
움틔우기 시작하는 잎새들의 연하디 연한 구조를 맡기는거죠
온전하게 씨앗에 힘이 잠자고 있었죠. 앞으로 자랄 싹이[46]

씨앗에 내재한 구조는 식물의 각 부분으로 변화한다. 식물의 각 부위는 환경에 적응하면서 형태를 구성해간다. 그 과정은 단순히 정해진 형태를 성취하는 것이 아니라 질서 있는 변형의 과정이다. 식물 각 부분이 지닌 다양성 안에는 메타모포시스의 규칙성이 내재한다.

처음 나타난 그 형태는 아직 단순해서
식물들 중에서도 어린 싹이라고 부르죠.
곧 바로 다음 싹이 생기면서, 마디와 마디가 연이어
탑을 이루어, 언제나 처음 모습을 새로 바꾸어가요.

---

45 위의 글, 246쪽에서 재인용.
46 임재동, 「괴테의 시 「식물의 변태」에서 서정적 주체」, 『헤세연구』 7, 한국헤세학회, 2002, 77쪽에서 재인용.

언제나 똑같은 모습은 아니어요. 당신이 보고 있듯이,
그 다음 잎은 언제나 다양하게 만들어지고 형성되기 때문에,
끝 부분들이 여러 개로 나뉘어져 더 확장되고, 굴곡이 더 강해지죠.
이것들은 전에 하나의 형태로 기관 속에 잠들고 있었죠.[47]

얼핏 보면 이 시는 식물의 아름다움을 예찬하는 것처럼 보이지만,
예찬의 대상이 되는 것은 메타모포시스의 아름다움이다. 외적 표면의
차이 아래에는 심층의 과정의 유사성이 놓여있다. 형태의 다양성 아
래에는 규칙적인 형성 과정이 존재한다. 그것은 단순한 것이 복잡한
것으로 확장하고, 축소한 후 결국에는 사라지는 것이다. 그것은 괴테
가 '메타모포시스'라고 명명한 변화의 내적, 논리적, 목적론적 원리의
결과이다.

괴테의 메타모포시스 이론은 다음과 같이 정리될 수 있다. 일단
두 가지 기본적인 변형의 법칙이 있다. 첫째는 단순함(상대적으로 미분
화된 것)에서 복잡함(상대적으로 강하게 분화된 것)에 이르는 논리적 순서
에 따라 사다리를 타고 오르는 '규칙적인 혹은 진보적인 메타모포시
스'이다. 둘째는 자연이 뒷걸음질해서 논리적 순서에 따라 미성숙하
게 분화를 멈추는 '비규칙적 혹은 퇴행적 메타모포시스'이다. 선인장
잎이 퇴행적으로 변해 단단한 가시가 된 것과 같이, 분화를 얼려서
단단하게 하거나 분화를 압축하여 기관이 위축되거나 사라지게 하는
것이 이에 해당한다. 그리고 기본 법칙에 속하지 않는 셋째 유형의
변형이 '우발적 메타모포시스(accidental metamorphosis)'이다. 이것은

---

47 위의 글, 78쪽에서 재인용.

외부 요인에 의해 우연히 영향 받은 메타모포시스로, 내적 메타모포시스를 변형하거나 왜곡시킨다.[48] 이처럼 괴테는 식물학을 통해 체계적인 메타모포시스 이론을 제시하였다. 괴테의 선구적이고도 독창적인 이론은 비주류 생물학 이론으로 묻혀 있기보다는, 문화의 메타모포시스 이론을 구성하는 자원으로 활용할 가치가 있다.

2) 변화의 주체와 정체성

토착화 신학은 기독교의 변화를, 괴테의 메타모포시스 이론은 식물 개체와 종의 변화를 설명하기 위한 이론이다. 여기서는 괴테의 식물학을 문화의 메타모포시스 이론으로 발전시키는 차원에서 토착화 신학의 쟁점들과 비교하며 논의를 진행하도록 하겠다.

토착화 신학의 핵심 비유는 복음과 문화를 의미하는 씨앗과 토양이다. 기독교의 본질인 씨앗이 다른 문화권의 토양에 뿌리 내려 자라는 과정에서 다른 형태의 기독교 문화가 형성된다는 것이다. 그러나 치열했던 토착화 신학 논쟁은 명쾌해 보이는 이 비유적 설명에서 해명되어야 할 문제가 적지 않음을 드러냈다. 과연 기독교에서 씨앗과 토양, 복음과 문화를 분리하는 것은 가능할까? 이것은 토착화 반대론자들이 염려했던 기독교 정체성의 유지 문제와 관련된다. 토착화 신학자나 반대론자나 각각 기독교의 본질에 해당하는 범위를 전제했을 터인데, 씨앗이라는 개념이 그 범위를 포괄하느냐 여부에 따라 신학 논쟁이 벌어졌다. 이 쟁점은 토착화와 혼합주의의 복잡한 관계에 연

---

48 Jonathan Z. Smith, *Relating Religion: Essays in the Study of Religion*, Chicago: University of Chicago, 2004, pp.68~71.

결된다. 처음에 토착화 신학자들은 토착화가 혼합과는 구분된다는 태도를 견지하였으나, 후에 윤성범은 토착화 과정에서 혼합은 불가피하다는 방법론적 혼합주의를 주장하기에 이른다. 기독교 정체성에 관련해서 초기 토착화 신학에서 보인 경직된 태도와 달리 후에 윤성범이 보인 유연한 태도는 우리 논의에서 중요한 시사점을 준다. 그것은 씨앗 개념을 본질적인 것으로 놓는 신학적 태도가 변동을 설명하는 데 장애가 된다는 것이다. 씨앗을 단단한 것으로 보지 않는 태도가 요청된다.

괴테 식물학은 토착화 신학의 씨앗과 토양과 비슷해 보이지만 차이가 나는 설명을 제시한다. 여기서도 "씨앗에 내재한 구조"가 환경 속에서 식물의 각 부분으로 성장하는 구도를 갖는다. 씨앗에 내재한 구조는 씨앗 자체가 아니라 괴테가 초월적 원형 잎이라고 부른 '원형 식물(Urpflanze)'이다. 원형은 고정된 실체가 아니라 규칙성으로 따라 무엇으로든 변화될 수 있는 가능태이다. 괴테에 따르면 모든 것은 잎이고 이러한 단순함을 통해 가장 큰 다양성이 가능하다. 변화를 설명하는 메타모포시스 이론에는 변화의 모태가 되는 원형이 요청된다.

원형(archetype) 개념은 변화할 수 있는 유연성을 가진다는 것이 핵심이다. 괴테의 원형 개념을 계승한 것이 20세기 종교학자 엘리아데의 이론이었다.[49] 엘리아데는 원형 개념을 사용하면서, 자신의 개념이

49 이것은 조너선 스미스가 엘리아데의 『종교형태론(Patterns in Comparative Religion)』을 해설한 논문에서 제안한 유력한 주장이다. Jonathan Z. Smith, op.cit., pp.61~74. 엘리아데와 괴테가 이론적 연속선상에 있음을 잘 보여주는 것으로, 엘리아데가 1951년 팔레르모 식물원을 방문하여 괴테의 원형 개념을 떠올린 것을 들 수 있다. 당시 일기 내용은 다음과 같다. "이 정원에서 괴테는 레몬과 오렌지 나무만이 아니라 모든 종류의 야자수와 선인장을 '관조하였고(contemplated)' 그가 원형 식물이라고 이름 붙

융(Carl Gustav Jung)의 원형 개념과 혼동되는 것에 유감을 표명한 바 있다.[50] 그는 자신의 원형이 "모범이 되는 모델(exemplary model)"을 뜻한다고 주장하였는데, 그 의도는 원형이 고정된 것으로 이해되는 것을 피하고자 한 것이었다. 원형 개념이 유동적인 것으로 이해되는 것은 간단히 이루어지는 것은 아니지만 유용한 메타모포시스 이론을 구성하기 위한 필수적인 조건이 된다. 다시 강조하자면, 변화는 변화의 모태를 상정하는데 그것이 본질적인 것으로 오해받아서는 안 된다.

5. 식물의 변화와 문화의 변형

1960년대 한국 신학계를 달구었던 토착화 논쟁은 기독교의 변동을 설명하는 매력적인 비유를 제시하였다. 토착화 신학자들은 기독교가 복음과 문화로 구성되어 있고, 복음의 본질이라는 씨앗이 가기 다른 문화적 토양에서 뿌리 내리는 양상에 따라 다양한 모습의 기독교를 형성한다고 주장하였다. 그들은 한국 기독교 역시 한국 문화라는 토양에서 꽃피운 한국적인 모습의 종교로서 발전해야 한다고 주장하였다. 그러나 치열하게 진행된 토착화 논쟁은 씨앗과 토양의 비유가 보기만큼 명백하지 않음을 점을 드러냈다. 기독교가 복음과 문화, 씨앗과 토양으로 분명하게 나누어질 수 있을까? 과연 한 종교에서 변하지

인 것을 '볼 수' 있었다."(Ibid., p.67에서 재인용)

50 미르체아 엘리아데, 정진홍 옮김, 『우주와 역사: 영원회귀의 신화』, 현대사상사, 1976, 4~5쪽.

않는 본질적인 부분과 변하는 비본질적인 부분을 구분하는 것은 가능
할까?

초기 토착화 신학이 혼합주의와의 관계를 강하게 부정할 때 이 쟁
점은 해결되지 않은 채 남아있었다. 토착화 신학자들은 토착화가 무
분별한 혼합이 아니라고 주장하였다. 그러나 문화의 변동을 주장하면
서 문화접변을 거부하는 방어적 논리는 변하지 않는 신앙의 본질을
강조하는 신학적 주장의 회귀로 귀결되었다. 이는 변화를 설명하는
이론으로서의 한계를 드러내었다. 후에 윤성범은 토착화 신학이 혼합
을 필연적으로 수반한다는 방법론적 혼합주의를 제안하여 초기의 경
직된 태도를 극복하였다. 이는 복음과 문화의 관계를 새로이 설정하
는 중요한 이론적 전환이었다.

토착화 신학은 처음에 씨앗을 단단한 실체로 보았기에 이론적 어려
움이 봉착했다. 우리는 괴테의 식물학에서 더 유연한 이론을 만나게
된다. 괴테는 특유의 식물학 연구에서 원형적 잎으로부터 식물의 모든
부분이 자라나는 변화의 원리를 탐구하였다. 그는 그 변화를 식물의
메타모포시스로 명명하고 그 과정을 체계화하여 제시하였다. 토착화
신학과 괴테 식물학은 변화를 설명하면서 변화의 모태를 설정한다는
공통점이 있다. 토착화 신학에서 씨앗 개념이 그것이고, 괴테 식물학
에서는 원형 잎, 원형 식물이 그것이다. 괴테의 원형 식물은 씨앗에
내재한 구조라는 점에서 토착화 신학과 비슷해 보이기도 하지만, 형태
적 변화가 자유롭다는 점에서 씨앗 비유의 단단한 정체성보다 유연한
개념이다. 우리가 괴테 사유에서 원형 개념을 잘 이해하고 계승한다면
식물뿐 아니라 문화를 설명하는 데 사용할 수 있을 것이다.

우리는 메타모포시스 이론을 통하여 문화의 변화를 설명하고자 한

다. 그런데 문화의 변화는 무질서한 것이 아니라 변화의 주체가 존재하고 변화 과정의 규칙성을 갖는다. 토착화 신학이 기독교의 변화를 설명하고자 했을 때 부딪혔던 논쟁의 지점들을 재점검하고, 괴테의 식물학 이론에서 원형 개념과 변형의 유형을 참고하는 것은 문화의 메타모포시스를 체계화하는 데 긴요한 이론적 자원이 될 것이다.

제2부

전력망 체계의 구축과 확장

- 소규모 지역배전 체계에서 대규모 전력망 체계로:
  1920~30년대 식민지 조선의 전력체계 전환

- 제국의 실험실: 하이 모더니즘과
  조선총독부의 전력정책

- 식민지 변방에서 시작된 기술혁신:
  수풍댐과 동아시아 기술스타일의 형성

5장
소규모 지역배전 체계에서 대규모 전력망 체계로: 1920~30년대 식민지 조선의 전력체계 전환

1. 머리말

1926년 일본질소주식회사(이하 일본질소)는 함경남도 부전강 유역에 발전용량 15만2000kW에 달하는 거대한 수력발전소를 착공했다. 1929년 완공된 부전강 발전소의 발전량은 1925년 토야마현(富山縣)에 건설된 가니데라(蟹寺) 발전소의 일본 최대 발전량 4만5000kW를 훨씬 상회했으며, 완공 당시 조선 전체 전기사용량의 4배에 육박하는 엄청난 규모였다. 이런 거대 수력발전소는 1930년대에도 계속 건설되어 발전용량 32만5000kW의 장진강 발전소와 33만9000kW의 허천강 발전소가 각각 1933년과 1937년에 착공되었고, 1938년에는 압록강 유역에 발전용량이 70만kW에 달하는 동양 최대 규모의 수풍댐 발전소 건설 공사가 시작되었다.

1920년대 중반까지 일본에 비해 열악한 수준에 있었던 조선의 전력산업은 부전강 발전소를 필두로 거대한 수력발전소들이 잇달아 건설되면서, 1930년대에 양적·질적으로 크게 성장했다. 나아가 1940년대에 이르면, 전력다소비 업종인 중화학 산업체들이 일본에서 조선으로 대거 이전하는 현상도 나타났다. 이는 일본에서는 전력 소모가 적은 기계, 병기, 선박 산업을 육성하는 한편, 조선에서는 전기화학, 전기야금, 경금속정련 등 전력다소비 업종을 육성한다는 일본 당국의 산업정책에 따른 것이었지만, 이러한 정책 자체가 일본 본국보다 식민지 조선이 안정적이고 풍족한 전력시스템을 갖추었다는 사실을 보여주는 것이기도 하다.

그렇다면 일본에서도 건설된 바 없는 대규모 수력발전소가 어떻게 식민지 조선에 건설될 수 있었을까? 아울러 이러한 대규모 수력발전소는 어떻게 고압 송전·배전 설비를 갖춘 안정된 전력망 체계로 진화해 나갈 수 있었을까? 지금까지 식민지 조선의 전력산업에 관한 연구는 조선총독부의 정책적 조치에 초점을 맞추면서, 1930년대 식민지 공업화 정책과 이후 중일전쟁, 태평양전쟁 하에서 군수산업을 보조하기 위해 시행된 전력정책을 주로 분석해왔다. 이러한 관점에서 역사학자 김경림과 경제사학자 호리 가즈오(堀和生)는 전력시스템 전환을 추동한 주된 요인으로 식민정부의 강력한 '전력통제정책'을 지목 한 바 있다. 소규모 화력발전을 바탕으로 성장한 조선의 전력산업이 조선총독부가 '전력통제정책'을 수립하고 일본질소가 이들의 적극적인 지원을 받으며 대형 발전소를 독점 건설함에 따라 대규모 수력발전소 중심의 전력시스템으로 전환되었다는 것이다.[1]

---

1 총독부 정책의 역할을 전력시스템 전환의 핵심 요인으로 강조했다는 공통점에도 불구하고, 기존 연구자들은 식민지 공업화 전반을 바라보는 입장차에 따라 전력통제정책이 가져온 결과를 상이하게 평가했다. 우선 김경림은 조선총독부의 일방적 전력통제정책으로 인해 조선의 전력산업이 대기업인 일본질소에 의해 독점되었고, 그 결과 민족자본이 형성될 기회가 차단됐으며, 조선의 공업 발달이 북부의 중화학공업에만 편중되는 등 조선의 공업 구조가 총체적으로 기형화되었다고 주장했다. 한마디로 전력산업사

하지만 1930년대 조선 전력시스템의 전환 과정을 자세히 살펴보면, 이 모든 과정이 식민정부의 전력통제정책 아래 일사천리로 추진되었다고 단정 짓기 어려운 문제들이 발견된다. 우선, 기존 연구자들이 조선 전력사업의 전환점으로 지적하는 부전강 발전소는 전력통제정책 수립 이전에 건설되었으며, 게다가 조선의 전체 전력산업과 무관한 일본질소의 자가용 발전소였다. 또한 식민정부가 전력통제정책을 추진할 당시 많은 전기사업자들이 이에 반발했으며, 이들은 전력통제정책이 시행된 후에도 발전소 건설에 나서지 않았다. 결국 공공용 전력망 체계의 시발점이 된 장진강 발전소는 전력생산량의 절반을 공공용으로 내놓고 나머지는 기업용으로 사용한다는 조건으로 일본질소가 건설했다. 이러한 일련의 과정을 해명하려면, 식민정부의 정책적 추진만으로 환원할 수 없는, 전력시스템의 전환을 가능케 한 훨씬 더 복잡한 요인들에 주목해야 한다. 왜 일본질소는 일본에서도 건설된 바 없는 대규모 발전소를 조선에 건설했을까? 전기회사들도 망설이던 와중에, 왜 비료회사인 일본질소가 공공용 발전소 건설에 주도적으로 나섰던 것일까? 식민정부와 일본질소는 어떤 맥락에서 서로 협력할 수 있었을까?

자체가 일제의 조선 수탈 과정이었다는 것이다. 반면, 호리 가즈오는 조선총독부의 치밀한 계획 하에 시행된 전력통제정책으로 단기간에 안정적인 전력시스템이 구축되었으며 이로 인해 중화학공업을 비롯한 전력다소비 산업이 일본으로부터 조선에 이전되어 집중 발달하였다고 지적했다. 이를 바탕으로 그는 저개발 상태의 식민지 조선이 조선총독부의 공업화 정책 하에서 크게 성장하여 1940년대 이미 조선의 자본주의가 시작되었다는 가설을 제기했다. 김경림, 「식민지시기 조선의 독점적 전기 수급구조와 공업 구조의 기형화」, 『이대사학연구』 28, 이대사학연구소, 253~255쪽; 호리 가즈오, 주익종 역, 『한국 근대의 공업화』, 전통과 현대, 2003, 168~170쪽.

이러한 질문에 답하기 위해, 이 글에서는 1920년대 말 첫 번째 대형 수력발전소인 부전강 발전소가 등장하는 배경과 1930년대 말 장진강 발전소를 중심으로 전력망 체계가 구축되는 과정을 추적함으로써 식민지 조선의 전력시스템 전환 과정을 재구성해 볼 것이다. 먼저 부전강 발전소가 식민지 조선의 전력체계는 물론 일본의 전력기술 양식에서도 매우 이질적이었다는 점에 주목하여, 왜 전기회사가 아닌 일본질소가 일본이 아닌 조선에, 동양최대의 자가용 수력발전소를 건설하게 되었는지, 또 부전강 발전소가 식민지 조선 전체의 전력산업에는 어떤 영향을 주었는지 밝힐 수 있을 것이다. 또한 1930년대 전력 통제정책의 수립이 전력산업을 둘러싼 다양한 이해관계를 조율하는 과정이었으며, 이를 통해 새로운 전력시스템이 출현할 조건이 형성되었음을 보일 것이다. 이러한 법적·정책적 전환 위에서 서로 목적이 달랐던 식민정부와 일본질소는 서로 협력할 수 있었고, 그 결과 장진강 발전소를 중심으로 공공용 전력망 체계를 구축할 수 있었다.

2. 지역발전체계와 거대 자가 수력발전소의 등장

1910년대에서 1920년대까지 조선의 전기산업은 소규모 화력발전 위주로, 발전에서부터 옥내배전 및 전기설비에 이르기까지 각 지방의 전기 수요를 총괄하는 소규모 지역발전체계를 토대로 성장했다. 이는 무엇보다 조선총독부의 '1지역 1사업 원칙'에 따른 것으로, 식민정부는 이러한 정책을 통해 아직 초기 상태에 있었던 전기산업을 지역별로 나누어 육성하는 동시에 전기사업자들이 수익이 많은 지역에만 중복 투자하는 일을 막고자 했다. 그 결과 대도시를 중심으로 시작된 전기산업은 각 지역의 제반조건에 따라 규모와 설비를 달리하며 점차 지방 도시로 확산되었다. 서울, 부산, 인천, 평양 등 대도시에는 일본뿐만 아니라 미국, 독일 등 외국인들이 거대 자본을 투자하여 대형 전기회사를 설립했고 지방 중소도시에는 소규모 전기회사들이 설립되어 지역의 소규모 전등 수요를 충당했다.[2]

1910년대 전등수요를 중심으로 성장한 전기산업은 1920년대 들어 전력 수요가 날로 증가하는 등 전기 사용 환경이 달라지면서 변화의 요구에 직면했다. 무엇보다 문제는 기존 지역독점 방식으로는 더 이상 늘어나는 전력수요에 탄력적으로 대응할 수 없다는 데 있었다. 이를 해결하기 위해서는 더욱 근본적인 대책이 요구되었는데, 이는 소규모 지역발전·배전방식에서 대규모 발전·원거리 고압송전·지역배전으로 구성된 유기적 전력시스템으로의 전환을 의미했다. 그러나 이러한 전환은 자연스럽게 이뤄지지 않았다. 이는 단지 기술적 문제뿐 아니라 관련 제도와 법률의 제약, 기존 산업구조에서 성장한 전기회사들의 기득권과 같은 기존 시스템이 가진 기술 모멘텀(technological

---

2 경성전기의 발전량은 4000kW, 부산 조선와사전기가 850kW, 평양전기가 500kW에 이르렀던 반면, 목포전기, 수원전기, 광주전기 등 중소도시의 소규모 전기회사들은 100kW에도 못 미치는 발전량을 보유하였다. 1920년 당시 21개의 전기회사 중 9개사의 발전량이 100kW에 미치지 못하는 상황이었다. 조선총독부, 『統計年報』, 1920, 40~41쪽. 1910~20년대 전기산업에 관해서는 김경림의 논문을 참고할 수 있다. 그는 조선의 초기 전기산업이 일본의 경제적 수탈의 일환으로 시작되었다고 주장했다. 김경림, 「식민지 시기 독점적 전기사업 체제의 형성」, 『이대사원』 30, 이화여자대학 사학회, 1997, 101~133쪽. 또한 식민지 조선의 최대 전기회사였던 경성전기를 연구한 오진석의 논문을 통해서도 1910~20년대 전기산업을 살펴볼 수 있다. 오진석, 「한국근대 전기산업의 발전과 경성전기」, 박사학위논문, 연세대학교 대학원, 2006, 102~153쪽.

momentum)을 총체적으로 뛰어넘어야 가능한 일이었다.[3]

결국, 1920년대 내내 전력공급 불안정에 대한 사회적 불만이 고조되었지만, 조선총독부가 배타적인 기득권을 가진 이해관계 집단으로 성장한 전기사업자들을 제대로 제어하지 못하고 법 개정에도 실패하면서, 식민지 조선의 전력문제는 해소되지 못했다. 이때 금강산 중대리에 금강산 철도 운행을 위한 수력발전소가 건설되고, 남는 전기를 서울지역에 판매하기 위한 66kV급 송전망이 가설되면서 문제해결을 위한 새로운 전기가 마련되었다. 중대리 발전소는 금강산전기철도와 경성전기 사이에 지역독점권 충돌과 그에 따른 심각한 갈등을 야기했지만, 한편으로 오랜 중재 과정을 통해 전기를 풍족하게 사용하기 위해서는 법 개정이 필요함을 다시금 확인시켰다. 무엇보다 중대리 발전소는 대규모 발전이 가능한 지점에서 전력을 생산한 후 수요지까지 원거리 송전하는 방식을 채택했다는 점에서 전력산업의 새로운 모델로 큰 주목을 받았다. 더욱이 중대리 발전소에 적용된 유역변경식 댐 건설 방식은 조선에서의 수력발전의 경제성을 평가할 때 줄곧 문제로 제기된 적은 낙차를 효과적으로 극복한 것이어서 기존 평가를 재고하는 전환점이 되었다. 이를 계기로 조선총독부의 대대적인 수력 자원

---

3 공고화의 단계에 진입한 기술시스템은 수많은 기술적·조직적 요소들을 그 속에 포괄함으로써 특정 개인이나 집단의 의도에 의해 쉽게 변경되지 않는 관성, 즉 '모멘텀'을 갖게 된다. 따라서 기존의 기술시스템이 새로운 시스템으로 전환하기 위해서는 기술의 진보, 정부의 정책변화와 같은 개개 구성요소의 변화가 아닌, 현재의 기술적 모멘텀을 근본적으로 극복할 수 있는 전환의 계기가 필요하다. 기술시스템의 모멘텀에 관해서는 Thoms P. Hughes, "The Evolution of Large Technological System," in Wiebe E. Bijker, and Trevor J. Pinch, eds., *The Social Construction of Technological System: New direction in the Sociology and History of Technology*, Cambridge, Mass.: The MIT Press, 1987, pp.51~81을 참조하라.

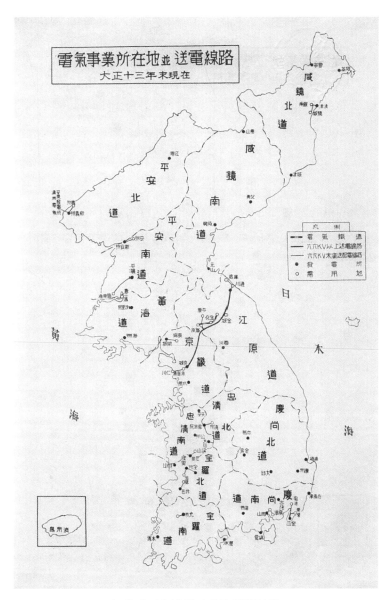

〈그림 1〉 1924년 말 조선의 전력시스템.
금강산 전기철도의 중대리 발전소에서 서울까지 가설된 66kV 송전선을 볼 수 있다.
(출전: 朝鮮電氣協會 編, 『朝鮮の電氣事業: 躍進途上にある朝鮮電氣事業の槪觀』, 15쪽.)

조사사업이 시작되었고, 매우 낙관적이라는 결론을 도출했다.[4]

1) 신흥재벌 노구치와 일본질소의 조선 진출

부전강 발전소 건설 계획은 젊은 토목기술자 쿠보타 유타카(久保田豊)와 노련한 전기사업가 모리타 가즈오(森田一雄)의 의기투합에서 시작되었다. 쿠보타는 도쿄제국대학 토목공학과 출신의 젊은 기술자로 1914년 졸업 후에는 내무성 토목과에서 재직하며 주로 하천 개량공사를 맡아 진행했다. 그는 5년간의 공직생활을 청산하고, 도쿄에 작은 기술 컨설팅회사 쿠보타공업사무소(久保田豊工業事務所)를 설립했다.[5] 그러던 그에게 모리타가 찾아왔다. 모리타는 도쿄제국대학 전기공학과를 졸업한 후 여러 전기회사의 요직을 거치면서 발전소 건설에 직접 개입해 온 인물로 쿠보타와는 오오이(大井) 하천 개발공사를 함께 담당했던 인연이 있었다. 모리타는 퇴직 후 경성일보 사장 후쿠시마(副島道正)의 초청으로 조선에 다녀온 이야기를 쿠보타에게 자세히 들려주었다. 모리타는 후쿠시마로부터 조선에서 수력자원조사가 진행되고 있다는 정보를 듣고 조선의 강들을 함께 둘러본 후 조선에서의 수력발전 가능성에 크게 고무되어 있었다.[6] 모리타와 쿠보타는 조선

---

4 수력자원조사가 시작되면서부터 언론에서는 주요 지점에서만 19곳에서 3만4천 마력 (25,330,000kW)에 달한다는 기사를 내기도 하였다. 또한 다음해에는 체신국 담당자의 말을 인용하여 수력뿐 아니라 조력 발전도 개발가능하며 그렇게 되면 엄청난 발전량을 보유할 수 있을 것이라는 낙관적인 기사들이 등장하기도 하였다. 『조선일보』, 1923.6. 24, 7.23, 8.27, 1924.4.11, 4.14. 조선총독부 체신국, 『조선수력조사서』(京城, 1930)

5 久保田豊, 山口仁秋, 『アジア開發の基盤を築く: 海外コンサルタント』, 東京: アジア經濟研究所, 1967, p.8.

6 쿠보타와 모리타의 부전강 발전소 건설계획 수립 과정과 건설 과정에 대해서는 다음의 자료를 참고했다. op.cit., pp.6~37; 永塚利一, 『久保田豊』, 東京: 電氣情報社, 1966,

북부지역의 강들이 날렵하여 유속이 빠르며, 산들이 험하고 높아 유역변경식 발전을 도입해 가파른 낙차를 만들어 낸다면 일본에서는 상상도 할 수 없을 발전량을 만들어낼 수 있다는데 의견을 같이했다. 아직 미개척 상태에 있는 조선에서라면 더욱 큰 이익을 기대할 수 있을 것이었다. 이들은 그중 규모가 작은 부전강을 최초 개발지로 뽑았고 곧 모리타는 쿠보타가 작성한 부전강 발전소 건설 계획서를 들고 다시 서울로 왔다.

모리타와 쿠보타의 계획은 처음부터 예상치 못한 난관에 부딪쳤다. 당시 조선총독부에 발전소 건립을 신청하려면 건설계획서 외에 '전력소비계획서'가 필요했다. 모리타와 쿠보타는 부전강 발전소에서 생산한 전기를 북부에 공급하고 남는 것은 평양과 서울에 판매하려고 했지만, 예상 발전량이 당시 조선 전체 전기소비량의 8배에 육박한다는 점이 문제였다. 따라서 그 많은 전기를 사용할 새로운 소비자가 생기지 않는 한, 부전강 발전소의 건립은 현실성 없는 계획에 불과했다. 또한 발전소 건립에 필요한 자금은 어떻게 확보할 것이며, 이미 장진강 및 부전강 발전소 사업을 신청한 미쓰비시와 경쟁해야 하는 등 해결하기 어려운 문제들이 산적해 있었다. 이런 난제를 해결하려면 새로운 파트너가 필요했다. 이에 쿠보타와 모리타는 노구치 시다가우(野口遵)를 떠올렸다.[7]

노구치는 '전기전해법'을 이용한 암모니아 제조를 통해 신흥재벌

pp.128~183; 日本窒素肥料株式會社 編, 『日本窒素肥料事業大觀』, 1937, pp.466~473; 朝鮮電氣事業史編纂委員會, ibid., pp.249~254.

7   久保田豊, 山口仁秋, ibid., pp.10~15.

로 부상한 인물로 당시 전기화학산업을 주도하고 있었다. 그는 기술 중심 산업을 강조하고 선진과학기술을 적극 도입하는 등 기술자이자 사업가라는 점에서 기존 재벌과 달랐다.[8] 노구치가 도입한 전기전해법은 암모니아 제조에 필요한 수소와 질소를 각각 물을 전기분해하고 공기를 압축하여 얻은 뒤 이를 고온·고압에서 합성하는 방법이었다. 이 방법을 쓰면 물과 공기 외에 다른 원료가 필요치 않아 전기만 충분하면 암모니아를 얼마든지 제조할 수 있었다. 더욱이 암모니아를 이용한 질소 비료의 사용량은 계속 증가하는 추세였다.

그러나 1920년대 일본 전력업계의 상황은 그리 좋지 못했다. 대기업으로 성장한 전기사업자들은 앞 다투어 중소형 수력발전소를 건설하고 대도시로 전기를 송전하는 고압 송전망을 가설했지만, 하나의 강에 각기 다른 회사의 발진소가 여럿 선설되고, 수익이 보장되는 대도시에 여러 전기사업체가 송전망을 설치하는 등 일본의 전기산업은 과열경쟁으로 치닫고 있었다. 또한 중소형 발전소가 중심이 되다보니, 대규모 수력발전이 이루어지고 있던 유럽에 비해 일본의 전기요금은 비싼 편이었고, 이 때문에 금속·야금산업, 비료산업 등 전력다

---

8 노구치는 1886년부터 독일 지멘스사의 일본출장소에서 일하면서 기술혁신의 중요성을 깨달았다. 그 후 노구치는 1906년 소기전기주식회사(曾木電氣株式會社)를 설립하고 800kW 규모의 수력발전소로 전기사업을 시작했다. 지역의 전기소비가 적어 전기가 남아돌자 그는 남는 전기로 카바이드를 제조, 판매하여 큰 이익을 얻었다. 그러나 노구치는 여기에 만족하지 않았다. 그는 사업을 석회비료사업으로 확장하기로 하고 1908년 유럽으로 가 전기전해법의 일본 내 특허권을 구매하였다. 그는 이 기술을 바탕으로 일본질소비료주식회사를 설립하는 한편 6000kW 규모의 자가용 발전소를 확보하였다. 몰로니는 노구치가 "기술 혁신을 통해 사업 확장"을 꾀했다는 점에서 일본의 기존 재벌들과 달랐다고 평가했다. Barbara Molony, *Technology and Investment: The prewar Japanese Chemical Industry*, Cambridge, Mass.:Harvard University Press, 1990, pp.51~84.

소비 업체들은 따로 자가용 발전소를 설치하는 일이 많았다.[9]

더욱이 일본정부가 질소 비료 부족분을 유럽에서 수입하기 시작하면서 유럽에 비해 비싼 전기를 이용했던 일본 비료산업은 큰 타격을 입을 수밖에 없었다. 이에 일본질소도 자구책으로 자가용 발전소를 건설하기 위해 노력했으나 이마저도 전기사업체들이 이미 크고 작은 강들을 발전 지점으로 선점하고 있어 쉽지 않았다. 노구치도 노베오카, 큐슈 공장 등에 자가용 발전설비를 가지고 있었지만 가장 큰 발전소의 전력생산량이 1만2000kW에 불과하였다. 이런 차에 모리타가 부전강 발전소 건설 계획서를 들고 노구치를 찾아왔다.[10]

충분한 전원이 곧 이윤을 의미했던 노구치에게 모리타와 쿠보타가 제시한 조선에서의 발전소 건설 계획은 충분히 매력적인 것이었다. 그들이 제시한 계획대로 부전강 발전소를 건설한다면 전원 비용을 일본의 1/25 수준으로 낮출 수 있었다. 또한 조선은 싼 노동력과 값싼 토지를 확보하는 데에도 일본보다 확실히 유리했다. 조선으로의 진출이 가져올 이점은 그것뿐만이 아니었다. 산미증산계획으로 인한 비료 사용량의 증대와 대규모 토목공사 증가에 따른 폭약의 사용량이 날로 늘어나고 있어 조선은 새로운 시장으로서도 매력적이었다. 사업가 노

---

9 화석연료가 부족했던 일본은 소규모 수력발전소를 중심으로 전력시스템이 발달했다. 1926년 당시 수력발전은 전체 발전량의 72%를 차지하고 있었다. 특히 전력 공급사업용은 82.8%가 수력발전에 의한 것이었다. 발전소 용량은 1940년대 초까지도 평균 발전량이 6000kW 정도로 중·소규모의 발전소가 주를 이루었다. 小竹節一, ibid., p.346. 전력다소비 업체들이 등장하면서 발생한 일본 전력산업의 문제에 대해서는, 같은 책, 281~282, 307~308, 350~351쪽. 일본전력사업자들의 과잉경쟁과 그로 인한 전력전쟁, 이후 전기회사들의 통폐합에 대해서는 op.cit., pp.315~324을 참조할 것.

10 값싼 수입비료가 들어오면서 비료업계가 직면한 문제에 대해서는 Barbara Molony, ibid., pp.149~150, pp.174~185 참고.

구치는 망설임 없이 조선 진출이라는 도전을 선택했다.[11]

노구치가 참여하면서 모리타와 쿠보타의 부전강 전원개발 사업은 사실상 노구치의 조선 진출 프로젝트로 수렴되었다. 노구치는 쿠보타 공업사무소에서 진행한 기초 조사와 발전소 설계가 1925년 10월에 완성되자 1926년 1월말 조선수력전기를 설립하고 1926년 4월 착공에 들어갔다. 그와 동시에 노구치는 흥남과 본궁에 공장 부지를 매입해 조선질소를 설립했고, 결국 부전강 발전소는 조선질소의 자가발전소로서 건설되었던 것이다.

2) 부전강 발전소 개발 사업

부전강에서 진행된 유역변경식 수력발전소 건설 공사는 규모면에서 당시 조선은 물론 일본에서도 전례가 없는 것이었다. 이 지역에 발전소를 건설하기 위해서는 부전령 정상 부근에 댐을 축조하고 산을 뚫어 강의 흐름을 동해 쪽으로 바꾸어야 했다. 이런 방식으로 부전강 발전소는 1000m에 이르는 낙차를 만들어 10~15만kW에 이르는 발전량을 얻을 수 있을 것으로 기대되었다. 쿠보타가 1925년 지형, 연중강수량, 평균유량 등 구체적인 사항을 실측한 후 제작한 최종 설계안에 의하면, 부전강 발전소의 댐은 높이 80m, 둑길이 400m에 이르렀다.[12]

11 몰로니에 따르면 불황으로 인한 과다경쟁으로 이윤율이 저하되자 노구치는 두 방향으로 상황 전환을 시도했다. 하나는 일본 내 공장 생산품의 다각화이고 두 번째는 새로운 생산지이자 소비지인 조선으로의 진출이다. 몰로니는 이러한 두 가지 시도가 모두 성공적이었다고 평가했다. 특히 조선 진출과 그 성공은 이후 노구치가 조선은 물론 일본에서도 비료산업 전체를 주도할 수 있는 밑거름이 되었다. op.cit., pp.147~149.
12 1973년 준공된 동양최대이자 세계에서 4번째로 큰 소양강 댐의 크기가 높이 123m, 길이 530m인 것과 비교해보아도 결코 작지 않은 크기이다.

또한 물의 흐름을 바꾸기 위해 파야하는 수로의 길이가 제1발전소 공사에서만 30km에 달했다. 당시 일본과 조선에서는 누구도 그만한 크기의 발전소를 건설한 경험이 없었기 때문에 발전소 건립은 기초공사에서 준공에 이르기까지 쉬운 일이 없었다.[13]

본격적인 공사에 앞서 토지 매입과 기초공사가 시작되었다. 고원에서 진행된 유역변경식 발전소이다 보니 댐 건설 방식에 비해 매입해야할 토지가 많지 않아 조선수력전기는 조선총독부로부터 공유지인 산림을 대부받아 공사를 시작할 수 있었다. 이 과정에서 이 지역에 뿌리박고 살고 있던 화전민들이 아무런 대책도 없이 쫓겨났다. 당시 조선일보 기사에 의하면 "생명의 화전을 뺏기고 노두(路頭)에서 방황하는" 화전민이 4천 명에 이르렀다.[14] 그러나 공사는 이러한 사정과 상관없이 12월 "영하 40도의 혹한 속"에서도 지체 없이 진행되었다.[15] 함흥에서 저수지가 생길 한대리까지 70km 구간에 자재 수송을 위한 철도가 놓였고, 산기슭에 36도의 급경사를 오르기 위한 인클라인이 설치되었다. 또한 발전소 건설 중에 사용할 전력 확보를 위해 2100kW급 임시 화력발전소가 건설되었다.[16]

실제 공사가 시작되면서부터 기술적 난관이 속출했다. 대규모 유

13 부전강 발전소 건설 설계도 및 시공도, 공사과정은 다음을 참고하라. 久保田豊, 「赴戰江水力發電工事の話」, 『朝鮮鐵道協會誌』, 1928. 3, pp.15~21; 朝鮮電氣事業史編纂委員會, ibid., pp.350~355.
14 『조선일보』 1927.10.21.
15 쿠보타의 회고에 의하면, 노구치는 "사업은 스피드"라는 점을 항상 강조했다. 쿠보타는 자신은 "기술가의 양심" 때문에 때를 놓치는 경우가 많았는데, "기술가이자 사업가"인 노구치는 사업의 추진을 더욱 중시하였다고 한다. 久保田豊, 山口仁秋, ibid., p.18.
16 久保田豊, ibid., pp.17~18.

역변경식 발전소 건설 경험이 전무한 상황에서 공사는 시행착오의
연속이었다. 이들은 외국의 사례와 당시 최신 일본의 연구 자료들을
참고하여 스스로 해법을 찾아나갈 수밖에 없었다.[17] 가장 먼저 부딪친
난관은 산허리에 수로를 뚫는 일이었다. 쿠보타는 당시 토목공사의
상식대로 수로를 원형으로 설계했으나, 실제 수로 공사를 맡은 마츠
무라를 비롯한 하청업자들은 난색을 표했다. 쿠보타의 대학 선배로
일본에서 많은 수력발전소 건설공사를 맡아 진행한 바 있는 마츠무라
는 원형수로는 수압과 유량 계산은 쉽지만 실제 굴을 파기가 어렵기
때문에 부전강 발전소의 경우처럼 깊은 지하에서 30km나 원형으로
수로를 뚫는 것은 경험상 거의 불가능하다고 지적했다. 이에 처음부
터 설계도를 다시 검토한 쿠보타는 원형 대신 말굽형으로 수로를 파
기로 결정했다. 말굽형은 수압과 유량의 계산은 어렵지만 공사를 진
행하기 쉽고 더 튼튼할 것으로 예상되었다.[18] 수로를 말굽형으로 정하
고 나자 이번에는 산허리에서 배수로와 수로를 연결할 지점까지 수직
으로 170m의 갱을 내야 한다는 점이 문제로 제기되었다. 이 문제의
해결은 쉽지 않아 노구치까지 나서서 해결방안을 고심했다. 궁리 끝
에 이들은 이미 탄광공사에서 사용하던 굴착 방식을 채용하기로 하고
미국으로부터 당시 최신 굴착기를 수입하여 수직갱을 파내려 갈 수

---
17 쿠보타와 노구치는 각자의 회고에서 공통적으로 발전소 공사의 가장 어려웠던 점이
수로 공사와 용수처리 문제였다고 지적했다. 久保田豊, 山口仁秋, ibid., p.20; 野口遵,
「世界に誇る大水力の實現のため黃海へ注べ鴨綠江の水を日本海に切り落した赴戰江の
水力事業」, 朝鮮電氣協會 編, 『朝鮮の電氣事業を語る』, 1937, pp.117~118.
18 말굽형 수로는 쿠보타가 최초로 개발한 방식으로 이후 수로공사에 많이 사용되었다고
한다. 쿠보타는 학회에 말굽형 수로의 성과를 보고하는 등 자신이 개발한 기술에 큰
자긍심을 가졌다. 久保田豊, ibid., p.20.

있었다.[19]

그러나 수로 공사에서 부딪친 더 큰 문제는, 수로를 파면서 자칫 지하수맥을 건드릴 때 쏟아져 나오는 엄청난 양의 물이었다. 이러한 용수(湧水)가 펌프로 뽑아내는 것만으로는 감당할 수 없을 정도로 쏟아져 나왔던 것이다. 이에 쿠보타는 당시까지는 일반적으로 시행되지 않던 구라우토(クラウト)공법을 채용하였다. 이것은 지반개량 방법의 일종으로 펌프를 사용하여 한쪽에서는 시멘트를 주입하고 다른 한쪽에서는 물을 계속 뽑아내면서 공사를 진행하는 것이다. 당시 용수가 얼마나 많았던지 2100kW급 화력발전소로는 감당할 수가 없었고, 그 때문에 흥남공장의 화력발전소에서 800kW를 송전 받아오는 일도 있었다. 결국 급한 대로 큐슈 공장에서 쓰던 발전기 터빈을 가져와 일부 안정된 한대리 저수지 한쪽에 연결하는 방식으로 3400kW의 추가 발전력을 확보했다. 그러나 이런 노력에도 불구하고 용수가 심하게 쏟아져 나와 전력이 부족해지면 인클라인의 가동을 멈추고, 전등을 모두 끈 채 지하 굴착을 강행하기도 했다.[20]

이렇듯 많은 기술적 난관, 시행착오, 그리고 두 차례의 심각한 태풍 피해 속에서도 1929년 12월 부전강 제1발전소가 준공되었다. 이는 4년이라는 짧은 공기 안에 이루어진 성과였고, 이렇게 완성된 부전강 발전소의 건설 비용은 총 5500만 엔으로, 발전 단가로 계산해 보면 일본의 절반 수준인 kWh당 4.6전이 소요되었을 뿐이었다. 물론 이는 발전 용량이 커질수록 발전량 대비 단가가 낮아지기 때문이기도 했지

---

19 永塚利一, ibid., pp.136~138.
20 日本窒素肥料株式會社 編, ibid., p.469; 朝鮮電氣事業史編纂委員會, ibid., p.353.

만, 일본이 아닌 조선에서 건설함으로써 가지게 된 이점들에 기인한 것이기도 했다. 부전강 발전소의 토지 보상비는 전체 발전소 건설비용의 0.99%에 불과했다. 이는 발전소 부지가 고원에 있어 매수할 토지가 많지 않아서 이기도 했지만, 일본은 "물가상승으로 이재민 보상비가 너무 높아 대규모 수력발전소를 짓기 어려웠다"고 쿠보타가 회고했듯 조선의 토지 및 이재민 보상비가 일본에 비해 낮았기 때문이었다.[21] 발전소 건립비용이 낮아진 또 다른 이유는 조선이 일본에 비해 노동자 임금이 낮았던 데서 찾을 수 있다. 조선인 노동자들에게 주어지는 임금은 평균적으로 일본인 노동자의 절반 정도의 불과했다.[22]

지금까지 부전강 발전소 건설 과정에 대해 살펴보았다. 이런 대규모 수력발전소가 어떻게 식민본국인 일본이 아니라 식민지인 조선에서, 그것도 전기회사가 아니라 비료회사에 의해 건설될 수 있을까? 우선 부전강 발전소는 조선의 전력시스템은 물론 일본의 전력시스템과도 전혀 다른 성질의 것이었다. 과열경쟁 속에서 중·소규모 수로식 발전소를 중심으로 발전해 온 일본의 전력시스템은 기술적 모멘텀으로 인해 대규모 발전소 체계로 전환되기가 힘들었고, 결국 일본질소와 같은 전력다소비업체의 출현에 효과적으로 대응할 수 없었다. 한편 조선의 전력시스템은 식민정부의 '1지역 1사업 원칙' 아래 독점기업들이 소규모 화력발전소를 중심으로 지역을 분할하며 배타적 이익을 수취하는 상황에 처해 있었다. 1920년대 들어 공업화가 진척되면

---

21 久保田豊, 山口仁秋, ibid., p.13.
22 손정목, 「세계 최대 화학공업도시 흥남의 형성·발전과 종말」, 『일제강점기 도시사회상 연구』, 일지사, 1996, 603~604쪽; 강만길, 『일제시대 빈민생활사 연구』, 창작사, 1987, 289~331쪽.

서 대도시를 중심으로 전력부족 문제가 사회적 문제로 떠올랐지만, 조선의 전력 수요는 여전히 적은 수준으로 아직 거대한 규모의 발전소를 감당할 여건이 마련되지 않은 상태였다.

결국 기존 전력시스템이 가진 기술적 모멘텀은 전기사업자들의 자발적인 혁신이 아니라 전력다소비업체의 자가용 발전소 건설에 의해 극복됐다.[23] 그리고 이러한 변화는 고밀도의 전력시스템을 갖춘 일본이 아니라 저개발 상태인 식민지 조선을 선택했기에 가능한 일이었다. 일본질소에게 식민지 조선은 새로운 전력 공급원을 마련하여 사업규모를 확장할 수 있는 최적의 장소였다. 조선은 일본과 달리 산세가 가파라 물길만 돌려주면 큰 낙차를 얻을 수 있다는 점에서 일본질소가 원했던 대규모 수력발전소를 건설하기에 적합했다. 그러나 이러한 지형상의 이점보다 더 중요한 것은 일본질소가 일본에 비해 저개발 상태인 조선에 발전소를 건설함으로써 얻게 될 다른 이득들이었다.

개발을 독려하기 위한 식민정부의 적극적인 협조, 값싼 노동력과 토지 등은 일본에서는 얻을 수 없는 것들이었다. 사실 이러한 이점을 수력 발전에 이용하려는 아이디어는 이전 시기에도 있었으나, 막대한 전력 생산량을 소비할 만큼 조선의 전기 수요가 충분치 않아, 그 가능성을 타진하는 조사로 그치곤 했다. 하지만 자체 전력 조달용의 거대

---

23 기술사학자 휴즈는 미국과 독일의 전력시스템이 대규모 발전시스템으로 전환할 수 있었던 까닭을 전시(戰時)라는 특수한 상황에서 찾았다. 즉, 소규모 발전 시스템에서 대규모 발전 시스템으로의 전환은 기술 내적인 논리에 따라 이루어진 것이 아니라, 막대한 전력을 필요로 하는 전시라는 맥락에서 국가가 기존 기술시스템의 모멘텀을 극복하는 데 주도적으로 앞장섬으로써 가능했다는 것이다. Thomas P. Hughes, *Networks of Power: Electrification in Western society, 1880~1930*, Baltimore: The Johns Hopkins university Press, 1983, pp.285~296.

한 자가 발전소를 통해 사업 확장을 꾀한 일본질소의 입장에서 이는 문제가 되지 않았다. 일본질소는 대규모 수력 발전에 관한 아이디어를 실현 가능한 것으로 만들었고, 이로써 사업 확장의 새로운 전환점을 마련할 수 있었다. 함흥의 조선질소는 풍부한 전력 덕분에 생산비용을 일본의 경쟁 회사들에 비해 절반 이하로 떨어뜨릴 수 있었던 것이다. 더욱이 조선과 일본에서 질소비료 사용량이 계속 증가하면서 이익 역시 늘어났다. 결국 일본질소는 일본이 아닌 조선에 발전소와 비료공장을 건설하면서 과잉경쟁으로 치닫는 일본시장을 빠져나옴과 동시에 경쟁자가 없는 조선이라는 새로운 시장을 개척했고, 나아가 조선에서 거둔 성공을 통해 다시 일본시장을 공략할 수 있는 힘을 확보할 수 있었다.[24] 한마디로, 부전강 발전소의 건설은 오히려 식민지였기 때문에, 기업에 의해 추진된 자가용 발전소였기 때문에 실현 가능했다.

부전강 발전소의 등장 이후 조선의 전기 생산량은 그 비율로만 본다면 소규모 화력발전에서 대규모 수력발전으로 전환했다고 할 수 있다. 물론 부전강 발전소는 조선질소의 자가용 발전소일 뿐이어서 조선 전체의 전기산업에는 별 영향을 주지 못했다. 그러나 이후 건설된 조선의 발전소가 부전강 발전소와 같은 유역변경식 대규모 수력발전소 위주였다는 점에서 부전강 발전소의 건설은 하나의 전환점이었다. 조선총독부의 관료들은 조선 땅에 '동양 최대' 규모의 발전소가

---

24 몰로니는 노구치가 조선에서 크게 성공함으로써 일본의 비료시장에서도 주도권을 가지게 되었다고 지적한 바 있다. 한편 노구치는 금융권에서도 성공을 인정받아 이후 이어진 발전소 건설에서도 쉽게 자금을 확보할 수 있었다고 한다. 몰로니는 기존 연구들이 노구치의 조선 진출 동기를 과도하게 일제의 정치·경제적 침략이라는 구도에서만 파악해 왔다고 지적하고, 노구치의 개인적인 투자 동기 역시 결코 간과할 수 없는 요인이었다고 주장했다. Molony, ibid., pp.171~173, p.206, pp.213~215.

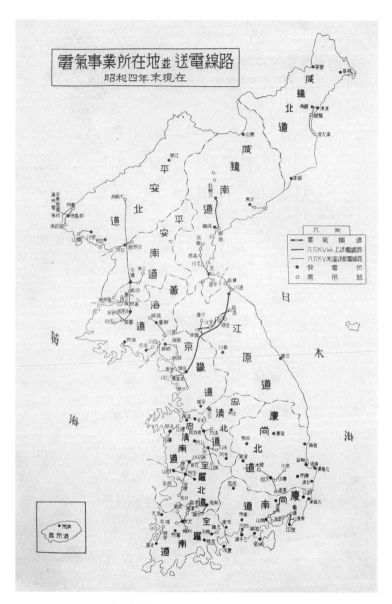

〈그림 2〉 1929년 말 조선의 전력시스템.
부전강 발전소에서 일본질소 함흥공장까지 이어진 송전선을 확인할 수 있다.
(출전: 朝鮮電氣協會 編, 『朝鮮の電氣事業: 躍進途上にある朝鮮電氣事業の槪觀』, p.16.)

등장했다는 사실에 크게 고무되어 "부전강에 이어 장진강에도" 대규모 발전소가 건설되면 "조선은 풍부한 전력을 보유하게 될 것"이라는 기대감을 드러내기도 했다.[25]

그러나 조선총독부 기술 관료들의 기대처럼 부전강 발전소의 건설이 이후 조선의 전력시스템 성장으로 직결되지는 않았다. 대규모 발전소, 고압 송전망, 전력생산업체와 전력소비업체 등이 유기적으로 연결된 안정적인 전력시스템이 구축되기까지는 아직 넘어야할 문제들이 산적해 있었다. "누가 대규모 발전소를 건설하고 송전선을 가설하고 배전을 담당할 것인가", "전력 수요량은 어느 정도나 될 것인가"와 같은 녹록찮은 문제들이 있었고 더욱이 이러한 문제에 대해 여러 주체들 ─ 전기사업자들, 상공업자를 비롯한 전기 수요자들, 식민지 정책을 총괄하는 조선총독부, 그리고 새로운 전원을 필요로 하는 일본질소까지 ─ 이 각자의 이해관계에 따라 다른 목소리를 내고 있었던 것이다.

3. 거대 자가 발전소에서 공공 전력시스템으로의 전환

1) 조선총독부의 전력통제정책: 새로운 전력시스템의 구상

전기사업자들에 대한 소비자들의 불만은 이전에도 적지 않았으나 1920년대 중반 이후에는 이해집단별로 공동의 행동을 조직하는 수준으로 구체화됐다. 몇몇 대도시 상공업자들을 중심으로 시작된 전력수

---

25 吉田猶藏, ibid., pp.85~93; 高谷武助, 「朝鮮に於ける發電水力」, 『朝鮮』 135, pp.41~62.

급 상황에 대한 불만이 대중들에게까지 확산되어 민중쟁의로까지 번지기 시작했다. 주로 전기요금 인하운동에서 시작된 이들의 집단행동은 점차 민간 전기회사들에 대한 공영화 운동으로까지 이어졌다. 전기회사 공영화 운동은 평양에서 처음 결실을 맺었다.[26] 평양전기 공영화가 낳은 직접적 효과와 간접적 파장은 적지 않았다. 일단 공영화 이후 평양의 전기요금은 서울 수준으로 낮아졌다. 경영수지도 민간 기업에서 운영할 때보다 나아졌는데, 평양부전기는 인수자금으로 발행한 사채를 조기 상환하고도 이익금을 남겨 평양 부당국의 재정을 확충할 수 있었다. 이렇듯 전기 수요자와 부당국 모두에게 좋은 결과를 가져오자, 전기회사 공영화 운동은 비싼 요금과 불안정한 전력 수급 문제를 해결할 대안으로 각광받으며 전국적으로 확산되었다.

　대기업 중심의 기업인들은 적정 전기요금을 분석하는 등 우회적인 방식으로 전기사업자들을 압박했다. 경성상업회의소는 1927년 『전기문제조사보고』를 통해, 조선의 전기산업이 사업자들의 이기적 경영과 당국의 감독 미비로 지극히 방만하게 운영되는 실정이라고 지적하면서, 서구 선진국에서 시행 중인 합리적 요금제만 도입해도 조선의

26　애초 전기요금을 20% 인하하기 위해 조직된 평전치하(平電値下) 기성회는 '소등동맹 (消燈同盟)'까지 결성하며 강도 높게 투쟁했으나, 평양전기가 단전(斷電)과 더불어 치안방해 명목으로 경찰력을 동원하는 등 폭력적으로 대응하자, 애초의 운동에서 한발 더 나아가, 아예 평양부가 평양전기를 인수하여 문제를 근본적으로 해결해야 한다는, 평양전기 부영화 운동을 전개했다. 처음에 평양부는 이러한 요구에 미온적으로 대처하며 전기요금을 평양전기와 기성회가 합의하도록 중재하는 선에서 갈등을 잠재우려 했지만, 시민들의 요구가 날로 거세지자 결국 1926년 말 사업공채를 발행하여 평양전기를 인수했다. 橫田虎之助,「電氣料金の値下げ問題より急傳して電氣公營が實現するまで料金不拂と消燈同盟に苦しめられた平壤の電氣事業」, 朝鮮電氣協會 編, 『朝鮮の電氣事業を語る』, 京城, 1937, pp.91~102.

전기요금을 훨씬 낮출 수 있다고 주장했다. 하지만 안정적인 전력 확보가 절실했던 만큼 경성산업회의소는 여기서 그치지 않고, 근본적이고 장기적인 대책 수립을 촉구했다. 이들은 수력 자원 개발이 시급할 뿐 아니라 조력을 이용하는 것과 같은 새로운 발전 방법을 도입할 수도 있으며, 이를 위해 전기회사뿐 아니라 조선총독부 그리고 공익적 성격을 띠는 제3자가 논의에 참여해 장기적인 계획을 수립해야 한다고 주장했다.[27]

이렇듯 비싼 요금과 전력 불안정 문제가 거듭 공론화되는 가운데, 조선총독부도 전기회사들의 책임을 강조하고 나섰다. 조선총독부 체신국장 야마모토 히죠우(山本犀藏)는 『조선전기협회회보(朝鮮電氣協會會報)』에 "전기사업자들에 바란다"라는 글을 기고해 전기사업자들의 개선 노력을 당부했다.[28] 그는 "전력 상황이 이 지경에 이르다보니, 불안정한 전력을 공급받는 대신에 자가용 발전설비를 갖추는 대기업들이 늘어나고 있지만, 자가용 설비가 효율성도 떨어질 뿐더러 조선 전체의 전력산업 발달에도 도움이 되지 않는다"고 지적하고, 전력문제를 해결하려면 무엇보다 전기사업자들의 자발적인 노력이 필요하다고 강조했다.

그러나 식민정부도 근본적 문제 해결을 위해서는 전기회사들의 각성만으로는 부족하며, 새로운 전력시스템으로의 전환 및 이를 뒷받침하는 정책의 수립이 시급하다는 것을 잘 알고 있었다. 1927년 1월부터 1년간 진행된 체신국 기사들의 구미시찰에서도 대규모 수력발전

27 京城商業會議所, 『電氣問題調査報告』, 1927, pp.7~10, pp.23~28.
28 山本犀藏, 「電氣事業者に望む」, 『朝鮮電氣協會會報』 17-3, 1928.8, pp.9~11.

과 고압송전이 결합된 시스템을 마련하는 것이 근본적 해결책이며, 이를 위해 당국의 적절한 통제가 필요하다는 결론이 재차 확인됐다.

조선 전력시스템에 대한 장기적 계획은 일본 철도성 전기과장을 역임한 바 있는 체신국 촉탁 요시하라 시게지(吉原重成)에 의해 만들어졌다. 구미 각국의 전력산업을 두루 시찰한 경험을 가진 요시하라는 1차 대전 전후로 선진국에서 본격화된 대규모 발전소와 장거리 송전망 건설 과정에 깊이 천착했고, 풍부한 전원의 확보가 가져온 긍정적 사회변화 — 대규모 공장 건립, 전기철도 부설, 농촌으로의 전기 보급 등 — 에 주목했다. 무엇보다도 요시하라는 선진적인 전력시스템의 발달이 자유로운 기업 활동을 통해 이뤄진 것이 아니라, 국가의 적절한 통제와 감독이 낳은 결과였다는 점을 중시했다.[29]

요시하라가 주목한 요소들은 그가 조선 전력시스템의 모델로 제안한 '초전력연계(超電力聯系)'에 그대로 반영되었다. 기본적으로 초전력 연계는 "자원을 효율적으로 배분하고 산업과 밀접하게 연계된 전력 체계를 마련"하려는 방안으로서, "각 요충지에 대규모 수력발전소를 건설하여 풍부한 전력을 확보하는 한편, 이를 수요지로 보내는 고압 송전 간선을 적절하게 배치하여 가장 효율적인 조선 전력망 체계를 구축하겠다"는 구상을 담고 있었다. 구체적으로 요시하라는 두만강, 남대천, 부전강, 장진강, 압록강, 강원도 일대를 주요 발전소 건설지역으로 꼽았고, 여기서 생산된 전력을 북부 공업지역인 함경도와 중부

---

29 요시하라는 일본 전력시스템의 발달이 정체된 책임이 눈앞의 이익만 추구하는 전기회사들에게 있다고 판단하고 미개발 상태의 조선은 국가의 철저한 계획 아래서 전력시스템을 구축해야 한다고 주장했다. 吉原重成, 「朝鮮に於ける電氣政策の確立に就て」, 『朝鮮電氣協會會報』 17-3, 1928.8, pp.1~9.

공업지역인 평양, 서울, 인천, 경기 지역으로 보낼 송전간선을 구상하였으며, 국토의 균형발전을 위해 남부지역의 전력 공급에 관한 별도의 계획이 마련되어야 한다고 주장했다. 1930년 요시하라는 이러한 초전력연계와 통제정책을 기본 골자로 한 "전력정책 기본 계획서"를 작성하여 조선총독부에 제출했다.[30] 이에 식민정부는 본격적으로 정책을 입안하기 위한 법안 마련에 돌입했다.[31]

이러한 과정을 거쳐 제출된 '발전·송전기본계획'과 관련 법규 초안을 검토하기 위해서 '전기사업조사회'가 1930년 11월 4일부터 총독부에서 개최되었다. 논란이 계속된 사안인 만큼 식민정부는 폭넓은 검토를 위해 체신국 관계자들뿐만 아니라 산업 관련 부서의 국장들과 민간단체 대표까지 포함해 전기사업조사위원회 위원을 선임했다.[32] 5일간 계속된 이 회의를 통해 "전력정책 기본 계획"에 대한 폭넓은 동의가 형성되었고, 이를 바탕으로 전력시스템 전환을 염두에 둔 향후 10년간의 발전소 건설계획과 송전망 건설계획이 합의되었다.[33]

그러나 식민정부와 전기사업자들 사이의 주요 쟁점이었던 기업 형태에 관한 합의는 쉽게 이루어지지 않았다. 우선, 발전·송전·배전 회

---

30 朝鮮總督府, 『電力政策基本計劃調書 第1,2集』, 1930.3; 『電力政策基本計劃調書 第3集』, 1930.10.

31 『동아일보』, 1930.1.30; 『朝鮮總督府官報』 904, 1930.1.10., p.72.

32 조선전기협회는 전기사업조사회에 위원을 3명이나 파견하여 정책 결정과정에 민간 전기사업자들의 입장을 십분 반영할 수 있었다. 조선전기협회는 일찍부터 관민합동조사위원회를 설치하여 전력 정책을 정해야 한다고 주장했는데, 결과적으로 협회의 요구가 받아들여진 것이라 볼 수 있다. 朝鮮電氣協會, 『朝鮮電氣協會會報』 17-3, 1928.8, pp.1~8.

33 今井賴次郎, 「昭和五年に於ける朝鮮電氣事業の回想」, 『朝鮮遞信協會雜誌』 152, 1931.1, pp.36~51.

사를 서로 분리할 것인지 통합 운영할 것인지가 쟁점이 되었고, 지역
별 분리냐 전국적 통합이냐에 관한 의견 대립도 첨예했다. 또한 회사
형태를 민영, 국영, 반민반관(半民半官), 혹은 지방공영 중 어느 것으로
할 것인지도 쉽게 풀리지 않았다. 이러한 세 가지 문제는 서로 복잡하
게 얽혀 있었고, 그 접점에서는 국가적 차원의 효율적인 전력 통제의
논리와 민간 기업의 생존이라는 이해관계가 서로 충돌하고 있었다.
마지막까지 민간 전기회사와 식민정부의 입장차는 좁혀지지 않았고,
특히 민간 전기업자들이 전국적 독점기업안을 고집함에 따라, 조선사
업조사회는 가장 중요한 기업 형태에 관해 어떠한 합의도 도출하지
못한 채 폐회되고 말았다.

1차 전기사업조사회가 성과 없이 끝나고 난국에 봉착한 식민정부
는 이듬해 일어난 두 사건으로 인해 논의를 재개할 수 있었다. 하나는
경성부회에서 추진한 경성전기 부영화안이었고, 다른 하나는 우가키
가즈시게(宇垣一成)라는 새로운 총독의 부임이었다. 두 사건은 서로
별개로 일어났지만 1931년 말 전력통제정책이 추진되는 데 결정적인
역할을 했다.

경성전기 부영화안은 1931년 7월 제출되어 다음 달인 8월 경성부
회에서 통과되었다. 경성전기에 대한 서울 시민의 불만은 일찍부터
제기돼 왔지만, 경성전기가 1929년 적선동에서 발생한 전차사고에
무성의하게 대처하면서 기업 이미지가 땅에 떨어진데다, 1932년 영
업허가 만료 시점을 앞두고 경성전기를 부영화하기 위해 지금 나서야
한다는 여론이 형성되면서 논의가 급물살을 탔다.[34] 조선일보와 동아

---

34 적선동 전차 전복 사고에 대해서는 『동아일보』, 1929.4.23; 4.24; 『조선일보』, 1929.

일보는 연일 기사를 내어 전기요금에서 폭리를 취하는 경성전기의 행태와 독점영업의 폐해를 꼬집으며 부영화의 필요성을 지적했고,[35] 유지 집단인 조선인 정동총대(町洞總代)와 조선인 상공업자들의 모임인 경성상공협회도 부영화 운동에 적극 동참했으며, 일본인 정동총대까지 힘을 실어주었다.[36] 물론 경성전기를 부영화하기 위해서는 거액의 인수자금을 마련해야 하는 등 현실적인 문제가 많았기에 그 실현 가능성은 미지수였지만, 광범위한 지지 속에서 조선 최대의 전기회사인 경성전기 부영화안이 통과되었다는 사실은 여러 전기사업자들을 깜짝 놀라게 할만 했다. 이후로 민간 전기사업자들은 강한 힘을 얻기 시작한 전기 공영화론을 의식하지 않을 수 없었다.[37]

전기통제정책을 둘러싼 논의 지형이 바뀌는 데 영향을 미친 또 다른 사건은 새로운 총독 우가키 가즈시게의 부임이었다. 그는 무모한 전쟁도발보다는 우선 정치·경제적인 힘을 길러야 한다고 생각한 인물이었다. 이를 위해 우가키는 "일본해[동해]를 중심"으로 "일본의 부"를 확대해 나가야 하며, 장기적으로는 "일선만(日鮮滿)블럭"을 구축해야 한다고 주장했다. 그는 조선의 빠른 공업화를 위해서 일본 대자본의 유치가 꼭 필요하다고 판단했고, 이를 위해 일본에서 시행 중인

4.23; 4.24를, 사고 후 보상금 합의과정에 관해서는 『동아일보』, 1930.2.28; 3.7; 3.11; 9.7; 『조선일보』, 1930.9.7을 참고할 것.

35 『조선일보』, 1930.9.6; 9.8; 9.11; 10.5,7,8,10.

36 중소상공업자가 주축을 이룬 '경성상공협회'와 달리 주로 일본인 대기업 경영자 중심의 모임인 '경성상공회의소'는 경성전기부영화운동에 적극적으로 나서지 않고 관망하는 자세를 취했다. 『조선일보』, 1931.7.29; 8.2.

37 서울지방의 경성전기 부영화 운동이 전개되던 자세한 과정에 대해서는 김제정의 논문과 오진석의 논문을 참조하라. 김제정, 「일제식민지기 경성지역 전기사업과 부영화운동」, 박사학위논문, 서울대학교 대학원, 1998; 오진석, 앞의 논문, 193~203쪽.

'중요산업통제법'과 '공장법'을 조선에서는 유보해 유리한 투자환경
을 조성했다. 무엇보다 우가키는 수력발전의 도입을 통한 전력시스템
의 안정화가 향후 조선 공업발전의 관건이라고 확신했다. 이 때문에
그는 일본 전기법 제정을 주도한 체신 관료 출신 아마이다 기요노리
(今井田淸德)를 정무총감으로 임명하고, 하루빨리 전력통제정책을 수
립할 것을 종용했다.[38]

　이후 식민지 조선의 전력정책은 정무총감 아마이다가 직접 진두지
휘하면서 빠르게 구체화되었다. 무엇보다도 그는 전기산업의 기업 형
태에 관한 몇 가지 가안을 마련하고, 이를 통해 전력통제정책을 둘러
싼 지지부진한 논쟁에 종지부를 찍고자 했다. 아마이다는 전기산업에
대한 전체적 통제가 불가능하다는 이유로 지방 공영화안을 배제했고,
발전·송전 국영화안도 재정상 실현 가능하지 않다고 못 박았다. 결과
적으로 그는, 배전을 발전·송전과 분리하여 전기사업의 원활한 진행
을 보장하는 한편 사업구역별로 발전·송전 회사를 분할하여 독점의
폐해를 막는다는 기본원칙을 세우고, 최종적으로는 (1)발전·송전 합
동사업을 몇 개의 민영회사에 맡기는 방안, (2)발전 사업을 몇 개의
민영회사에 맡기고 송전사업을 국영으로 하는 방안, (3)발전 사업은
몇 개의 민영회사가 맡고 송전사업은 반관반민으로 하는 방안, 이상

---

38 우가키는 조선총독인 자신의 권력은 일본천황으로부터 직접 부여받은 것이므로 일본
정부의 간섭을 받을 필요가 없다고 주장했고, 실제로 조선에 대한 그의 권력은 일본
중앙정부에서 제어할 수 없을 정도로 강력했다. 1930년대 우가키 가즈시게의 공업화
정책에 대한 연구는 이승렬과 방기중의 논문을 주로 참고했다. 이승렬, 「1930년대 전
반기 일본군부의 대륙침략관과 '조선공업화'정책」, 『국사관논총』 67, 국사편찬위원회,
1996, 145~196쪽; 방기중, 「1930년대 조선 농공병진정책과 경제통제」, 『동방학지』
120, 국학연구원, 2003, 75~120쪽.

세 가지 안을 마련했다.[39]

이에 최종 기업 형태를 결정하기 위한 제2차 조선전기사업조사회가 1931년 10월에 개최되었다. 제2차 전기사업조사회의 분위기는 전기사업자들의 영향력이 강했던 첫 번째 회의와는 사뭇 달랐다. 당시 전기사업자들은 일종의 위기감을 느꼈는데, 발전·송전·배전을 통합한 민영회사 안을 계속 고집하다가 또 다시 회의가 결렬되면, 전기 공영화론이 강세인 상황에서 자칫 전기회사의 부영화가 추진될 수도 있기 때문이었다. 2차 회의에서도 기업 형태에 관한 합의는 쉽게 도출되지 않았지만, 기업 형태 가안을 마련하며 어떻게든 전력통제정책을 성사하려 한 식민정부의 의지가 관철되어, 결국 전기회사의 기업형태는 국영론과 민영론의 타협지점에서 결정되었다. 전기협회 측도 발전·송전과 배전을 통합한 민영회사 안이 불가능하다면 공영화되는 것보다는 민영회사 통폐합 안이 낫다고 판단하고 그 결정에 합의했다.[40]

발전, 송전, 배전 회사를 각각 분리 설립한다는 원칙 아래 내려진 전기사업조사회의 세부 결정 사항은 다음과 같았다. 일단 많은 자본이 필요한 발전회사는 거대 민영회사가 맡는데, 중복투자를 막기 위해 각 수계별로 하나의 민영회사에게만 사업권을 허가해 주기로 했다. 배전사업의 경우, 전국을 5개로 분할한 각 지역에 하나씩의 대기업을 두어 이를 중심으로 난립해 있는 소규모 전기회사들을 통합함으로써 전기회사들의 질적 향상을 꾀했다. 마지막으로 발전과 배전을

---

39 朝鮮電氣事業史編纂委員會, ibid., pp.191~198, pp.572~574.
40 朝鮮電氣協會, 『朝鮮電氣協會會報』 20-3, 1931.12, p.1; 朝鮮總督府, 『朝鮮』 198, 1931. 11.

잇는 송전망 건설은 국영회사가 담당하여, 발전과 배전 부분의 민영
회사의 독점을 견제하고 공공성을 담보하는 한편 전국적인 균형발전
을 도모할 수 있도록 했다.[41]

이에 따른 발전소 건설 계획은 10년 후 예상 전기소모량을 기준으
로 1940년까지 수력발전소를 25개소 건설하여 70만5794kW의 발전
량을 확보하는 한편 화력발전소도 발전량 13만1100kW까지 확충하기
로 했다. 이를 위해 북부지방은 이미 오래 전에 수리사업권을 획득한
미쓰비시의 장진강 수력발전소 개발을 필두로 장기적으로 허천강, 고
미탄천 등을 개발하기로 하고 남부지방은 강릉, 보성 등에 수력발전소
를, 영월, 청도, 부산에 화력발전소를 건설하기로 했다. 또한 고압 송전
망의 경우, 북부지방에서는 장진강 발전소에서 평양, 서울을 연결하
고, 남부지방에서는 강릉 발전소가 건설되면 강릉에서 호남, 전라, 경
상도를 각각 연결해 나가기로 했다. 주요 간선은 당시 일본의 최신기
술인 154kV급 고압 송전망을 도입해 1396km 길이로 가설하기로 하
고 나머지는 66kV급으로 1802km를 가설하기로 결정했다. 또한 배전
회사 통합 일정도 조만간 결정하기로 해, 전국 각지의 60여 개 전기회
사들을 지역별로 하나씩 5개만 남기는 대단위 통합이 예고되었다.[42]

---

41 『조선일보』, 1931.10.25; 10.27; 『동아일보』, 1931.10.25.

42 朝鮮總督府遞信局, 『發電計劃及送電網計劃書』, 1932. 이러한 내용이 언론에 공개되자
반발도 만만찮았는데, 특히 그동안 부영화안을 추진해온 기성회측은 이번 전기사업조
사회의 결정이 독점 기업의 이익만을 위한 것으로 시민들을 위한 전기 공급에 아무런
도움이 되지 않는다고 주장했다. 이에 아마이다는 서둘러 시민들의 이해를 촉구하는
담화를 발표하는 등 시민들의 불만을 잠재우기 위한 노력했다. 『동아일보』, 1931.
11.27; 12.1; 12.7; 12.8; 12.9. 今井田淸德, 「電氣事業令の制定に付て」, 『朝鮮電氣協會
會報』, 1932, pp.9~11.

마침내 1932년 2월 조선총독부 제령1호 '조선전기사업령'이 공포
됨에 따라 본격적인 전력통제정책이 시작되었다. 일본과 조선의 전
기사업 관련 법규는 모두 정무총감 아마이다가 주도하여 재정된 것
이었지만 '조선전기사업령'은 1년여 앞서 개정된 일본의 전기사업법
과 몇 가지 큰 차이가 있었다. 일본의 전기사업법이 전기사업자의 자
유로운 기업활동을 보장하는 데에 초점을 맞췄다면, 조선의 법안은
새로운 전력시스템을 도입하는 한편, 민영회사의 독점을 방지하고자
한 조선총독부의 정책을 강조했다. 특히 새로운 전원 개발을 독려하
기 위한 정책들이 법령에 대폭 반영되어, 발전소 건립부지에 토지 문
제가 발생하면 총독부가 "토지수용령"을 발효하여 토지에 관한 소유
권 및 기타 권리를 수용할 수 있도록 했고(12조), 자금 면에서의 특혜
를 인정했다.[43]

2) 장진강 발전소 건설과 고압 송전망 가설 사업:
식민정부와 일본질소의 합작품

조선전기사업령이 공포되었지만, 대규모 발전소와 원거리 고압 송
전망으로 구성된 새로운 전력시스템으로 전환하기 위해서는 아직 해
결해야 할 문제들이 남아있었다. 무엇보다도 시급히 해결해야 했던
것은 도대체 누가 엄청난 규모의 수력발전소를 건설할 것인가하는
문제였다. 사실 지난 전기사업조사회에서 논의된 발전소 건설계획은
이미 오래 전에 수리사업허가가 난 미쓰비시의 장진강 개발을 염두에

43 山木犀藏, 「電氣統制計畫の確立時代」, 朝鮮電氣協會 編, 『朝鮮の電氣事業を語る』, 京城, 1937, pp.125~132; 朝鮮電氣事業史編纂委員會, ibid., pp.164~180.

둔 것이었다. 전력통제정책의 주된 목표가 공업화를 위한 안정적인
전력 기반 구축에 있었던 만큼, 하루 빨리 장진강 발전소를 건설해
만성적인 전력 부족에 시달리던 기존 공업지역인 평양, 서울, 경기
등 중부지방과 공업화의 요지로 성장할 함흥 등 북부지방에 전력을
공급하는 것이 전력정책의 가장 주된 요지였다. 이에 식민정부는 미
쓰비시가 하루 빨리 장진강 개발 사업에 나설 것을 기대했지만, 수익
률 문제로 장진강 개발을 계속 미루어 온 미쓰비시는 여전히 투자를
망설였다.

전력통제정책 시행 후 1년이 지나도록 장진강 발전소 공사에 진전
이 없자, 조선총독부가 본격적으로 개입하기 시작했다. 총독 우가키
가 직접 나서 미쓰비시에게 6개월 안에 발전소를 착공하라고 독촉했
고, 그럼에도 상황이 달라지지 않자 새로운 전원 개발자에게 눈을 돌
렸다. 그는 이미 부전강에 자가용 발전소를 건립한 경험이 있고, 장진
강에까지 발전소를 건립하고자 로비를 벌이던 일본질소에 주목했다.
결국 우가키는 미쓰비시의 장진강 개발권을 회수해, 2년 안에 발전소
를 지어 발전량의 1/2을 공공용으로 내놓는다는 조건 하에 일본질소
에 넘겨 주었다.[44]

이로써 노구치와 쿠보타는 부전강 개발에 이어 두 번째 수력발전
소인 장진강 유역 개발에 착수했지만, 장진강 발전소 건설 사업은 이
전의 자가용 발전소 건설과는 전혀 다른 성격을 지녔다. 우선 일본질
소는 장진강 발전소에서 생산된 전기의 반만을 자가용으로 독점 사용
할 수 있었고 나머지는 공공용으로 송전회사에 판매해야 했다. 또한

장진강 발전소 건설은 총독부의 관리·감독 하에 진행되어야 했다. 그러나 이러한 조건이 노구치에게 나쁜 것만은 아니었다.

조선총독부로부터 수리사업개발 허가를 받은 지 20일 만인 1933년 5월 11일, 노구치는 자신이 전액 출자하여 공공용 발전회사인 장진강 수력전기를 설립했다. 쿠보타는 장진강 수력전기의 상무이사(常務取締役)를 맡아 실질적인 공사, 감독, 경영을 담당했다. 발전소 건립 공사는 미쓰비시로부터 장진강 유역 측량도와 설계도뿐만 아니라 토지까지 1931년 당시 매수 가격 그대로 넘겨받아 빠르게 진행할 수 있었다. 1933년 6월 흥남과 함흥을 잇는 철도공사로부터 시작한 장진강 유역 개발사업은 1934년 8월 본격적인 댐 공사 착공 후 1년여 만인 1935년 10월 제1발전소가 준공되어 14만4000kW의 발전력을 확보했고, 그해 11월 평양까지 고압 송전을 개시했다. 이후 1938년까지 제2, 제3, 제4발전소가 차례로 완공되어 장진강 발전소는 총 32만kW의 전원을 확보하게 되었다.[45]

이렇듯 장진강 수력발전소는 발전소 시공에서 고압 송전까지 2년이라는 놀랍도록 짧은 시간에 완공되었다. "둑길이 616m, 높이 38m, 사용된 시멘트 양만 300만 포대"에 이르는 제1저수지 공사와 "지하 40~70m에서 진행된 60여 리(약 23580m)에 이르는 지하 수압터널 공사"가 이렇게 단기간에 끝이 난 것은 세계적으로도 유례가 없는 일이었다. 또한 발전소 건설비용은 총 6500만 엔으로 발전단가로 환산했을 때 kWh당 2.7전으로 극히 낮았다. 이는 일본 수력발전소의 평균 발전단가인 20.4전에 비하면 거의 1/8 수준이었다.[46] 쿠보타는 이러한

45 朝鮮電氣事業史編纂委員會, ibid., pp.256~258.

결과가 무엇보다도 부전강 발전소의 건설 경험이 고스란히 장진강 발전소의 건설로 이어졌기 때문에 가능했다고 회고했다. 장진강 발전소 공사에는 부전강 발전소 건설을 담당한 인력과 자원이 그대로 전용되었고, 이로 인해 지난 번 공사와 같은 시행착오를 크게 줄일 수 있었던 것이다.[47]

그러나 아무리 부전강 발전소의 경험을 통해 축적한 기술이 사용되었다고 하더라도, 이는 식민정부의 도움 없이는 생각할 수 없는 성과였다. 전원 개발을 공업화의 초석으로 간주한 식민정부는 요소요소에서 전원 개발자에게 지원을 아끼지 않았다. 첫째로 식민정부는 발전소 건설 자금을 미쓰비시 은행으로부터 확보하는 것이 어려워지자, 우가키가 직접 노구치에게 조선은행과 도쿄은행 등에서 자금을 융통할 수 있도록 알선해 주었다.[48]

발전소 건립부지 문제 또한 식민정부의 도움 없이는 해결하기 힘들었다. 1920년대 말부터 함흥을 비롯한 북부지역이 개발되기 시작하면서 땅 값이 많이 오른 까닭에 부전강 발전소 건설 당시와는 달리 토지매입이 쉽지 않았다. 함남 장진군(長津郡) 지주들은 지주회를 결성해 "요구 가격이 아니면 절대 판매하지 않겠다"고 주장했고, 이로 인해 여러 차례 토지 매수 협상이 결렬되었다.[49] 이렇듯 아직 토지 매

46 op.cit., p.133.
47 久保田豊, 「鴨綠江を堰きとめて日本海に流下せしめた史的の大事業たる長津江水電と朝鮮送電の成立」, 朝鮮電氣協會 編, 『朝鮮の電氣事業を語る』, 京城, 1937, pp.133~136.
48 몰리니는 당시 미쓰비시 은행이 노구치가 우려했던 것만큼 채권추심에 적극적으로 나서지 않았다고 지적한다. 또한 일본질소가 조선에서 크게 성공함으로써 노구치는 도쿄의 유수의 은행으로부터 자금을 풍족하게 지원받을 수 있었다고 한다. Barbara Molony, ibid., pp.201~209.

입이 이루어지지 않은 상황에서 장진강 수력전기는 1933년 5월부터 예정대로 공사를 강행했고, 그 결과 지주들과 심각한 마찰을 빚게 되었다.[50] 이에 함남검찰서장, 군수 등이 나서 정부의 토지수용 가능성까지 들먹이며 매도를 권고하는 등 중재를 시도하였으나 쉽지 않았고, 결국 조선총독부가 토지수용령을 발의하고 나서야 사태는 종결되었다.[51]

마지막으로 일본질소는 공사장 노동력 확보 하는데 있어서도 식민정부의 전폭적인 지원을 받았다. 워낙 빠른 시간에 진행된 대규모 난공사이다 보니 장진강 수력발전소 건설현장에서는 연일 사고가 끊이지 않았고, 늘 충분한 노동력을 확보하는 일이 쉽지 않았다. 당시 식민정부는 농촌산업이 붕괴하면서 도시로 몰려드는 부랑민들을 북쪽 공업지대로 이주시키는 정책을 펴고 있었는데, 항상 많은 노동력을 필요로 했던 장진강 발전소도 그 주요한 대상지로서 큰 혜택을 누릴 수 있었다. 심한 "흉작 등으로" 갈 곳 없어진 농촌 난민이 많을 때는 "매일 수십 명씩" 장진강 발전소 공사장으로 보내졌다.[52]

이렇듯 조선의 새로운 전력시스템 구축은 기업의 이익을 추구하는 일본질소의 전원 개발 노력과 식민지 조선의 공업 발달을 위해 전력 기반을 확보하려는 식민정부의 정책이 조우하여 빠른 속도로 진행될

---

49 『동아일보』, 1927.11,19; 11.20; 1933.5.13.

50 『동아일보』, 1933.5.13; 5.19; 5.20; 9.7; 10.22.

51 조선총독부의 토지수용령 이후에도 이에 불복하는 행정소송이 1935년까지 계속되었다. 『동아일보』, 1933.8.7; 9.27; 10.25; 1934.4.1; 1935.7.15; 7.19.

52 노동력의 북쪽 지역 이주정책에 대해서는 허수열의 논문을 참조하라. 허수열, 「일제하 한국에 있어서 식민지적 공업의 성격에 관한 일 연구」, 박사학위논문, 서울대학교 대학원, 1983, 79~84쪽; 『동아일보』, 1934.12.29; 1935.6.22.

수 있었다. 서로 상이한 목적을 가진 일본질소와 식민정부는 발전소 개발 과정에서 각자 소기의 목적을 달성하고자 했으므로 충돌할 소지도 적지 않았다. 전력 다소비 산업의 특성상, 일본질소에게 더 많은 전력을 확보하는 것은 곧 기업의 이윤 증가를 의미했다. 하지만 식민정부의 전기 통제가 시작된 상황에서, 일본질소는 이전의 부전강 발전소와 같이 생산된 전력을 독점적으로 사용하는 자가용 발전소를 건설할 수는 없었다. 일본질소는 발전량의 일정 부분을 공공용으로 내놓음으로써 어느 정도 기업 이윤을 포기할 수밖에 없었지만, 그 대가로 발전소 설립자금 확보, 토지 매입, 노동력 확보 등 식민정부가 제공해 줄 수 있는 거의 모든 지원을 받을 수 있었다. 또한 이후 계속되는 전력 개발 사업에서도 확고한 우선권을 보장받았고 그만큼 더 많은 전력을 확보할 수 있었다. 한편 식민정부는 대규모 발전소 건설에 필요한 높은 기술력을 보유하고 있는 일본질소를 파트너로 선택하고 전폭적으로 지원함으로써, 큰 어려움 없이 조선 공업화의 내실을 기하기 위한 전력 기반을 구축할 수 있었다.

이와 같은 일본질소와 식민정부의 협력은 송전망 가설 사업에서도 그대로 이어졌다. 애초의 전력통제정책에 따르면 송전회사는 독점 방지를 위해 국영으로 설립하기로 돼 있었지만, 식민정부가 그에 필요한 예산을 마련하지 못하게 되자 송전회사도 민영회사에 맡기는 방향으로 정책 변화가 이뤄졌다. 다만 조선총독부는 발전회사와 배전회사의 공동출자로 송전회사를 설립하는 안을 추진하였는데, 이는 발전회사와 송전회사의 상호 견제를 통해 독점의 폐해를 최소화하려는 식민정부의 자구책이었다.[53] 이러한 방침에 따라 일본질소계 발전회사 장진강 수력전기와 배전회사 서선합동전기, 동양척식, 금강산전기철도

등이 참여하여 1934년 5월 조선송전을 설립했다. 애초 배전회사 측에
서 경성전기가 참여할 것으로 예상되었으나 경성전기는 이중과세 등
의 이유를 들어 참가하지 않았다.[54] 이렇듯 조선송전의 설립은 처음부
터 삐걱이기 시작해 애초 식민정부가 구상한 공익적 성격의 합작회사
와는 다르게 운영되었다. 조선송전은 사장과 부사장을 각각 노구치와
쿠보타가 맡는 등 실질적으로 일본질소에 의해 운영되었고, 송전망
건설을 위한 측량, 설계, 설비기술 등 여타의 제반 사항들도 일본질소
의 기술진들이 도맡아 진행했다.[55]

송전망 사업은 장진강 발전소에서 평양까지 당시 일본 기술로 가
능한 최고 전압이었던 154kV의 고압송전선을 가설하는 것으로 시작
되었다. 1935년 11월에 있었던 장진강, 평양 간 최초 송전을 기념하는
평양송전기념식전에 총독 우가키가 직접 참여해 리본 커팅을 하는
등 송전망 가설은 식민정부의 지원 속에서 순조롭게 진행되었다. 우
가키는 축사에서 조선총독부의 감독·육성하에서 "동양최대규모의
대사업"을 완성시킨 일본질소의 노력을 치하하고, 이러한 성취로 인
해 "농촌조선에서 상공조선"으로 전환이 이루어졌으며, 이는 "반도경

---

53 노구치가 발전회사인 장진강 수력전기와 별도로 송전회사인 조선송전을 설립한 것에
대해, 몰로니는 회사를 따로 설립함으로써 거의 두 배의 세금을 내야했지만 노구치는
회사의 자율성 확보를 위해 이러한 선택을 하였다고 주장했다. 그렇지만 이는 1930년
대 조선의 전력통제정책을 잘못 이해한 데서 나온 오판이다. Molony, ibid., p.210.
54 오진석은 경성전기가 당초 전력통제정책 하에서도 계속 전기사업의 주도권을 유지할
수 있을 것이라는 기대로 식민정부 정책에 적극 협조해 왔는데, 새로 시작될 송전사업
에서 일본질소가 주도권을 쥐게 되고 경성전기의 위치가 축소되자 이에 대한 반발로
이러한 결정을 내린 것이라고 주장한 바 있다. 오진석, "한국근대 전기산업의 발전과
경성전기", 221~222쪽; 朝鮮電氣事業史編纂委員會, ibid., pp.316~317.
55 久保田豊(1937), ibid., pp.133~136.

제 전체에 중요한 기점"이 될 것이라고 역설했다.[56] 곧 이어 1937년에
는 평양에서 서울까지 200km 구간이 154kV급 송전선으로 연결되었
다. 이후 애초에 발전·송전망 계획에 포함된 몇몇 구간이 기업 채산
성 문제로 보류되긴 했지만 전국 682km의 고압 송전망은 전체적으로
순조롭게 완성되었다.[57]

한편 전력시스템의 말단을 이룰 배전회사들의 통폐합도 이뤄졌다.
공영화 운동에 대한 위기감으로 인해 이미 민간 전기회사들이 전력통
제정책의 필요성에 동의한 상태여서 이들 전기회사들의 통합은 강제
력에 의하지 않고도 순조롭게 진행되었다. 그 결과 1933년 이후 60개
가 넘던 군소 배전회사들은 4개의 지역으로 분할, 각 지역의 대기업을
중심으로 통합되어, 평양 개성 지역의 서선합동전기, 함경 지역의 북
선합동전기, 충청이남 지역의 남선합동전기, 서울 경기 지역의 경성
전기만 남게 되었다.[58]

3) 조선 전력망 체계의 완성: 1930년대 말 조선의 전력 산업

1935년 장진강 제1발전소가 대규모 발전을 시작하고 이를 고압 송
전망을 통해 평양으로 송전하고, 이를 공장으로 배전함으로써 애초
전력통제정책이 기획한 대강의 형태를 갖추게 되었다. 그렇다면 새로
운 전력시스템은 성공적으로 조선에 안착하였을까? 일단 1935년의
상황은 공급에 비해 수요가 너무 적을 것이라는 미쓰비시의 예상이

---
56 日本窒素肥料株式會社 編, ibid., p.293에서 인용.
57 op.cit., p.488; 朝鮮電氣事業史編纂委員會, ibid., pp.313~315; 朝鮮總督府遞信局, 「主
　要送電幹線」, 『電氣事業要覽』, 1937, 67~97쪽.
58 朝鮮電氣事業史編纂委員會, ibid., pp.83~102.

맞았다고 할 수 있겠다. 1935년 평양과 경성의 전력 사용량은 7만kW 정도로 장진강 발전소의 발전량에 비해서 매우 적은 양에 불과했다. 그러나 이러한 결과는 미쓰비시였다면 크게 문제가 됐겠지만, 흥남공 장이라는 대단위 전력 소비지를 가지고 있는 일본질소로서는 아무런 문제가 되지 않았다. 공공용으로 사용하지 못한 전기는 흥남공장에서 사용했다.

여분의 전력이 확보됨에 따라 전기부하율이 감소해 전력공급이 안 정화되는 한편 전기요금도 크게 낮아졌다. 전력상황이 좋아지자 자가 용 발전설비에 의존하던 대기업들이 자가 설비를 폐쇄하고 배전회사 로부터 전력을 공급받거나 발전소로부터 직접 송전 받는 방식으로 전환했다. 특히 식민정부는 이들 대기업들에게 싼 전기를 공급하기 위해 일본의 요금 제도를 본따 사용량에 따라 요금제에 차등을 두는 방식을 채택하였는데 전력 소비가 많은 대기업의 경우는 이를 대용량 전력(大口電力)으로 따로 분류해 직접 전기회사와 송전특약을 맺도록 했다. 이에 따라 대기업은 발전회사 혹은 배전회사와 직접 최소 소비 전력량을 약정하는 대신 싸게 전력을 공급받을 수 있었다.[59] 이렇듯 싼 전기요금에 힘입어 대용량 전력 수요가 비약적으로 늘어나면서 통제정책시행 직전 3만kW 정도이던 전력 사용량은 1937년 7월 12만 3000kW까지 가파르게 증가했다. 더욱이 싸고 안정적인 전력시스템 은 일본의 대기업을 조선으로 끌어들이는 매력적인 조건이 되었다. 일본으로부터 알루미늄, 마그네슘 등 전기화학 분야의 대기업들이 대 거 진출하여, 1932년에 14개뿐이던 조선의 중화학공업 업체는 36년

---

59 op.cit., pp.340~342.

에는 58개, 39년에는 83개까지 증가했다.[60]

1937년 조선전기사업회는 지난 시기 조선 전기산업의 역사를 개괄하는 『약진 – 조선전기사업의 현황』이라는 소책자를 펴냈다. 이들이 보기에, 이전 시기 조악했던 조선의 전기산업은 1930년대 전력통제정책과 대전원개발 사업을 거치면서 그야말로 "대약진"하여 오히려 일본의 전기산업보다 더 값싸고 안정된 전력시스템을 갖추게 되었다.[61] 조선총독부 관료들도 조선의 전력시스템의 안정성이 식민 본국인 "일본에 비해 결코 뒤지지 않으며", 총발전량이 아직 일본의 1/10 수준이지만 "발전소 규모면"에서만 따져본다면 "더욱 뛰어난 성과"를 거뒀다고 자부했다.[62] 이러한 성공적인 전력시스템 구축에 대한 조선총독부 관료들의 자신감은 일본정부의 '전력국가관리정책'을 조선총독부가 반대하고 나섰던 사건에서 잘 드러난다. 태평양 전쟁 이후 군수산업이 확장되면서 일본은 심각한 전력부족 문제에 시달렸다. 이에 일본정부는 전기산업에 대한 '국가관리'를 단행하고, 이러한 조치를 조선에까지 확대하고자 했다. 그러나 조선총독부는 "전력통제의 목적은 풍부하고 저렴한 전력을 원활하게 배급하는 데 있는데, 현재까지 조선은 매우 양호한 성과를 보이고 있으므로 일본과 같은 국책회사를 통한 발·송전 통제는 필요하지 않다"고 주장해 일본 정부의 전력 국가관리에 반대했다.[63]

---

60 이러한 경향은 1940년대 일본이 전시경제체제에 들어가면서 더욱 심화되었다. 허수열, 『개발 없는 개발』, 150~155쪽.

61 朝鮮電氣協會, 『朝鮮の電氣事業: 躍進途上にある朝鮮電氣事業の槪觀』, 1937.

62 加藤韓三, 「朝鮮に於ける發電水力發達の過程」, 朝鮮電氣協會, 『朝鮮の電氣事業を語る』, 1937, pp.193~198.

이렇듯 전력 통제정책이 큰 성과를 거두고 조선은 풍부한 전력자
원을 자랑했지만 한편으로 조선의 전국 전기보급률은 여전히 30%정
도에 머물러 있었다. 대도시인 부(府), 읍(邑) 단위의 전기보급률은 이
미 오래전 100%에 이르지만 면 단위의 전기화는 매우 느리게 진행되
어 1937년 당시 전국 2325개 면 중 773개 면에만 전기가 보급되었
다.[64] 또한 장진강 개발에 이어진 전원개발 사업이 허천강, 강계, 부녕,
한강 등 중부 이북 지방에 편중되어 진행되면서, 강릉, 낙동강 등 유
력 발전지점으로 거론되던 남쪽 지방의 전원개발 사업은 진행되지
못했다. 대신 남쪽 지방의 전력공급을 위해 1937년 10만7000kW의
발전량을 보유한 영월 화력발전소가 건설되었고 그 외 전남 지역 농
업용수 개량을 겸해 3210kW의 발전량을 갖춘 보성강수력발전소가
건설되었을 뿐이다.[65]

사실 이러한 결과는 일본질소가 전원개발을 주도하면서 어느 정도
예정된 결과였다. 일본질소의 발전소 건설 목적이 공공용 전기사업이
아니라 자신들의 공장에서 사용할 전력을 확보하는 데 있었던 만큼,
자신들의 공장이 위치한 흥남지방을 중심으로 대형 발전소를 건설했
다. 또한 이러한 결과는 식민정부의 전력정책이 대기업 중심의 공업
화라는 목표 아래서 시행된 때문이기도 하다. 이러한 목적에서 식민

---

63 朝鮮總督府遞信局電氣科, 『朝鮮の電氣事業』, 1938.8, 민족문화연구소 편, 『일제하 전
　시체제기 정책사료총서-산업통계자료』 제82권(한국학술정보, 2001), 4~19쪽, 조선에
　서는 태평양 전쟁이 막바지에 접어든 1942년 9월부터 전력국가관리가 시작되었다.
　이에 대해서는 朝鮮電氣事業史編纂委員會, ibid., pp.318~324 참고.
64 朝鮮總督府遞信局, "供給區域一覽表", 『電氣事業要覽』, 1937, p.25.
65 朝鮮電氣事業史編纂委員會, ibid., p.222.

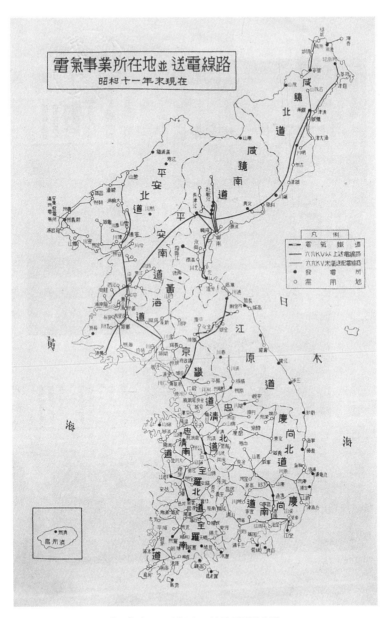

〈그림 3〉 1936년 말 조선의 전력시스템.
(출전: 朝鮮電氣協會 編, 『朝鮮の電氣事業: 躍進途上にある朝鮮電氣事業の槪觀』, p.17.)

정부는 무엇보다 새로운 공업요충지인 북쪽 지방에 안정적인 전기를 공급하는 것에 우선권을 두었다. 이 지점에서 식민정부와 일본질소의 이해관계는 정확히 일치했다. 재정상태가 취약해 직접 전원개발에 나설 수 없었던 식민정부는 앞선 기술을 축적한 일본질소의 발전소 건설을 지원함으로써 손쉽게 공공용 전원을 확보하는 대신 이들의 독점을 묵인해 주었던 것이다.

결국 1938년 장진강 발전소가 완공되고 전력통제정책의 목표대로 전기요금은 계속 인하되었지만, 전력통제정책이 입안되는데 힘을 보탠 시민들이 요구한 전기사업의 공공성 확보에서는 크게 멀어지게 되었다. 당초 시민들과 언론의 우려대로 식민정부는 대기업의 독점을 막을 수 없었고, 그로 인해 북쪽 공업지대는 싸고 풍족한 전기를 공급받을 수 있었지만, 남쪽 농업지대에는 전등조차 켤 수 없는 지역이 많았다.

4. 맺음말

식민지 조선의 전력산업은 1920년대 말에서 1930년대 말에 이르는 10년 동안 크게 달라져, 소규모 화력발전 중심의 '지역발전방식'에서 대규모 수력발전소와 고압 송전망을 갖춘 '전력망 체계'로 전환되었다. 이러한 조선의 전력시스템 전환 과정은 1차 대전을 전후하여 국가주도로 전력시스템이 전환된 미국과 유럽은 물론 발전·송전·배전을 모두 담당하는 대형 전기회사를 중심으로 전력산업이 전개된 식민 본국 일본과도 크게 달랐다.

조선 전력시스템의 전환 과정에서 나타나는 가장 큰 독특함은 전기회사가 아닌 전력다소비업체의 자가용 발전소 건설을 통해 변화의 계기가 마련되었다는 점일 것이다. 식민지 조선의 전력산업은 1920년대부터 고질적인 전기 부족과 전력 공급 불안정 문제에 시달렸고, 이에 전력산업의 근본적인 변화가 필요하다는 사회적 요구가 생겨나고 있었다. 하지만 지역독점권을 보장받고 있었던 전기회사들은 과감한 투자로 발전소를 새로 건설하기보다는, 각 지역의 전기 수요를 쫓아가며 조금씩 전기설비를 보완하는 소극적인 대처로 일관했다. 더군다나 식민지 조선의 전체 전력 수요를 훨씬 상회하는 대규모 수력발전소는 이들이 고려할 만한 대상이 아니었다. 결국 부전강 발전소는 이러한 식민지 조선의 전력산업 구조와는 완전히 동떨어진 맥락에서 등장했다. 기업의 확장을 위해, 전력다소비업체의 요구에 제대로 대응하지 못하는 일본의 전력시스템의 모멘텀을 극복해야했던 일본질소가 일본 대신 저개발 식민지 조선을 새로운 전원 생산지로 선택하고 대형 수력발전소 건설에 나섰던 것이다.

동양 최대 규모의 수력발전소가 식민지 조선에 등장했지만, 이는 일본질소의 자가용 발전소였을 뿐 조선 전력산업 성장의 직접적인 토대는 아니었다. 오히려 1930년대 전력난은 더욱 심각해졌는데, 전력망 체계로의 전환을 예고하는 식민정부의 전력통제정책이 다양한 집단의 이해관계를 조율하는 과정을 거쳐 최종 합의되었음에도 불구하고, 막대한 비용에 비해 수익이 불확실한 대규모 발전소를 누가 건설할 것인가라는 실질적인 문제에 부딪혀 현실화되지 못하고 있었다. 결국 답보 상태에 있던 전력시스템 전환은 식민정부가 전력산업계 외부로 눈을 돌려 전력다소비업체인 일본질소를 새로운 파트너로 끌어들임으로써 비로소 시작될 수 있었다. 부전강 발전소를 건설한 경험이 있을 뿐만 아니라 사업 확장을 위해 추가 발전소를 건설을 이미 고려하고 있었던 일본질소는 식민정부의 이상적인 파트너가 되었다. 일본질소와 식민정부의 협력의 산물인 장진강 발전소는 발전량의 절반은 기업용으로 사용하고 나머지는 공공용 전원으로 공급하는 매우 독특한 방식으로 운영되었으며, 고압 송전망 시설을 갖춘 발전소로서 새롭게 등장한 조선 전력망 체계의 중핵 역할을 하게 되었다.

기존 연구가 대규모 발전소 건설을 뒷받침한 전력통제정책과 그에 따른 양적 성장에만 초점을 맞추면서 놓쳐버린 조선 전력시스템 전환 과정의 독특함은 식민정부의 정책 변화 이면에 깔린 다양한 이해관계의 충돌 및 조정 과정을 분석하고, 이를 통해 당시 전력 산업이 직면한 문제의 복잡성을 드러내며, 이런 맥락에서 왜 일본질소가 대규모 발전소를 건설하게 되었는지를 파악할 때 온전하게 이해될 수 있다. 아울러 전력시스템 전환에 대한 비교사적 연구는 인공물, 무형의 기술, 다양한 이해당사자들로 구성된 기술시스템이 사회적·정치적·문화적 환경 차이에 따라 각기 독특한 형태로 진화할 수 있음을 보여주는 사례가 될 수 있을 것이다.

6장
제국의 실험실:
하이 모더니즘과 조선총독부의 전력정책

1. 머리말

앞선 장에서 1920~30년대 식민지 조선의 전력체계가 일본의 비료 사업체인 일본질소의 사업 확장 전략으로부터 추동되어 결국 소규모 지역배전 체계에서 대규모 전력망 체계로 전환되었음을 확인했다. 앞의 장에서는 무엇보다 식민지 시기 어떻게 일본에도 건설된바 없는 대규모 수력발전소와 고압 송전망이 식민지 조선에 건설될 수 있었는가라는 질문을 던지고 발전소 건설주체인 일본질소의 기업전략을 살펴봄으로써 기업용 발전소 건설에서 시작된 대규모 수력발전소 건설 사업이 공공 전력망 체계로 확장되는 과정을 추적해보았다. 일본질소는 일본에서는 구할 수 없었던 풍부한 전력을 식민지 조선에서 찾고 사세를 확장할 수 있었고, 조선사회는 풍부한 전력을 바탕으로 공업화의 토대를 마련할 수 있었다.

이 장에서는 같은 시기 식민지 조선의 전원개발 사업을 식민지 조선의 통치하는 정책주체로서 조선총독부의 입장에서 추적해본다. 전력기술의 도입과 확산은 식민지 통치에서도 중요한 의미를 가졌다.

무엇보다 사회기반시설의 구축 문제는 1930년대 조선총독부가 추진
한 공업화 정책의 가장 중요한 토대이기도 했다. 1930년대 조선총독
부의 공업화 정책을 보조하기 위한 전기통제정책, 그리고 이후 일본
이 중일전쟁, 태평양전쟁 등 전시경제에 들어가면서 시행한 군수공업
화와 그에 따른 전력국가관리 등 조선총독부의 전력정책과 공업정책
의 연관성은 이미 많은 연구자들에 의해 지적되어왔다. 이들 연구에
따르면, 조선총독부가 전기통제정책을 수립하면서 조선의 전력산업
은 소규모 화력발전에서 대규모 수력발전을 중심으로 빠르게 재편되
었다. 특히 조선총독부의 적극적 지원을 받은 일본질소가 대규모 수
력발전소 건설을 주도하면서, 조선의 전력생산은 양적으로 크게 팽창
했고, 조선총독부가 고압 송전망의 가설, 배전회사 통폐합 등 여러
조치를 취하면서, 식민지 조선의 전력시스템이 성립되었다는 것이다.

　그러나 이들 연구들은 식민지 시기 한반도에서 일어난 전력생산량
의 극적인 팽창에 치중한 나머지 식민지 시기 공업화의 주체와 전력
산업의 발달과정을 지나치게 단순화하는 한계를 보였다. 무엇보다 식
민지 조선에서 전기시스템의 토착화는 새로운 기술의 도입과 수용,
그리고 그 속에서 자라난 이해관계들이 충돌하며 만들어지는 끊임없
는 변용의 과정이었다. 이러한 측면에서 전기기술의 수용자이자 주체
적인 소비자로서 식민지 시기 시민들이 전개한 전기회사 공영화 운동
을 추적한 김제정의 연구와 1910~20년대 다양한 행위자가 참여하는
지난한 논의과정을 통해 1930년대 전력통제정책이 만들어질 수 있었
음을 보인 오진석의 최근 연구는 주목할 만하다.[1] 다만 1930년대 전력

1　김제정, 『일제식민지기 경성지역 전기사업과 부영화 운동』, 석사학위논문, 서울대학교

통제정책의 시행과 함께 급격히 추진된 대규모 수력발전소 체계로의 전환이 단순히 전력산업 규모의 성장에 따른 필연적인 귀결이 아닌, 언뜻 식민지 조선의 현실과 동떨어져 보이는 거대한 계획서를 바탕으로 이뤄진 적극적인 선택의 결과였다는 점에서 왜 그러한 선택이 이뤄졌는가, 그러한 정책선택이 이뤄지기까지 조선총독부를 비롯한 각 주체들은 어떤 역할을 했고, 어떤 구상으로 어떠한 자원들을 활용할 수 있었는지를 이해하려면 기술시스템의 특성을 포함하는 분석이 필요하다.

이 장에서는 1910년대 전력시스템의 도입 초기에서부터 1930년대에 새로운 전력시스템으로 전환하기까지 주요 정책입안자였던 조선총독부의 전력정책과 그 안에 투영된 기술적이고 사회적인 열망으로서 정책실험과 하이 모더니즘을 추적한다.[2] 특히 식민지 조선에서 전력시스템이 소규모 화력발전 중심의 지역배전시스템 형태로 성장하는 토대가 된 조선총독부의 전력정책, '1지역 1사업 원칙'이 일본에서

대학원, 1998; 오진석, 「1910~20년대 전력산업정책과 전력업계의 동향」, 『한국근현대사연구』 63, 한국근현대사학회, 2012, 106~138쪽.

2 19세기 말에서 20세기까지 권위주의 국가가 주도한 개발계획에 주된 이데올로기를 제공한 하이 모더니즘은 과학적, 기술적 진보에 대한 신념의 가장 강력한 형태로 자연과 사회를 행정적으로 질서화하고자 하는 열망으로 이해할 수 있다. 스콧에 따르면, 20세기 하이 모더니즘은 특히 관료적 지식인, 기술자, 계획가 그리고 공학자들을 매료시킨 최상의 이데올로기였는데, 그들이 '5개년계획'과 같은 형태로 내놓았던 여러 개발계획들은 자연과 자원에 대한 효율적인 배치와 배분을 의미할 뿐 아니라 미래에 대한 전략적 선택, 국가 건설과 사회 변혁이라는 거대한 과업을 의미했다. 특히 스콧은 하이 모더니즘이 인간의 환경을 개선하기 위해서 사회생활의 모든 측면에 대한 포괄적이고 합리적인 공학을 계획한 만큼 그 목적을 실현하기 위해 종종 권위주의적 국가의 힘이 종종 통제되지 않은 채 사용됐음을 지적했다. 제임스 C. 스콧, 전상인 역, 『국가처럼 보기-왜 국가는 계획에 실패 하는가』, 에코리브르, 2010, 145~165쪽.

는 시행된 바 없는 실험이었으며, 1930년대 식민지 조선의 낙후한 전력시스템을 대규모 수력발전 중심으로 전환할 것을 기획한 전원개발계획, '초전력연계'가 일본에서는 시도된 바 없는 거대한 개발 계획이었다는 점에 주목한다. 즉 조선총독부와 식민지 기술관료들은 왜 일본의 선진기술 혹은 일본 사회에서 검증한 정제된 기술정책을 식민지 조선에서 이전하는 대신 일본과 다른 전력 정책실험을 하고 나아가 식민지 조선 사회 전체의 변화를 추동할 거대한 전원개발계획을 입안하려 했는가라는 질문에서 출발해 그러한 정책과 개발계획이 입안되고 기획된 배경을 살펴봄으로써 식민통치자들이 식민지 개발에 대해 가졌던 인식과 이상, 그리고 개발의 실체를 확인하고자 한다. 그들은 '미개발 상태'인 식민지를 산업국가로서 일본사회가 겪고 있는 혼란과 갈등을 해소하기 위한 실험실로 여겼고, 나아가 기술적 이상을 실현함으로써 새로운 사회의 모범을 창출하려 했다. 그러나 식민지 조선은 '백지'가 아니었고, 식민지 기술관료들이 추구했던 하이 모더니즘은 예상치 못한 방향으로 변형될 수밖에 없었다. 이러한 변형의 과정은 그간 식민지 시기를 둘러싼 근대화 논쟁이 주로 근대화 성과에 치중해 식민지 시기 과연 일제에 의해 근대 산업화가 이뤄졌는가 혹은 유의미한 경제발전이 있었는가 등 좁은 범위에 질문을 답하기 위해 노력해왔던 데서 벗어나 다양한 욕망을 가진 다층적 주체들이 각기 다른 근대의 구상을 관철하기 위한 노력을 경주하는 가운데 만들어진 식민지 근대의 한 단면을 보여줄 수 있을 것이다.

2. 1910년대 전기산업 도입과 조선총독부의 전력 정책 실험

식민지 시기 본격적인 성장을 시작한 전기산업은 조선총독부가 초기부터 전기정책으로 표방한 '1지역 1사업 원칙'에 따라 소규모 화력발전을 기반으로 각 지방별로, 발전에서부터 옥내배전, 전기설비에 이르기까지 모든 사항을 총괄하는 독점기업을 중심으로 전개되었다.[3] 조선총독부는 일제강점이 시작된 바로 이듬해 3월 조선총독부령(제24호)으로 '전기취제규칙'을 발표했다. 이 규칙은 1911년 개정된 일본의 '전기사업령'을 기초로 작성되었지만 일본과 달리 지역독점권을 인정하는 '1지역 1사업 원칙'과 전기요금변경에 대한 '허가제'를 기본 원칙으로 하였는데, 전자의 조치는 아직 초기 상태에 있는 조선의 전기산업을 지역별로 나누어 육성하는 한편 전기사업자들의 투자가 수익이 큰 지역에만 몰리는 일을 막기 위한 것이었고, 후자는 이들 독점기업을 견제하기 위한 것으로 전체적으로 전기사업자의 권한을 축소해 조선총독부의 감독 권한을 강화하고자 한 것이었다.

조선총독부가 전기사업자들에게 파격이라고 할 수 있는 독점사업권까지 부여하는 정책실험을 단행한 까닭은 전기사업자들 간의 과다경쟁이 당시 일본 사회의 전력공급 불안정 사태를 초래했다고 진단했기 때문이었다. 화석연료가 부족한 일본은 초기부터 수력발전소와 원거리 송전망을 토대로 전력시스템이 구축됐는데, 자유로운 경쟁 분위기에서 개발 전망이 좋은 하나의 수계에 여러 전기회사들이 앞 다퉈

---

3 1910~20년대 전기산업 전반에 관해서는 오진석(2012), 앞의 논문, 108~132쪽을 참고하라.

댐을 건설하다보니 그 규모가 크지 못했다. 또한 초기발전소 건설비용이 큰 전기사업의 특성상 전기회사들은 공급지로 투자회수가 용이한 대도시를 선호해 대도시는 여러 전기회사들이 동시에 송전망을 가설하는 등 중복투자가 심각했던 반면, 소도시들은 여전히 전기 공급이 이뤄지지 못했다. 결국 이러한 과다경쟁은 전력시스템의 성장을 가로막았는데, 이미 대규모 발전시스템을 갖춰가기 시작한 유럽에 비해 일본의 전기요금은 비쌌고, 전력공급 부족으로 전력불안정도 심화되었다. 이러한 탓에 전기를 중요 생산 기반으로 사용하는 금속, 야금, 비료 등 신생산업이 일본에 도입되는 과정에서 다수의 자가용 발전소들도 함께 건설되었는데, 효율이 좋지 않아 사회적 낭비를 초래했다.[4]

결국 초기 전기사업자들에게 지역독점권을 보장하는 조선총독부의 전기정책은 미국, 일본 등 선진국에서 발생한 바 있는 초기 전기사업자들의 과잉경쟁과 그에 따른 과다출혈을 제도적으로 봉쇄해, 식민지 조선의 전기사업이 불필요한 과정 없이 빠르게 성장할 수 있는 기반을 조성하기 위한 것이었다.[5] 이렇듯 지역독점을 바탕으로 성장하다 보니, 각 지방의 제반조건에 따라 전기회사들의 규모와 설비가 크게 달라졌다. 경성, 부산, 인천, 평양 등 대도시에는 일본뿐 아니라 미국, 독일 등에서 들어온 거대 자본이 대형전기회사를 설립해 전등,

---

4 일본의 전력생산은 수력이 70% 이상 차지했고, 그 규모는 크지 않아 1940년대까지도 평균 6000kW정도로 중소 발전소가 주를 이뤘다. 일본의 비싸고 불안정한 전력공급 상황을 야기한 과다경쟁과 중복투자는 쉽게 해결되지 못했는데, 1920년대 중반 소위 '전력전쟁'을 겪고 난후 5개 대기업이 중소업체들을 통폐합하는 조치가 취해지기도 했다. 小竹節一, 『電力百年史』, 東京: 政經社, 1980, p.346, pp.315~324.

5 미국의 사례는 다음의 책에서 확인할 수 있다. Horold L. Platt, *The Electric city: Energy and the Growth of Chicago Area, 1880~1930*, The University of Chicago Press, 1991.

전차, 동력 등 다각적인 전기 사업을 벌였다. 이에 반해 지방 중소도
시에는 소규모 자본이 투자되어 겨우 지역의 전등 수요를 충당할 규
모의 전기회사가 설립됐다.[6]

'1지역 1사업' 원칙 아래 몇몇 독점기업들이 지역을 분할해가면서
서서히 성장했던 조선의 전기산업은 1910년대 후반에 이르러 큰 변
화에 직면했다. 제1차 세계대전으로 야기된 세계 경기의 유례없는 호
황이 조선 전기산업의 제반 여건에도 직접적인 영향을 미쳤던 것이
다. 먼저 전등 수요가 크게 증가했다. 1918년에 26.5%에 불과했던 서
울의 전등보급률은 19년에는 34.4%, 20년에는 44.1%에 이르렀다.[7] 이
후에도 전등은 빠르게 보급되어 적어도 대도시 중산층에게 전등은
더 이상 사치품이 아니라 생활필수품으로 여겨지게 되었다. 또한 경
성, 평양 등 대도시에서는 전동기 사용이 크게 늘었다. 직조기, 제분
기, 윤전기 등 일찍부터 동력기계 도입에 적극적이었던 방직업, 정미
업, 인쇄업은 물론, 이 시기 많은 공장들이 동력원을 석유 발동기에서
전기 동력기로 교체했다. 그 결과 1910년대 말이 되면 전력이 일반적
인 에너지원으로 자리 잡게 되었다.[8]

6　지역별로 발전량의 차이가 컸는데, 경성전기가 4000kW, 부산의 조선와사전기가
　　850kW, 평양전기가 500kW급 발전기를 운용했지만, 1920년 현재 21개 중 9개 전기회
　　사가 100kW에 못 미치는 발전력을 보유하고 있었다. 朝鮮總督府, 『朝鮮總督府 統計年
　　報』, 1920, pp.40~41.
7　물론 이러한 전기보급확대는 계층별·지역별 불균등을 수반한 채로 진행되었다. 1920년
　　당시 서울에 거주하는 일본인 가정의 전등보급률은 98.8%에 달했던 반면, 조선인 가정
　　의 경우는 27.4%에 불과했다. 전국적으로는 1915년에 0.6%였던 전등보급률이 1920년
　　에 2%로 증가했고 여전히 전기가 보급되지 않는 지역들이 많아서 아직 전등의 전국
　　보급률은 매우 미미한 수준이었다. 朝鮮總督府 遞信局, 『電氣事業要覽』, 각년도판.
8　배성준, 「일제하 경성지역 공업 연구」, 박사학위논문, 서울대학교 대학원, 1998, 34~

그렇지만 이런 경기 호황이 곧바로 조선 전기산업의 발전을 가져오지는 않았다. 오히려 산업기반이 미비한 가운데 맞이한 경기 호황은 이제 막 시작된 조선의 여러 산업에 큰 부담을 안겨주었다. 전기사업도 마찬가지 문제에 직면했다. 우선 발전용 연료를 확보하는 데 큰 어려움이 생겼다. 1910년대 말 석탄 가격이 폭등했고, 만주에서 조선으로 유입되는 석탄의 양이 크게 감소해 물량확보가 어려워지기까지 했다. 전적으로 화력발전에 의존하던 상황에서 석탄가격의 인상은 그대로 발전비용의 상승으로 이어졌고, 이에 많은 수의 전기회사들이 경영상의 어려움을 겪었다. 또한 이 시기 전기사업자들은 대도시의 전등 및 공업용 동력수요의 증가에 제대로 대처하지 못했다. 물자가 귀해지고 그 가격이 상승함에 따라 발전설비를 비롯한 전기 관련 기자재를 입수하기가 어려워졌다. 따라서 때맞춰 발전설비를 증설·보수하지 못한 전기회사들은 수요가 늘어나는데도 설비부족으로 전기공급을 늘릴 수 없었다. 발전설비에 과부하가 걸리는 일이 빈번해졌고 그 결과 전력공급 자체가 불안정해지는 문제로까지 번져갔다.[9]

전기사업자들은 회사의 경영수지가 악화되자 총독부에 전기요금 인상을 강력하게 요구했다. 전기회사들은 현재의 요금으로는 석탄 가격 인상에 따른 손실을 막을 수 없으며, 더 나아가 발전설비를 증설하여 늘어난 전력수요에 대처하기 위해서라도 전기요금의 인상이 불가피하다고 주장했다. 이에 조선총독부는 전기업계의 다급한 상황을 해

37쪽.

9 佐久間權次郎, 「財界好況時代に於ける物價勞銀の暴騰と機械不足の苦難に直面して」, 朝鮮電氣協會 編, 『朝鮮の電氣事業を語る』, 京城, 1937. pp.41~50.

결한다는 명목으로 전기요금 인상을 허가했다.[10] 하지만 전기요금 인
상은 전력 불안정 문제에 대한 미봉책일 뿐이었다. 요금 인상을 통해
전기회사들의 경영 여건이 나아지긴 했지만 불안한 전력수급 상황은
짧은 시간에 개선될 수 있는 문제가 아니었다. 전기사용량이 계속 증
가함에 따라 전력공급 불안에 대한 불만이 서울과 평양의 상공업자들
을 중심으로 퍼져나갔고, 보다 근본적인 대책이 필요하다는 인식이
널리 확산되었다. 조선총독부도 이에 대한 인식을 같이 하였지만 당
장 뾰족한 대책을 내지는 못했다.

이에 전력을 많이 소비하는 일부 대기업들은 나름의 자구책을 강
구하기도 했다. 전기회사로부터 비싸고 불안정한 전기를 공급받는 대
신 자가용 발전설비를 설치하는 기업들이 많아졌는데, 이에 따라
1918년까지 5000kW이하이던 자가용 발전 설비는 1919년을 거치면
서 1만5000kW로 3배 이상 증가했다.[11] 그러나 자가용 발전시설은 설
치하는 데 많은 비용이 들어 중소 공장에서는 엄두를 낼 수 없었고,
발전 시설을 갖춘다 해도 가스나 중유를 발전원료로 한 소규모 발전
기관인 경우가 많아 효율이 그다지 높지 못했다. 결국 조선총독부의
실험적 전력정책, 1지역 1사업 원칙도 이미 일본이 겪고 있던 문제,
자가용 발전소라는 사회적 낭비를 막을 수는 없었던 것이다.

더욱이 1차 대전에 의한 호황이 지나가고 곧 찾아온 반동공황은
전력공급을 더욱 불안정하게 만들었다. 장기불황이 1920년대 내내

10 이에 따라 10촉광에 95전이던 경성의 전기요금은 1원으로 인상되었고, 1원이던 부산
과 평양의 전기요금은 각각 1원5전과 1원10전으로 인상되었다. 朝鮮電氣協會 編,『朝
鮮の電氣事業: 躍進途上にある朝鮮電氣事業の槪觀』, 京城, 1937, p.14.
11 朝鮮總督府 遞信局,「自家用 發電設備」,『電氣事業要覽』, 1918, 1919.

지속되며 공급 불안정은 쉽게 개선되지 못했지만 오히려 이시기 전기
사업자들은 어느 때 보다 큰 수익을 거뒀다. 일단 전기수요는 그 특성
상 한번 늘어나면 쉽게 줄어들지 않기 때문에 호황의 여파로 늘어난
전등과 공장용 전력수요는 불황의 와중에도 계속 증가했다. 특히 조
선총독부가 1920년 '회사령'을 폐지해 회사설립이 쉬워지면서 대도
시뿐만 아니라 중소도시에서도 많은 수의 공장들이 생겨났고, 공장용
전력수요는 더욱 빠르게 증가했다.[12] 또한 불황으로 인한 석탄 및 기
계류 가격인하, 임금하락 등도 전기사업자들에게 유리한 여건을 마련
해 주었다. 즉 전력부족이 사회적 문제로 대두되는 사이 전기회사들
은 비교적 적은 투자로 낡은 설비를 수리하고 약간의 발전설비를 충
원해 늘어나는 전력수요에 대응하는 정도만으로 고수익을 올렸던 것
이다. 이러한 사실은 1920년대 중반 상공업 전반의 불황 속에서도 전
기회사들의 평균 주식 배당률이 10%를 상회했다는 점에서 쉽게 확인
할 수 있다.[13] 이렇듯 전기사업자들은 고수익을 올렸지만, 많은 자본
이 필요한 새로운 발전소 건립에는 소극적이었다. 경성 지역 독점 사
업자였던 조선 최대의 전기회사 경성전기도 수력발전소를 건설하겠
다는 계획을 몇 차례 발표했으나 실제 실행하지는 않았다.[14]

---

12 1921년 4395kW에 불과했던 전기사용량은 1929년 1만9929kW까지 가파르게 증가했
    다. 또한 1926년부터는 공업용 전력 사용량이 전등 사용량을 넘어서기 시작했다. 朝鮮
    總督府 遞信局, 「電動力異年比較圖」, 『電氣事業要覽』, 1931. (1마력은 745kW로 환산.)
13 朝鮮總督府 遞信局, 『電氣事業要覽』, 1924, 1925, 1926, 1927, 1928.
14 1910년대 말 석탄가격이 폭등으로 화력발전의 생산원가가 상승하자 경성전기는 장기
    전망으로 수력발전소 건설 계획을 수립했다. 북한강 청평천에 12000kW급 댐을 건설
    한다는 구체적인 안까지 제출됐으나 1921년 재계 불황을 이유로 돌연 중단하고 우선
    3000kW급 발전설비를 증설했다. 이후 석탄가격이 안정되자 수력발전소 대신 당인리
    에 화력발전소를 건설하는 것으로 계획을 변경했다가 결국 발전소 건설 계획을 폐기했

　이렇듯 지역독점권이 초기 전기사업자들을 보호, 육성하는 기능보다 점차 그들의 배타적인 기득권을 비호하는 역할을 하고 있음에도 조선총독부가 어떤 정책적 조치도 내놓지 못한 사이 전력시스템 변환의 계기가 기존 전력산업 외부에서 생겨났다. 1925년 금강산 중대리에 전기철도 가설을 위한 설비의 일부로 7000kW급 중대리 발전소가 등장한 것이다. 중대리 수력발전소는 크게 두 가지 지점에서 인식의 전환점을 제공했다. 첫 번째는 유역변경식이라는 새로운 건설방식의 도입으로 기존 수로식 댐 건설방식으로는 수력발전의 경제성이 없다고 판단된 식민지 조선이 오히려 일본보다 대규모 수력발전에 적합한 지역으로 탈바꿈한 것이다. 조선총독부는 중대리에 유역변경식 발전소를 건설하겠다는 설계도가 제출된 것을 계기로 1922년부터 제2차 수력자원조사사업을 시작했고, 1929년 전국 150여 개 지점에서 294만kW의 전력이 생산가능하다는 결론을 내놓았다.[15] 두 번째는 금강산 전기철도가 철도 운행에 사용하고 남는 전기를 경성 등지의 일반 소비자에게 판매하고자 하면서 조선총독부의 1지역 1사업 원칙에 균열이 생겼다는 것이다. 이때 조선총독부는 금강산전기철도에게 전기를 직접 공급하는 대신 경성지역의 독점사업자인 경성전기와 전력판매

다. 청평천 발전소 건설에 관한 기사는 『동아일보』, 1920.5.25; 8.26; 1921.7.30 참고, 청평천 발전소 건설계획을 철회하고 제2 화력발전소를 건설하기로 한 것에 관한 기사는 같은 신문, 1922.7.17; 1923.3.28; 10.17 참고, 금강산 전기 철도의 중대리 발전소 건설이후 모든 발전소 건설 계획 중지 결정에 대해서는 같은 신문, 1923.11.23; 1924.12.14.; 『조선일보』, 1923.8.26.; 10.17.

15 체신국 담당자들은 수력뿐 아니라 조력발전도 개발할 수 있으며 그렇게 되면 엄청난 발전량을 보유할 수 있으리라는 낙관적인 전망까지 내놓았다. 朝鮮總督府 遞信局, 『朝鮮水力調査書』, 京城, 1930.

계약을 체결하도록 하고 발전회사로 그 역할을 한정함으로써 1지역 1사업 원칙을 고수할 수 있었지만, 장기적으로 전기사업에 대한 새로운 법규가 필요하다는 인식은 피할 수 없었다.[16]

다른 한편에서는 불안정한 전력공급에 대한 시민들의 불만은 구체적인 행동으로 표출되기 시작했다. 초기 주로 대도시 상공업자들이 전력산업에 대한 문제를 제기했다면, 일반시민들까지 그러한 흐름에 동참해 평양, 부산, 경성에서는 민중쟁의까지 벌어진 것이다. 이들은 전기회사들이 매년 10% 이상의 높은 주식 배당률을 유지하면서도 시설투자는 하지 않은 채 "낡아빠진 변압기로 전기요금만 비싸게 받아 폭리를 취하"고 있다고 성토했고, 나아가 잦은 정전과 비싼 요금의 문제를 근본적으로 해결하기 위해 전기회사를 공영화해야 한다는 주장까지 나왔다.[17] 그리고 실제 평양 미분탄 발전소 완공으로 전기요금 인하 요인이 충분한데도 비싼 요금을 고수하는 평양전기를 시민들의 운동으로 공영화하는데 성공했다.[18] 특히 평양전기 공영화 이후 전기 요금이 낮아졌을 뿐 아니라 인수자금으로 발행한 사채를 조기상환하고도 이익금이 남아 평양부의 재정까지 확충했다는 경영수지 개선 효과까지 알려지며 독점기업에 의존한 식민지 조선의 전력산업을 개

---

16 오진석에 따르면, 초기 경성전기는 금강산전기철도의 경성지역 전력공급에 반발했으나 곧 전기가 부족한 상황에서 발전소를 새로 짓는 것보다 금강산 전기로부터 싼 전력을 공급받는 것이 더 저렴하다고 판단으로 전력수급계약에 동의했다. 오진석(2006), 앞의 논문, 144~145쪽.

17 「낡아빠진 변압기로 전기요금만 비싸게 받아 폭리」, 『조선일보』, 1926.2.8

18 橫田虎之助, 「電氣料金の値下け問題より急傳して電氣公營が實現するまで料金不拂と消燈同盟に苦しめられた平壤の電氣事業」, 朝鮮電氣協會 編, 『朝鮮の電氣事業を語る』, pp.91~102.

혁해야 한다는 주장이 큰 힘을 얻었다.[19]

1920년대 중반 이후 전력산업을 둘러싼 여러 상황이 사회문제로까지 번지고 있었지만, 조선총독부의 새로운 전력 정책 마련의 노력은 번번이 좌절되었다. 조선총독부는 기존 '1지역 1사업 원칙'과 전기요금 허가제라는 한 쌍의 정책을 고수한 채 새로운 정책을 수립하고자 했는데, 무엇보다 향후 식민지 조선의 전력산업을 대규모 전력시스템으로 전환하려면 일본의 대규모 투자가 필요하고 이를 위해서는 일본보다 유리한 사업 조건, 즉 1지역 1사업 원칙 같은 정책적 배려가 있어야 한다고 보았기 때문이었다.[20] 그러나 이 부분에서 조선총독부는 이미 식민지 조선의 전력산업이 초기 기술 도입 단계를 지나왔다는 점을 간과했다. 여전히 전국각지 농어촌까지 포함하면 전기보급률은 매우 낮은 수준이었지만, 다수의 전기사업자들이 조선총독부의 '1지역 1사업 원칙' 아래서 주요 도시들을 선점하고 지역의 전등 수요 정도를 충당하며 고수익을 올리며 성장하고 있었던 것이다. 이들은 같

---

19 이후 평양부 전기에서는 전력량을 8500kW에서 1만2500kW로 증설했다. 『조선일보』, 1929.12.22. 평양부의 공영화 결정에 자극을 받은 부산의 전기요금 인하운동도 공영화 운동으로 전환되었고, 부 당국의 적극적인 호응으로 부영화안이 결정되었다. 비록 부산의 공영화 추진은 일본정부의 긴축 재정으로 지방채 발행이 금지됨에 따라 무산되고 말았지만, 그 가능성에 대한 타진은 이후에도 계속되었다. 이 밖에도 대구, 신의주, 천안, 김천 등 많은 도시에서 전기회사를 공영화하려는 시도가 계속되었다. 당시 신문을 보면 전국 각지에서 공영화 운동의 흐름이 제기되고 있었음을 확인할 수 있다. 부산 부영화운동은 『조선일보』, 1928.9.23; 12.26; 12.29; 신의주는 같은 신문, 1929.3. 27; 대구는 같은 신문, 1929.6.18; 6.19; 김천, 같은 신문, 7.6; 7.15; 진주, 같은 신문, 1930.1.16; 예산, 같은 신문, 1.17; 서울, 같은 신문, 2.16; 2.17, 등을 참조할 것.
20 오진석은 번번이 법령제정에 실패했지만, 식민지 조선의 전력산업은 행정지도를 통해 일본보다 엄격한 규제 상태에 있었다고 지적하며, 이를 총독부의 '관치주의적 특성'을 잘 보여주는 사례로 제시했다. 오진석(2012), 앞의 논문, 131~133쪽.

은 지역에 경쟁자가 없었던 만큼 적은 투자로 전기사업을 시작해 지역의 전기수요가 늘어나도 굳이 발전소를 짓는 등 투자를 할 필요 없이 수익률을 최대로 끌어올릴 수 있었고, 지역의 부족한 전력수요를 충당하고자 새로운 투자자가 진출하려고 해도 지역독점권을 통해 방어할 수 있었다. 동시에 아직 전기사업자가 진출하지 않은 지역들은 아직 전기수요가 없는 상태라 구체적인 전력소화 계획도 없이 대자본에 의한 대규모 발전소 건설 계획이 수립되기란 어려웠다. 이에 따라 1932년 새로운 전기통제정책이 시행될 때까지 전기사업자는 전국 63개 업체까지 증가했지만, 대부분 중소규모에 불과해 전력공급은 그만큼 증가하지 못했다.[21] 나아가 전기사업자들은 전기산업이 공공재 성격을 가지는 만큼 산업을 보호하는 지역독점권은 당연히 필요하지만, 전기요금체계는 제반 경제 상황에 따라 변경이 가능하도록 신고제로 전환해야 한다고 강력히 주장했다.[22]

결국 조선총독부의 첫 번째 전력 정책실험, 1지역 1사업 원칙은 초기 전기사업자들의 육성에는 기여했으나 조선총독부가 변화하는 식민지 조선의 경제 상황과 전력공급 현황에 기민하게 대응하지 못함에 따라 다음 단계로 진입하지 못하고 실패로 끝나고 말았다. 이제

---

21 당시 전기회사는 2000등 정도만 확보하면 수익을 보장받을 수 있었다고 한다. 1920년대 설립된 지방 전기회사들의 발전량은 천안전기(1923년 설립, 530kW), 웅기전기(1923년 설립, 450kW)를 제외하면 모두 200kW 이하였고, 그중 반 이상이 100kW이하의 발전설비만을 갖췄다. 朝鮮總督府, 『統計年報』, 1930, pp.216~219; 樋口虎三, 「歐洲大戰後の物價の騰貴に惱まされつつ事業經營難を突破して」, 朝鮮電氣協會 編, 『朝鮮の電氣事業を語る』, pp.31~40.

22 高崎齊, 「電氣事業監督の重要性及び複雜化」, 朝鮮電氣協會 編, 『朝鮮の電氣事業を語る』, pp.119~124; 「歐米に於ける電氣事業の趨勢」, 『朝鮮』 89, 1922. 8, pp.58~64.

1지역 1사업 원칙은 식민지 조선의 전력산업 성장을 가로막는 주요 원인 중 하나가 되었을 뿐 아니라 조선총독부는 그러한 원칙 아래서 성장한 독점기업들의 폐단을 제어하는 데도 실패하고 말았다.

한편 낙후한 전력시스템이 여전히 삐걱거리며 유지되는 가운데 15만kW의 발전량을 가진 최신 설비의 부전강 발전소가 1926년 착공되었다. 일본질소가 건설한 부전강 발전소는 발전량이 당시 조선 전체 발전량의 8배였다는 사실에서 확인할 수 있듯이 당시 조선의 전력시스템과는 완전히 이질적인 것이었다. 게다가 부전강 발전소는 일본질소의 자가용 발전소로 식민지 조선의 불안정한 전력상황을 해소하는 데는 아무런 도움을 주지 못했다. 부전강 발전소는 낙후한 식민지 조선의 전력시스템과는 상관없이 거대한 섬처럼 존재했다.

3. 식민지 기술관료들의 조선개발 인식과 종합 개발계획서, '초전력연계'

식민지 조선의 전력시스템에 대한 개선의 목소리가 높았지만, 여전히 유의미한 변화는 만들어지지 못했다. 사실상 식민지 조선의 전기사업 전반을 지역독점기업에게 맡겨두고 있던 조선총독부는 이러한 상황에서도 전력 불안정을 방치하고 있는 그들에게 자정 노력을 촉구하는 수밖에 없었다. 조선총독부 체신국장이던 야마모토 히죠우(山本犀藏)는 언론 기고를 통해 공개적으로 전력공급 상황 악화로 대기업 중에는 자가용 발전소를 설치하는 일이 잦은데, 이는 다른 사업 투자에 사용될 비용을 낭비하는 일일 뿐 아니라 효율도 좋지 않아 식민지 조선의 전력산업에 아무런 도움이 되지 못한다고 지적하며, 이러한 문제를 해소하기 위해 전기사업자들이 보다 적극적으로 나서 줄 것을 당부하기도 했다. 그는 전기사업이 사회 전체를 위한 일종의 공적 서비스임을 강조했다.[23]

무엇보다 식민지 조선의 전력 불안정 문제를 해소하기 위해서는 조선총독부 스스로 새로운 정책을 입안하고, 그에 입각해 전력산업 전반을 조율, 통제, 육성할 수 있어야 했다. 이러한 문제의식은 1927년 1월부터 1년간 유럽 각지의 대규모 발전소와 송전설비들을 둘러보고 돌아온 체신국 기술관료들의 해외시찰을 통해서도 확인되었는데, 그들은 대규모 발전과 고압 송전이 잘 조화된 전력시스템을 구축하는 것만이 당면 전력문제에 대한 근본적인 해결책이며, 이를 위해 당국의 적절한 통제가 필요함을 강조했다.[24] 이에 조선총독부는 식민정부가 직접 나서 식민지 조선의 새로운 전력시스템을 설계하기로 하고 그 적임자로 일본 철도성 전기과장을 지내 전력망 설계 경험이 풍부한 요시하라 시게지(吉原重成)를 체신국 촉탁에 임명해 식민지 조선의 전원개발계획에 대한 전권을 부여했다.

이에 요시하라는 1928년부터 30년까지 2년여의 시간을 소요해 발전에서부터 송전, 배전은 물론, 전력 산업 구조까지 포함하는 식민지 조선의 전력시스템 전체에 대한 종합개발계획을 수립했다. 일본의 고위 기술관료로서 일찍이 유럽 각국의 전력산업을 둘러볼 경험을 가진 요시하라는 1차 대전을 전후로 소규모 전력시스템에서 대규모 발전

---

23 山本犀藏, 「電氣事業者に望む」, 『朝鮮電氣協會會報』 17-3, 1928. 8, pp.9~11.
24 Ibid, pp.11~16.

소 및 원거리 송전망으로 구성된 전력시스템으로 전환한 독일, 스웨덴 등 유럽 선진국들이 풍족한 전기 공급에 힘입어 대규모 공장지대를 설립하고, 전기철도로 사회를 유기적으로 연결했을 뿐 아니라 농어촌에까지 전기 공급을 확대하는 등 사회 전체의 질적인 성장을 이뤘음에 주목했다. 즉 그는 합리적인 개발계획에 토대한 전원개발이 사회 전체의 변화를 추동할 수 있다고 보았는데, 특히 그는 스웨덴의 국가전력망체계(grid system)에 큰 관심을 표명했다. 1차 대전 중 스웨덴이 급격한 산업도약을 이룬 밑바탕에는 잘 갖추어진 수력발전소와 유기적으로 연결된 송전망 체계가 있었던 것이다. 무엇보다 요시하라는 그러한 스웨덴의 국가전력망체계가 국가의 적절한 통제와 감독을 통해 만들어졌다는 점을 강조했는데, 이는 적절한 통제 없이 눈앞에 이익만을 추구해 과다경쟁과 중복투자로 여전히 중소규모 발전소가 대종을 이루는 일본의 전력산업과 대비를 이뤘다.[25]

요시하라의 종합 전원개발계획서, '초전력연계(超電力聯系)'에 따르면, 향후 20~30년 동안 식민지 조선은 발전량을 220만kW까지 끌어올릴 것인데, 식민지 조선의 전력수요가 급격한 증가 추세에 있었다 해도 1930년 당시 전력판매량이 겨우 2만kW에 불과한 상황에서 실로 장대한 계획이었다. 이렇듯 100배가 넘는 성장을 기획한 요시하라의 계획서에는 분명 비합리적으로 보이는 요소들이 있었다. 이에 대해서는 요시하라도 당시 서유럽과 북미 지역의 기술관료들을 매료시켰던 하이 모더니즘에 영향을 받았을 것으로 볼 수 있다. 대표적인 하이

---

25 吉原重成, 「朝鮮に於ける電氣政策の確立に就て」, 『朝鮮電氣協會會報』 17-3, 1928.8, pp.1~9.

모더니즘 연구자 제임스 스콧(James C. Scott)은 하이 모더니즘의 실행
에 가장 잘 부합하는 사례로 제1차 세계대전 당시 독일의 전기 및
물자 지원을 책임졌던 발터 라테나우(Walther Rathenau)를 꼽았는데,
그에 따르면, 전시체제를 유지하는 핵심은 모든 사적 이익을 배제하
고 국가 주도의 철두철미한 계획에 따라 물자를 가장 효율적으로 보
급하는 것이었다.[26] 이러한 독일의 하이 모더니즘은 요시하라가 유럽
을 시찰하며 직접 보고 경험한 것이기도 했는데, '초전력연계'에서 요
시하라가 제시한 "자원을 효율적으로 배분해 산업과 밀접하게 연계
된 전력시스템을 마련"하고 "각 요충지에 대규모 발전소를 건설하여
풍부한 전력을 확보하는 한편, 이를 수요지로 보내는 고압송전 간선
을 적절하게 배치하여 가장 효율적인 전력망 시스템을 구축"한다는
일련의 원칙들은 발터 라테나우가 전쟁 물자를 배치한 방법과 정확하
게 일치했다.[27]

　이때 요시하라는 일본에서라면 생각하기 어려운, 식민지 조선이기
때문에 가능한 자원들을 최대한 동원해 개발계획을 수립해 나갔다.
우선 일본의 자연환경이 고작 중·소규모의 수력발전에 적합했다면,

---

26 발터 라테나우(Walther Rathenau, 1867~1922)는 자신의 아버지가 창립한 독일의 대
　　규모 전기회사 A.E.G의 사장이자 산업공학자로 전쟁 중에는 전시물자지원국의 운영
　　을 책임졌다. 이후에는 공화국이 설립된 이후에는 부흥장관과 외교장관을 역임하기도
　　했다.
27 제임스 스콧, 앞의 책, 158~162쪽. 1930년대 조선총독부 토목 기술관료들의 조선 개발
　　인식을 연구한 고태우에 의하면, 근대 과학 교육을 받고 전문가로서 실무 경험을 쌓은
　　식민지 기술관료들은 자신들이 미개발 상태의 식민지를 합리적으로 개발하고 있다는
　　자긍심이 강했고, 식민지 조선에서 일본에서는 불가능한 거대한 개발, '하이 모더니즘'
　　을 실현하고자 하는 열망을 가졌다. 고태우, 「조선총독부 토목행정과 토목관료의 '조선
　　개발' 인식」, 『역사와 경계』 97, 부산경남사학회, 2015. 299~300쪽.

식민지 조선은 대규모 수력발전에 유리하다는 것이었다. 1929년 발표된 제2차 수자원조사결과에 따르면, 식민지 조선은 포장수력이 거의 300만kW에 가까울 정도로 풍부할 뿐 아니라 산세가 험준해 유역변경식 댐 건설 기술을 통해 급격한 낙차를 만들어낼 수 있었다.[28] 부전강 발전소의 등장은 그러한 기대감을 한층 높여줬는데, 실제 부전강 발전소는 일본질소가 자신들의 비료사업을 위해 자가용 전원으로 건설 사용한 것으로 식민지 조선의 전력시스템이 성장하는 데 아무런 도움을 주지 못했지만, 새로운 발전소 건설의 모범으로서 요시하라를 비롯한 조선총독부 기술관료들이 식민지 조선의 전력시스템을 대규모 수력발전 중심으로 재편한다는 합의를 도출하는 근거가 되었다. 특히 대규모 수력발전소는 같은 시기 만주 등지에서 성공적으로 개발, 운용되고 있던 대규모 화력발전소에 비해 공사비가 많이 소요되고, 건설기간도 길어 당장의 전력불안정을 해소하기에는 부족함이 있지만, 연료비가 거의 들지 않으므로 향후 30년, 장기적인 시각에서 식민지 조선의 전원개발을 기획하는 입장에서는 대규모 수력발전을 중심으로 전력시스템을 구상하는 것이야말로 합리적인 선택이라는 것이 요시하라를 비롯한 기술관료들의 생각이었다.

두 번째는 조선총독부라는 식민 통치기구가 가질 수 있는 강력한 통제력이었다. 요시하라에 따르면, 자원과 자본을 가장 효율적으로 배치하는 합리적인 전력시스템은 국가의 치밀한 사전 계획과 계획에 따른 철두철미한 수행을 통해서만 만들어질 수 있다. 요시하라는 향후 식민지 조선에서 실제 전원개발이 합리적으로 이뤄지기 위해서

---

28 朝鮮總督府 遞信局, 『朝鮮水力調查書』, 京城, 1930.

는 조선총독부가 기존 전력시스템에 기득권을 가진 전기회사들을 제
어할 필요가 있으며, 이를 위해 조금 더 강력한 통제력을 가져야 한다
고 보았다. 특히 그는 전기를 소비자에게 판매하는 배전사업 정도를
민간 기업에 맡겨둘 수 있을 뿐 발전소를 건설하고 송전망을 배치하
는 발전, 송전 사업은 국영 기업에 의해 진행되어야 한다고 주장했다.
즉 요시하라는 이러한 자원과 힘을 통해 이미 난개발로 과잉경쟁으로
치닫고 있는 일본에서는 실현 불가능한 이상적인 전력시스템을 아직
미개발 상태인 식민지 조선에서 기초부터 설계함으로써 실현하고자
했던 것이다. 이러한 요시하라의 생각은 식민지 조선이 오히려 일본
에 비해 자원이 풍부해 공업입지로서 좋은 조건을 갖추고 있으므로,
이를 사전에 치밀하게 기획된 계획서에 따라 개발해야 한다고 주장한
데서도 잘 드러난다.[29]

1930년 3월 요시하라는 대규모 수력발전소 건설 및 원거리 송전망
가설 계획, 그리고 산업화 및 농어촌 전화 사업을 포함한 종합 기획한
'초전력연계'와 국가 주도의 개발을 위한 통제정책을 한데 묶은 '전력
정책 기본 계획서'를 조선총독부에 제출했다.[30] 이에 조선총독부는 즉
각 계획서 검토와 시행 법규 마련을 위한 구체적인 논의를 시작했다.
이때 조선총독부는 정무총감 코다마 히데오(兒玉秀雄)를 논의 책임자
로 임명한 것을 필두로 이 사업의 실무를 담당할 체신국 기사들 뿐
아니라, 내무, 재무, 경무, 식산, 토지개량, 철도 등 관련 부처의 국장

---

29 吉原重成,「朝鮮の電氣政策」,『朝鮮電氣協會會報』18-3, 1929.1, pp.1~12.

30 朝鮮總督府,『電力政策基本計劃調書 第1,2集』, 1930.3;『電力政策基本計劃調書 第3
集』, 1930.10.

급 인사들을 모두 논의자리에 모두 포함시켜 총체적이고도 책임 있는 논의가 오갈 수 있도록 했다. 몇 달간의 준비과정을 거쳐 조선총독부는 첫 번째 전기사업조사위원회를 1930년 11월 4일부터 5일간 개최했다. 이 회의에는 조선총독부 관료들 외에 전기사업자들의 이익단체인 조선전기협회의 회장과 부회장, 상무이사가 민간대표 자격으로 참여했고, 전문가 위원으로 동경대 교수, 시부사와 겐지(澁澤元治)와 조선수력전기 전무 모리타 케이조가 위촉되었다.[31] 특히 일찍부터 관민합동으로 조사위원회를 구성해야 한다고 주장해온 조선전기협회는 이번 조사위원회에 3인이나 위원을 파견해 자신들의 입장을 적극 개진할 수 있었다.[32]

전기사업조사위원회는 "조선에 풍부한 동력자원을 경제적 견지에서 효율적으로 개발하여 향후 전기요금이 인하될 수 있도록 한다"는 목표로 전원 개발지와 수요지, 그리고 이를 잇는 송전 계획을 논의했다. 논의 사항은 크게 셋으로 첫째 공업 발달에 따른 전력수요량 예측과 필요발전량 산정, 둘째, 발전소 건설 예정지와 공업입지를 잇는 효율적인 송전망체계 구상, 셋째, 이를 실현할 기업 형태 결정으로 나눠졌다. 첫 번째와 두 번째 문제는 비교적 쉽게 합의가 이뤄졌다. 그들은 향후 10년간 증가할 전력 수요를 종합적으로 고려할 때, 전력 시스템을 대규모 수력발전 중심으로 재편할 필요가 있으며, 식민지 조선 전체의 균형 발전과 특정 공업 성장 가능성을 모두 고려해 발전소 위치를 선정하고 1,2차 송전간선 선로를 결정한다는 데 큰 이견이

31 朝鮮電氣協會, 『朝鮮電氣協會會報』 19-3, 1930.12, pp.48~49.

32 朝鮮電氣協會, 『朝鮮電氣協會會報』 17-3, 1928.8, pp.1~8.

없었다. 그러나 기업 형태 결정은 국가적 차원의 효율적인 전력 통제
와 사기업의 생존 문제가 정면으로 충돌하는 문제였던 만큼 조선총독
부와 민간대표들 사이의 의견이 첨예하게 대립했다. 요시하라는 원칙
적으로는 발전·송전을 국영으로 하여 정부의 관리, 통제 하에 두는
것이 바람직하나 조선총독부의 재정 문제로 당장 실현이 어렵다면,
우선 사기업이 담당하게 하되 장기적으로 국영회사가 이를 인수해야
한다고 보았다. 반면 전기회사들은 발전·송전·배전을 모두 통합한
단일 민영회사를 설립해야 한다는 기존 주장을 고수했다.[33]

결국 1930년대 초 식민지 조선의 전력시스템에 대한 종합적인 개
발계획, '초전력연계'에 대한 광범위한 승인이 이뤄졌지만, 그 실행은
여전히 쉽지 않았다. 요시하라를 비롯한 기술관료들은 식민지 조선의
전기기술 수준이 아직 미개발에 가까우므로 조선총독부가 강력한 통
제력을 발휘해 초기부터 합리적인 개발계획에 따라 개발을 수행한다
면, 일본에서는 시도할 수 없는 효율적인 시스템을 구축할 수 있을
것으로 보았지만, 실제 조선의 전기시스템을 둘러싼 이해관계들도 백
지는 아니었다. 무엇보다 조선총독부는 오랜 논의를 함께해온 전기사
업자들을 설득할 수 없었는데, 전기회사들은 자칫 자신들의 기득권을
상실할 수 있는 기업형태에 동의하기 어려웠다.

이렇듯 조선총독부의 새로운 전력정책 논의가 쉽사리 결론을 내지
못하고 있는 사이, 국면 전환의 계기를 만들어낸 것은 전력산업을 둘

---

33 전기회사들의 이러한 주장은 전기 공영화 여론이 만만치 않은 시점에서 독점기업에
전기정책 전체를 맡기는 것으로 평가되어 받아들여지기 어려웠다. 朝鮮電氣事業史編
纂委員會, 『朝鮮電氣事業史』, 東京: 中央日韓協會, 1981, pp.181~185.

러싼 또 다른 이해관계, 시민들의 전기사용에 대한 요구였다. 조선총독부의 새로운 전력정책 논의가 한창이던 1930년 여름부터 시작된 경정전기에 대한 공영화 운동은 조선인뿐 아니라 경성에 거주하는 일본인들까지 동참해 '경성전기와사부영기성회'를 설립하고, 7월 31일에는 전기는 공공재이므로 새삼스레 논의할 것 없이 당장 공영화하여야하며, 이를 통해 "부민의 복리를 증진하고 도시를 번영케 할 수 있다"는 '부영취지문'을 발표했다. 이어 8월 2일에는 조선인과 일본인 할 것 없이, 거의 비슷한 비율로 1300여 명의 시민들이 운집한 대규모 부민대회도 개최됐다. 동아일보와 조선일보와 같은 언론에서도 연일 기사를 내어 경성전기의 전기요금 폭리와 독점영업의 폐해를 지적하며 부영화의 필요성을 지적했고, 조선인 상공업자들의 모임인 경성상공협회 또한 적극 지지에 나섰다.[34] 이러한 대중적인 열기에 힘입어 '경성전기 부영화안'이 1931년 7월 제출되어 같은 해 8월 '경성부회'에서 통과되었다. 경성전기를 부영화를 위해서는 엄청난 자금이 필요했던 바 경성부회를 통과한 부영화안이 실현되기는 어려웠지만, 전기사업자들을 압박하기에는 충분했다.[35]

이렇듯 첨예한 이해관계의 충돌로 치닫던 식민지 조선의 새로운 전력시스템 구축을 둘러싼 논의는 1931년 조선총독부의 새로운 총독으로 부임한 우가키 가즈시게(宇垣一成)가 식민정부의 강력한 통제력을 내세워 진화에 나서면서 빠르게 마무리 될 수 있었다. 무엇보다

---

34 『조선일보』, 1930.9.6, 9.8, 9.11, 10.5,7,8,10(전 4회 연재물).

35 서울지방의 경성전기 부영화 운동에 대해서는 김제정의 논문과 오진석의 논문 부분을 참고하면 자세한 진행 상황을 알 수 있다. 김제정, 앞의 논문: 오진석, 「한국근대 전기산업의 발전과 경성전기(주)」, 박사학위논문, 연세대학교 대학원, 2006, 193~203쪽.

그는 식민지 조선의 빠른 공업화를 가장 중요한 정책과제로 삼았고, 이를 위해 먼저 대규모 전원개발을 통한 전력시스템 안정화가 이뤄져야 한다고 보았다.[36] 우카키는 일본 전기법 제정을 주도한 체신 관료 출신 이마이다 기요노리를 정무총감으로 임명해 전력통제정책 입안을 최우선 과제로 추진하도록 했다. 이에 따라 1931년 10월 제2차 전력사업조사회가 개최되었다. 이 자리의 분위기는 1차 때와 크게 달랐다. 무엇보다 어떻게든 논의를 마무리 짓고 하루빨리 전원개발을 시작하려는 조선총독부의 의지가 강력했고, 시민들의 공영화 여론이 비등한 상황에서 전기사업자들도 자칫 부영화가 전격 결정될 수도 있다는 위기의식이 높았다. 결국 논란이 되어왔던 기업 형태는 발전, 송전, 배전 부분을 분리해 송전 부분은 국영기업이 담당하고 나머지 발전과 배전은 민간 기업에게 맡기되 발전은 수계별로 하나의 사업자만을 허용해 개발이익이 충분히 보장될 수 있도록 하고, 배전 사업은 난립하는 소규모 전기회사들을 5개 대규모 회사에 흡수·통합한다는 합의가 이뤄졌다. 그리고 곧 그러한 합의를 바탕으로 1932년 2월 조선총독부 제령 1호로 '조선전기사업령'이 공표되는 등 식민지 조선의 전력시스템 전환을 위한 일련의 입법조치들이 취해질 수 있었다.[37]

결국 요시하라의 주장대로 식민지 조선의 전원개발사업은 조선총독부가 전력통제정책을 강력히 관철함으로써 시작될 수 있었다. 그러

---

36 우가키 가즈시게의 공업화 정책에 대해서는 이승렬, 「1930년대 전반기 일본군부의 대륙침략관과 '조선공업화' 정책」, 『국사관논총』 67, 국사편찬위원회, 1996, 145~196쪽; 방기중, 「1930년대 조선 농공병진정책과 경제통제」, 『동방학지』 120, 국학연구원, 2003, 75~120쪽을 참조하라.

37 朝鮮電氣事業史編纂委員會, op.cit., pp.191~198, pp.572~574; 朝鮮電氣協會, 『朝鮮電氣協會會報』 20-3, 1931.12, p.1.

나 아이러니하게도 조선총독부의 이 거대한 개발 사업은 진척될수록
요시하라가 주장한 이상적인 기술개발의 모범, 하이 모더니즘과 멀어
졌다. 사실 이는 애초 요시하라의 '초전력연계'가 대규모 수력발전소
건설과 원거리 고압 송전망 체계를 근간으로 구상될 때부터 어느 정
도 예견된 문제였다. 대규모 수력발전에 소요되는 엄청난 개발 자금
을 조선총독부가 모두 감당하기란 불가능했다. 조선총독부는 취약한
재정 상황에서 발전소 건설 사업을 사기업에 맡길 수밖에 없었고, 국
영으로 진행할 계획이었던 송전망 가설 사업도 결국 민간자본을 통해
진행될 수밖에 없었다. 더욱이 민간자본을 통한 발전소 건설 사업도
진행이 쉽지 않았다. 조선총독부가 첫 번째 대규모 발전소 건설지점
으로 손꼽았던 장진강 유역 개발이 그 수리개발권을 가지고 있던 미
쓰비시가 투자를 망설이는 사이 좌초될 위기까지 발생한 것이다. 발
전회사로서 미쓰비시는 식민지 조선의 전력소비량이 2만kW에 불과
한 상황에서 32만kW급 장진강 발전소 건설에 선뜻 나설 수는 없었는
데, 엄청난 건설자금을 회수하기에 그 위험부담이 너무 컸다. 이때
조선총독부는 매우 독특한 방식으로 이 문제를 해결했다. 총독 우가
키가 직접 나서 미쓰비시에게 개발 착수를 종용했지만, 진전이 없자
개발권을 회수해 2년 내에 발전소를 짓고 그 발전량의 절반을 공공용
전원으로 판매할 것이라는 조건으로 비료사업체 일본질소에게 넘겨
준 것이다. 마침 더 많은 비료를 생산하기 위해 새로운 대규모 발전소
건설이 필요했던 일본질소는 전력 소화 부담 없이 대규모 수력발전소
를 건설할 수 있었고, 조선총독부의 충분한 지원은 더 없이 좋은 조건
이 되었다.

　결국 강력한 식민지 정부와 전기다소비업체 일본질소의 협력을 통

해 대규모 수력발전소 건설이 이어졌고, 식민지 조선은 풍부한 발전량을 보유할 수 있었다. 하지만 이때에도 공업화 정책에 밀려 시민들의 전기사용권이 충분히 보장되지 못했다. 1938년 장진강 발전소가 제4발전소까지 완공되고 '전력통제정책'의 목표대로 전기요금은 계속 인하되었지만, 전력통제정책이 입안되는데 큰 힘을 보탠 시민들이 요구한 전기·전력사업의 공공성 확보에서는 크게 멀어지게 되었다. 애초 시민들과 언론의 우려대로 조선총독부는 전기·전력 사업의 대기업 독점을 막을 수 없었다. 또한 대규모 수력발전소가 밀집된 북쪽의 공업지대는 싸고 풍족한 전력을 공급받을 수 있었지만, 식민지 조선의 대부분을 차지하는 농어촌에까지 전기 공급이 저절로 확산되지는 못했다. 즉 풍부한 전기 공급이 사회 전체의 도약을 추동할 것이라는 요시하라의 예견은 빗나가고 말았다.

4. 맺음말

식민지 조선에서 전기시스템이 성장하는 과정은 일찍부터 전기기술 도입이 이뤄진 일본의 선진 전기기술과 정책을 식민지 조선에 이전하는 매끄러운 과정은 아니었다. 오히려 일제는 식민지 조선을 전력기술 도입 초기 일본에서 발생한 문제들을 시정하기 위한 기술정책의 실험실로 삼았다. 전기기술 도입 초기 전력사업을 전적으로 시장에 맡겼던 일본과 달리 식민지 조선에서 조선총독부는 전기사업자에게 지역독점권을 부여하는 정책을 채택했는데, 이러한 조선총독부의 설익은 실험적 전기정책은 전기 공급 지체, 기술 정체 등 시행착오들을 겪으며 무엇보다, 전기사업의 공공성을 요구하는 시민들의 거센 저항에 부딪쳐 수정되어야했다.

한편 1930년대 만성적인 전력 부족 및 전력공급 불안정 문제를 해소하기 위해 새로이 전력통제정책을 수립하는 사회적 논의과정에서 식민지 기술관료들은 '초전력연계'라는 이름을 붙인, 일본에서도 실현된바 없는 거대한 종합개발계획서를 제출했다. 그들은 이미 전기시스템이 성숙해 복잡하게 얽혀든 구성요소들을 수정하기 어려운 일본에 비해 식민지 조선의 전력시스템은 아직 미발달 단계이므로 강력한 통제력을 가진 식민정부가 합리적인 개발계획을 수립하고 그에 따라 전력 자원을 효율적으로 배치, 배분하면 고도의 기술적 완결성을 가진 전력시스템을 구축을 실현할 수 있을 것이라 보았다. 그들은 식민지 조선이 아무런 기술적 기반도 없는, 그렇기 때문에 백지 위에 새로운 그림을 그리듯 이상적인 기술체제, 하이 모더니즘을 구현해볼 수 있는 기회의 공간이라는 부푼 기대를 드러냈는데, 바로 이 지점에서 '합리적인' 기술개발의 종합계획서, '초전력연계'는 실패할 수밖에 없었다. 식민지 조선은 결코 백지가 아니었던 것이다.

1930년대 새로운 전력통제정책이 입안되기까지 지나한 논쟁의 과정은 식민지 조선에서 전기산업을 둘러싼 이해관계가 얼마나 복잡하고 첨예한지 드러내 보여줬다. 한편에 기존 전력시스템에서 독점사업권이라는 기득권을 획득한 전기사업자들이 있었다면, 다른 한편에는 다양한 방식으로 전기 문화를 경험하고 전기 사용의 공공성을 주장하는 시민들도 있었다. 조선총독부가 그들의 갈등을 제대로 조율하지 못한 채 일본질소와 같이 기존 전기사업의 이해관계와 다소 떨어져 있던 비료사업체와 손을 잡고 전력시스템을 재구축하는 사이 식민지

조선의 전기시스템은 식민지 기술관료들이 구상한 기술적 이상, 하이
모더니즘에서는 멀어질 수밖에 없었다.

7장

식민지 변방에서 시작된 기술혁신:
수풍댐과 동아시아 기술스타일의 형성

1. 머리말

1937년 8월 조선총독부와 만주국은 국경하천인 압록강 유역에 대규모 수력발전소를 양국의 우호적인 협력을 통해 건설할 것을 결정했다. 1938년 착공되어, 44년 완공된 수풍댐은 70만kW 상당의 규모로 당시 아시아에서는 단연 최대 규모였을 뿐 아니라, 세계적으로도 손에 꼽히는 위용을 자랑했다. 해방당시 일본에 진주하며 일본의 산업시설에 대한 보고서를 작성한 미군정이 식민지 변방에 건설된 수풍댐과 비견할 만한 규모의 발전소를 일본에서는 찾을 수 없어 미국의 테네시강 유역개발과 비교·서술했다는 사실만 보아도 당시 수풍댐이 아시아에서 얼마큼 독보적이었는지 잘 알 수 있다. 더욱이 조선총독부와 만주국은 향후 압록강 수계를 따라 7개의 댐을 더 건설해 총 200만kW의 발전량을 확보할 계획을 세워두어, 수풍댐 건설은 그 거대한 협력 프로젝트의 시작이었다.[1] 이렇듯 압록강에 등장한 엄청난

---

1 朝鮮電氣事業史編纂委員會, 『朝鮮電氣事業史』, 東京: 中央日韓協會, 1981, pp.551~554.

위용의 수력발전소에 대해 당시 『조선일보』는 "대자연을 정복한 현대 과학의 경의"로 치하하는 동시에, "세기의 괴기(世紀的 怪奇)"라고 칭하기도 했다.[2]

　일반적으로 전력 산업은 생산된 전기가 남아도 저장할 수 없는 특징 때문에, 수요와 공급이 서로 맞물려 균형을 맞추며 성장하는 경향을 보인다. 이러한 이유로 전력 산업의 규모는 곧 토대한 사회의 산업의 수준과 규모를 그대로 보여주는 척도가 된다. 그렇다면, 어떻게 제국의 중심지, 일본에서도 지어진 바 없는 거대한 발전소가 식민지 변방에 건설될 수 있었을까? 어떻게 만주국과 조선총독부는 불확실한 산업계획만으로 현재의 전기 수요를 훨씬 상회하는 거대한 수력발전소를 건설할 수 있었는가? 특히 만주국은 왜 기존 안정적인 화력발전소 체계를 유지하는 대신 이질적인 수력발전소를 짓고자 했을까?

　이렇듯 동아시아에서 가장 독보적인 존재이자 당시 만주국과 식민지 조선의 공업화 수준에 비해 과도하게 컸던 수풍댐에 주목한 본격적인 연구는 아직 많이 축적되지 않았다. 이러한 점에서 수풍댐 등장 과정을 기술력을 가진 신흥재벌 일본질소와 중화학 공업화를 추진한 식민지 조선과 만주국 사이의 공감과 협력, 그리고 그들의 인적 네트워크에 주목해 분석한 김응기의 연구는 선구적이다.[3] 최근 수풍댐 건설 과정에서 조선총독부의 통제 하에 실제 일본질소가 참여해 설립한

2　「대자연을 정복한 현대과학의 경이. 압록장강을 일곱 토막으로 막는 수풍동, 세계적 데뷔」, 『조선일보』, 1939.5.2.; 「세기적 괴기 수풍 "땜" 파문」, 『조선일보』, 1940.1.5.

3　김응기, 「일본질소에 의한 압록강 본류 전원개발과 조선총독부의 만주국 간의 공조」, 동북아역사재단 편, 『근대열강의 식민지 통치와 국민통합』, 동북아역사재단, 2010., 253~290쪽.

조선압록강수력발전(주)가 "조선형 특수회사"였다는 관점에서 강력
한 식민지 국가와 기업 사이의 통제에 기반한 협력을 추적한 정안기
의 논문은 수풍댐 건설 추진과정에서부터 실제 사업 진척 사항까지
자세하게 다루고 있어 본격적인 수풍댐에 대한 연구 지표로 삼을 만
하다.[4] 다만 이들의 연구는 조선총독부와 만주국 각각의 통치정책 혹
은 기업의 입장에서 수풍댐 건설 과정에 접근하다보니 어떻게 각기
다른 전력체계를 가진 두 국가가 각 국의 산업규모에 비해 과도하게
큰 커 양국 모두의 전력체계와 이질적일 수밖에 없었던 대규모 수력
발전소 건설을 위해 협력할 수 있었는지, 기술적 기반을 어떻게 공유
하고 제국의 중심지 일본에서도 이루지 못한 기술혁신을 식민지 변방
에서 이룰 수 있었는지를 분석하기에는 한계가 있다.

이 연구는 식민지 조선과 만주국 사이의 기술적 협력의 산물인 수
풍댐의 건설 과정과 전력체계의 구축 과정을 동아시아 기술체계의
형성과 확산이라는 문제의식에서 추적한다. 수풍댐의 건설은 1920~
30년대 식민지 조선에서 부전강 발전소를 필두로, 장진강, 허천강 발
전소 등 스스로 동양 최대라는 타이틀을 계속 경신하며 대형 발전소를
건설해온 일본질소(주)가 건설을 실질적으로 주도했다는 점에서 이전
시기 강력한 통제력을 가진 식민지 통치기구, 조선총독부와 전력다소
비업체간 긴밀한 협력체계를 통해, 전력망 체계를 구축해온 식민지
조선의 전력시스템의 확대·강화라는 측면에서 이해할 수 있다. 그러
나 만주국이라는 새로운 행위자가 등장해 수풍 수력발전소 건설이

---

4   정안기, 「1930년대 조선형 특수회사, 「조선압록강수력발전(주)」의 연구」, 『중앙사론』
    47, 중앙대학교 중앙사학연구소, 2018, 5~57쪽.

이질적인 전력체계를 가진 "두 국가 간 상호 협력의 형태"로 진행됐다는 사실은 분명 이전 시기 식민지 조선의 수력발전소 건설과는 다른 조건과 상황들을 만들어냈다. 이에 이 연구는 먼저 1931년 개혁주의 성향의 영관급 장교들이 일으킨 만주사변의 결과로 1932년 설립된 만주국이 산업개발5개년계획과 전원개발계획을 수립하는 과정을 분석하며, 기존 일본 정치·경제구조를 어지럽힌 주범으로 기존 정당 정치인과 재벌을 지목하고 이들을 배제한 채, 군부의 철저한 계획·통제를 통해 새로운 사회, 동아신질서를 건설하고자 한 만주국이 새로운 전력체계 구축의 모범을 일본이 아닌 식민지 조선에서 찾을 수 있었음을 보일 것이다. 이어 일본질소가 매개하는 가운데 이뤄진 수풍댐의 건설 과정을 추적함으로써 식민지 조선의 전력체계 전환을 가져온 독특한 협력체계가 식민지 변방에서 기술혁신을 이끌었으며 결국 동아시아 기술체계의 형태로 확산되었음을 제시할 수 있을 것이다. 마지막으로 이러한 협력의 산물로 등장한 거대한 인공물로서 수풍 수력발전소의 각 행위자들이 그 의미를 전유하는 방식에 따라 각기 다른 사회적 의미를 체득하는 과정을 살펴봄으로써 수풍 수력발전소라는 거대한 인공물이 남긴 식민지의 유산이 무엇이었는지도 확인할 수 있을 것이다.

2. 만주국의 산업개발 5개년 계획과 수력발전소 건설 계획

최근 1930~40년대 일본의 제국주의를 연구하는 연구자들은 20세기 초 후발 주자로 제국주의 경쟁에 뛰어든 일본의 제국주의가 19세

기 서구 제국들의 그것과는 많이 달랐다고 지적한다. 특히 서구제국에
의해 괴뢰국으로 규정된 일본제국의 만주국 건설과 관련해 프래신짓
트 두아라(Prsenjit Duara)는 일본이 만주를 본국과 유사한 형태로 만들
어 통치하려 했다는 점에서 기존 제국주의 보다는 20세기 신행 후발
민족국가들을 군사적, 경제적 지원·육성함으로써 서방세계경제체제
를 구축한 미국의 초제국주의와 유사하다고 주장했다. 일본은 식민지
특히 만주국에 다른 서구 제국주의와 비교도 되지 않을 정도로 많은
물자와 노력을 투여해 전면적인 개발을 실시했다. 1930년대 말부터는
실제 일본의 중화학 공장들이 공업기반이 잘 닦인 식민지 조선과 만주
로 이주하기도 했다. 이러한 정책은 때로 식민지 혹은 만주에 경제적
자율성을 부여하는 위험을 초래했지만, 결국 동아시아 전역을 하나의
경제블록을 묶어낼 수 있었다. 1930년대 말부터, 일본제국이 목청껏
외친 "대동아공영권"이 단지 착취와 동화를 위한 정치적 구호에 그치
는 것이 아니라, 경제적 통합체의 형태로 관철되었던 것이다.[5]

  그렇다면 왜 일본제국은 일본 내부의 위축을 감수하면서, 동아시아
내륙 깊숙이까지 자본과 기술을 이동시켰을까? 루이스 영에 따르면,
개발주의는 19세기 말 일본이 후발주자로서 제국주의 경쟁에 뛰어들
때부터 팽창주의와 더불어, 일본제국주의에 내재된 중요한 속성 중
하나였다. 19세기 말 스스로를 서구 제국주의의 피해자로 인식한 일
본이 급속히 추구하기 시작한 팽창주의는 서구 제국주의로부터 스스
로를 방어하는 기재인 동시에 내부의 문제, 즉 불안한 경제구조와 그

5 프래신짓트 두아라, 한석정 옮김, 『주권과 순수성: 만주국과 동아시적 근대』, 나남,
  2008, 91~169쪽.

에 따른 사회 불안을 치유하기 위한 수단이었다. 즉 일본제국의 개발
주의는 일본제국의 군사적, 경제적 이득에 복무했지만, 다른 한편으로
대공황, 농촌 장기 불황 등으로 야기된 일본 내부의 불만을 유토피아
적 몽상이 가미된 식민지 개발의 힘으로 흡수해, 기존 일본 사회의
병폐를 치유하는 주체로서, 국가와 개인의 이해관계를 일치케 했던
것이다. 일본의 대중들은 그러한 식민지 개발에 전폭적인 지지를 보냈
고, 실제 식민지 개발에 참여하기도 했다. 특히 1930년대 중반 이후
만주에서 일본제국의 개발주의는 "최종전쟁"을 위해, "전략적 자급자
족"경제체제를 구축해야 한다는 주장으로 압축되는데, 1936년 만주국
에 의해 제창된 "산업개발5개년계획"은 그 구체적인 결과물이었다.[6]

만주는 질 좋은 석탄이 풍부한 지역으로 일찍부터 화력발전을 중
심으로 전력체계를 구축했다. 만주철도(주)가 제철소에 전력을 공급
하기 위한 목적으로 무순 탄광 개발과 더불어 대규모 화력발전소를
건설하기 시작했고, 이후 만주에 진출한 기업들도 자가용 전력공급을
위해 석탄 화력발전소 건설을 병행했다. 또한 성장하는 대도시에 전
기를 공급매하기 위한 전기회사들이 설립되었는데, 이때에도 지역별
로 건설된 크고 작은 화력발전소를 통해 전기를 충당했다. 이러한 경
향은 1931년 만주국이 건설되고, 만주국의 방침에 따라 1934년 전기
회사들을 통합한 국영 만주전업주식회사가 등장한 이후에도 한동안
지속되어, 만주 산업개발5개년 계획이 시행되기 전, 1935년까지 만주
는 약 40만W의 화력설비를 갖추고 있었다. 이정도 전기 생산으로도

---

6 Lousie Young, *Japan's Empire: Manchria and the Culture of Wartime Imperialism*,
   Berkeley: University of Chicago Press, 1998.

당시의 수요를 충당하기 충분했는데, 실제 생산량 53만kWH 중 45만
kWH 만 사용되고 나머지는 초과상태였고, 이후 2차 대전이 종결될
때까지 만주국의 전력생산량은 줄곧 공급과잉 상태를 유지했다. 즉
만주는 일찍부터 다수의 크고 작은 화력발전소와 근거리 송전망을
통해, 안정적인 전력시스템을 구축하고 있었던 것이다.[7]

　이러한 상황에서 만주국은 1936년 만주 산업개발5개년계획과 더
불어 압록강, 송화강 개발을 포함하는 수력발전소 중심의 전력 증강
계획을 수립했다. 그들에 따르면, 만주의 산업 발전을 위해서는 철강
2백만 톤, 석탄 2천만 톤을 생산할 필요가 있고, 이를 보족하기 위해서
는 전력생산량을 빠른 시일 안에 2백만kW까지 끌어올려야했다. 그리
고 그러한 목표치를 달성하기 위해서는 기존 화력발전 중심의 전력체
계에서 벗어나 대규모 수력발전의 전력체계로 전환할 필요가 있었다.

　이렇듯 만주국이 비교적 안정적으로 운용되던 기존 민간기업 중심
의 화력발전체계를 과감히 국영기업이 주도하는 수력발전체계로의
전환을 선택한 이유를 이해하기 위해서는 만주국의 발전방향을 둘러
싼 일본 내부의 논의에 주목할 필요가 있다. 1930년대 일본은 전력
부족으로 전기요금이 비싸고, 전기 공급이 불안정해져 사회적 문제로
까지 치닫고 있었다. 많은 이들이 이러한 일본사회의 전력 문제가 사
적 이익에 눈이 멀어, 마구잡이로 전력을 개발하고, 이익이 되는 곳에
중복투자를 일삼았기 때문이라고 진단했다. 따라서 일본에서는 전력

7　실제 만주국이 건설한 수력발전소는 수풍댐과 풍만댐, 그리고 경박호 발전소(3만
　6000kW)뿐이다. 이들 대형 수력발전소의 건설로 만주 전력체계에서 수력비중이 증가
　했으나 여전히 화력발전은 만주의 전력생산량 증강에서 중요한 몫을 차지했다. 滿洲電
　業任職員同好會, 『滿洲電業史』, 東京: 非賣品, 1976, pp.754~780.

문제를 해결하기 위해서는 그들 사기업들의 전횡을 사회가 제어할
수 있어야 한다는 요구들이 생겨났고, 실제로 1931년 난립한 전기회
사들을 9개로 통폐합하는 조치를 취하기도 했다. 그러나 문제해결이
쉽지 않았고, 아예 전기회사를 국영으로 전환하자는 주장이 끊임없이
제기되었다. 육군성은 전기회사 국영론을 주장하는 가장 대표적인 기
관 중 하나였다. 좀처럼 합의를 도출하지 못한 채 일본 사회에서 뜨거
운 논쟁을 형성한 전기회사 처리 문제는 결국 중·일 전쟁을 계기로
전력 국가관리가 단행되며 마침표를 찍을 수 있었다. 이때에도 전기
회사가 완전히 국영으로 전환되지는 않았는데, 사적 소유권을 인정한
채 국가가 주요 결정권을 가지는 형태로 전환되었다.[8]

  만주국은 초기부터 전력사업체에 대한 국영화 조치를 단행했다.
이때 만주국 관료들과 만주전업회사는 국가 출자 주식회사의 논리를
소련의 전원개발 사업에서 가져왔다. 그들에 따르면, 제정 러시아 시
기까지 다른 서구제국에 비해 열악했던 러시아 대륙의 전력 공급은
소련혁명 이후 혁명정부가 전기회사를 국영화하고, 산업발달 계획에
따라 계획적으로 건설하면서 급격하게 성장했다. 특히 대형 화력 및
수력발전소를 건설하고 고압 송전망을 가설하면서 산업발전을 추동
하는 원동력이 되었다. 소련은 세계에서 가장 먼저 220kV 고압 송전
망을 가설해 기술면에서도 당시 132kV 고압 송전망을 채용한 미국을

---

8 일본의 전력생산은 수력이 70% 이상 차지했고, 그 규모는 크지 않아 1940년대까지도
   평균 6000kW정도로 중소 발전소가 주를 이뤘다. 1920년대 중반 소위 '전력전쟁'을
   겪고 난후 5개 대기업이 중소업체들을 통폐합하는 조치가 취해지기도 했지만, 비싸고
   불안정한 전력공급 상황을 야기한 과다경쟁과 중복투자는 쉽게 해결되지 못했다. 20세
   기 초반 일본의 전력산업에 대해서는 小竹節一, 『電力百年史』, 東京: 政經社, 1980를
   참고하라.

앞섰다.[9]

이러한 소련의 국가주도 전원개발의 성과에 자극을 받은 만주국은 소련의 전력증강 계획을 산업개발5개년 계획과 함께 적극 채용함으로써, 향후 전원개발계획으로 구체화했던 것이다. 결국 국영기업을 통한 국가주도 대규모 전원개발 사업은 제멋대로 이윤추구에만 급급했던 결과로 일본 사회가 불안정한 전력체계로 심각한 사회문제까지 야기하고 있다고 진단한 만주국식 해법이었다. 동시에 기존 화력발전과 근거리 송전체계를 유지하는 대신 대규모 수력발전과 원거리 고압 송전체계로 전환을 적극적으로 모색한다는 결정도 함께 내려졌다. 1936년 탕강쯔 온천에서 이루진 만주국 고위 관료들은 확대회의를 통해 대규모 공업 개발을 추인했고, 이를 위해서는 대규모 수력발전소 개발 계획이 필요하다는 합의를 도출했다.[10] 그리고 이때 새로운 전력체계 구축의 모범을 도저히 일본에서는 찾을 수 없었던 만주국은 향후 대규모 수력발전소 건설을 함께할 파트너를 식민지 조선에서 찾을 수 있었다.

3. 식민지 조선에서 발견한 새로운 전력체계 구축의 모범

식민지 조선의 전력체계는 1930년대 초 소규모 화력발전 중심의 지역발전체계에서 대규모 수력발전소와 고압 송전망을 근간으로 하

---

9 滿洲電業股份有限公司調査課 編. ソヴエ-ト聯邦の電氣事業槪說, 1935.
10 고바야시 히데오, 임성모 역, 『만철: 일본제국의 싱크탱크』, 산처럼, 2004, 145~151쪽.

는 전력망 체계로 전환하며 빠르게 성장했다. 이러한 성장은 일본질
소라는 전력다소비업체와 조선총독부라는 강력한 식민지 국가기구의
독특한 협력체계를 통해 이뤄질 수 있었는데, 아직 식민지 조선의 전
기소비량이 크지 않아 전기사업체들이 대규모 불확실한 투자가 필요
한 대형 수력발전소 건설을 꺼리는 상황에서 스스로 대규모 전기를
소비할 수 있는 일본질소가 조선총독부의 강력한 지원을 받아 대형
수력발전소를 건설하고 그 발전량의 절반을 공공용으로 전원으로 내
놓는 방식으로 이뤄진 전력체계의 전환으로 식민지 조선의 전력산업
은 일거에 불안정한 전력체계에서 벗어나 싸고 풍부한 전력체계를
구축할 수 있었다. 이는 1차 대전을 전후해 국가주도로 전력체계 전환
을 이룬 유럽은 물론 발전, 송전, 배전을 모두 담당하는 대형 전기회
사를 중심으로 전기사업이 전개되고 있던 제국의 중심지, 일본과도
크게 다른 방식이었다.

즉 1930년대 초 전력통제정책을 입안한 조선총독부는 강력한 통제
력을 바탕으로 1920년대 말 비료사업을 위해 식민지 조선에 진출해
식민지 조선 전체 전력소비량에 8배에 달하는 규모로 부전강 수력발
전소를 건설하고 그 전력을 독점 사용 중인 일본질소에게 전력생산량
의 일부를 공공용으로 내놓는다는 조건으로 유수 지역에 수력발전소
건설 허가를 내주고 전폭적인 지원을 아끼지 않는 방식으로 특별한
지출 없이 전력기반을 확보할 수 이었다. 일본질소는 두 번째 대형
수력발전소인 장진강 발전소 건설에서는 그 발전량의 절반을, 세 번
째 허천강 발전소 건설에서는 그 발전량의 2/3를 공공용으로 공급해
야했던 만큼 전기가 곧 원료였던 전력다소비업체의 기업 이익을 포기
할 수밖에 없었지만, 조선총독부에 협력함으로써 발전소 설립자금 확

보, 토지 매입, 노동력 확보 등 식민정부가 제공할 수 있는 거의 모든 지원을 받을 수 있었을 뿐 아니라 이후 계속 되는 전원개발 사업에서도 우선권을 보장 받을 수 있었다.

이렇듯 조선총독부와 사기업의 협력의 결과로 식민지 조선의 전력체계는 빠른 성장을 거듭할 수 있었는데, 먼저 일본질소의 성공을 모범 삼아 사례를 모범 삼아 동양척식, 고주파 중공업 등 새로운 사업자들이 전원개발 사업에 뛰어들었다. 이에 따라 북쪽 지방 강계, 부녕 수계가 개발되었고, 남쪽 지방의 한강, 섬진강 등에도 발전소 건설 계획이 세워지기도 했다.[11] 또한 발전소에서 생산된 전기를 전국으로 송전하기 위해 220kV 고압 송전망이 가설되었는데, 이는 아직 일본에도 없는 것이었다.[12] 이러한 결과 식민지 조선의 전력기반은 여전히 중·소규모의 수력발전소에 의존해 전력부족으로 인한 전력공급 불안정 상태를 벗어나지 못했던 일본보다 싸고 풍부해졌고, 실제 일본의 전력다소비업체들이 대거 식민지 조선으로 이전하는 일까지 벌어졌다.[13]

신생국가 만주국이 산업개발5개년계획과 그에 토대로 대규모 전원개발계획을 수립하며 주목한 것도 바로 전력기반 확보와 그에 따른

---

11 동양척식에 의해 부녕, 강계 수계, 섬진강, 금강 유역이 개발되었고, 고주파중공업에 의해 한강유역이 개발되었다. 이들 후발업체들의 개발이익은 일본질소가 누렸던 것만큼 크지는 않았다. 朝鮮電氣事業史編纂委員會, ibid., pp.365~369.
12 op.cit., p.315.
13 이러한 경향은 1940년대 일본이 전시경제체제에 들어가면서 더욱 심화되었다. 다만 전력다소비업체들이 증가하면서, 일본질소가 조선의 전력을 독점하는 것에 대한 저항이 발생하기도 하였다. 허수열, 『개발 없는 개발』, 150~155쪽; 朝鮮電氣事業史編纂委員會, ibid., pp.479~503.

공업화라는 모범적인 결과물을 만들어낸 식민지 조선의 전력체계 전환 과정이었다. 대규모 산업개발 정책을 추진하며 기존 화력발전체계에서 수력발전소 체계로 전력체계 전환을 기획하고, 압록강 유역 개발을 포함한 만주국은 그 기술적 협력 상대를 일본이 아닌 식민지 조선에서 찾았고 일본질소는 그 적임자였다.

식민지 조선과 만주국의 국경을 가르는 압록강은 백두산 줄기에서부터 시작한 크고 작은 강들이 모여들어 좁고 긴 강을 따라 굽이굽이 큰 낙차를 만들어내며 합수하는 커다란 물줄기로 일찍부터 최적의 수력발전소 건설 지점으로 지목되어왔다. 그간 일본질소가 개발해온 20만kW급 부전강 발전소, 32만kW급 장진강 발전소, 35만kW 급 허천강 발전소도 모두 압록강 유역에 비하면 그 지류 개발에 불과했던 것이다. 이러한 압록강 유역 개발에 대한 구상이 여러 차원에서 이뤄졌는데, 먼저 일본질소의 발전소 건설을 책임져온 쿠보타 유타카(久保田豊)도 그중의 한사람이었다. 그의 회고에 따르면, 장진강 발전소에 이어 허천강 발전소 개발이 막 결정된 1936년 다음 개발 지점은 압록강 유역이 되어야할 것이라 생각하고 일본질소그룹의 총수인 노구치 시다가우(野口俊)를 설득했고, 가뜩이나 허천강 개발을 통해서도 총발전량(35만kW)의 1/3밖에 전원을 확보하지 못한다는 사실에 불만을 품고 있던 노구치는 더욱 거대해진 전원개발 계획에 적극 찬성했다. 나아가 쿠보타는 공식적인 사업 진행에 앞서 당시 조선총독부의 총독이었던 우가키 가즈시게도 설득할 기회를 스스로 만들기도 했는데, 1936년 7월 장진호반에 별장을 지어두고 가끔 방문을 하던 우가키가 장진강 호반을 찾아오자, 그를 직접 찾아갔던 것이다. 처음 계획을 들은 우가키는 난색을 표명했다. 만주국과 협력을 꾀하기 위해서는 여러 가지 귀찮은 일들을 감수해야하는데, 무엇보다 만주국과 관계가 그리 협조적이지 않다는 것이 그 이유였다. 더욱이 만주국은 재벌과 정당 정치인을 일본구질서의 패악이라 보고, '동아신질서(東亞新秩序)'를 통해, 그러한 문제를 일소하려는 정책을 펴고 있어, 그들이 일본질소와 같은 재벌을 용인할지도 우려되었다. 이에 쿠보타가 더욱 적극적인 도전의지를 보이며 구체적인 실행방안을 설명하자, 우가키는 노구치와 쿠보타가 일을 세밀하게 잘 추진한다면, 자신은 동의하겠노라고 소극적인 승인을 해주었다.[14]

만주국에서도 이러한 구상을 가진 이가 있었는데 만주산업조사회의 토목기술자 아베 교료(安倍孝良)가 바로 그 사람이었다. 일찍이 만주철도의 총재를 고토 심페이와 함께 만주로 와 만주철도 산업조사회의 일원으로 만주 개발 현장을 누볐던 아베는 관동군과 만주철도의 실질적인 산업 설계자로서 만주국의 산업개발계획에 꽤 높은 발언권을 가졌던 인물로 1936년 9월 만주국 관계자와 일본에 기반을 둔 '일만재정경제연구회', 만주철도 소속 경제조사회 회원들이 모여 "만주산업 5개년 계획"을 검토하는 자리에서 관동군은 아베의 기획안을 바탕으로 송화강과 압록강 전원 개발을 전체 계획에 포함시켰던 것이다.[15]

---

14 쿠보타는 자신의 대학졸업 논문에서부터 압록강 개발을 구상한 바 있다고 회고했다. 久保田豊, 山口仁秋, 『アジア開發の基盤を築く: 海外コンサルタント』, 東京: アジア經濟研究所, 1967, pp.26~37; 永塚利一, 『久保田豊』, 東京: 電氣情報社, 1966, pp.186~224. 이하 압록강 개발 계획에 대한 전반적인 내용은 Barbara Molony, ibid., pp.147~266를 참고하라.

15 이 회의에서 일만재정경제연구회가 제출한 '만주개발 5개년 계획'과 만철 산업조사회가 제출한 '산업 개발 장기 계획' 두개의 안을 놓고 논의가 이루어졌으며, 공업화를

이렇듯 식민지 조선과 만주국에서 큰 영향력을 가진 주요 기술개
발자들에 의해 그 개발 구상이 이뤄지고 있었지만, 형식적으로나마
두 국가의 상호 협력이 필요했던 만큼 공식적인 사업 추진이 쉽지는
않았다. 그간 일본질소의 수력발전소 건설을 이끈 쿠보타는 양측을
오가며 조금씩 사업을 추진했는데, 무엇보다 쿠보타에게는 압록강이
국경지대에 위치했다는 사실은 별로 중요하지 않았던 것이다. 1936
년 8월 쿠보타는 만주국 당국자들과 만날 매우 특별한 기회를 가졌다.
만주 송화강(松花江)에 56만kW급 대규모 수력발전소를 건설할 계획
을 세운 만주국 당국자들이 쿠보타에게 기술 자문을 청해왔던 것이
다. 이에 만주국 수도 신경(新京)까지 가, 발전소 설계도를 세심하게
검토하는 한편 송화강을 직접 둘러본 쿠보타는 상류와 하류 어느 면
에 발전소를 건설해도 발전량이나 건설비용에 있어서는 큰 차이가
없어 보이지만, 상류에는 현무암지대가 있어 공사가 힘들 뿐 아니라,
이 경우에는 상류에 지을수록 수몰되는 마을이 많아지므로 하류 안이
좋겠다고 조언했다. 또한 쿠보타는 이렇듯 큰 발전소를 건설하려면,
그에 걸맞은 대형전력소비단지가 필요하다는 충고도 잊지 않았는데,
적당한 소비자를 찾기 어려우면, 일본질소를 고려해볼 수도 있을 것
이라 제안했다.[16]

이때 함께한 관동군 고위 장교 및 산업관련 관료들은 대부분 노구

주장한 일만재정경제연구회의 안이 거의 채택되었다. 여기에 관동군이 제안한 발전소
건설안이 더해진 정도의 수정이 있었다. 만철 산업조사회는 농업중심의 안을 제출했고
채택되지 못했다. 논의 중 육군성과 관동군의 이해관계가 종종 대립했는데, 이때에는
일본본토의 이해관계에 크게 저해되지 않는 한 만주의 자율성을 최대한 인정하는 방향
으로 결정되었다고 한다. 고바야시 히데오, 임성모 옮김, 앞의 책, 145~151쪽.
16 이를 계기로 이후 일본질소는 길림성에 진출할 수 있었다.

치와 쿠보타가 전력자원이 전무했던 조선에서 보인 대규모 전원개발
사업의 전모를 잘 알고 있었으며, 특히 경제참모를 엮임하고 있는 아
키나가 쓰키조(秋永月三) 중령과 만주산업조사회의 토목기술자 아베
교료는 장진강 발전소 건설현장을 직접 방문해 장진강 발전소의 위용
을 눈으로 확인한 바 있었다. 또한 아키나가는 쿠보타와 아베는 노구
치와 각각 만나 만주에서의 전원개발사업에 대한 의견을 나누기도
했었다. 이 자리에서 쿠보타는 압록강 개발에 대한 자신의 구상을 풀
어놓은 기회를 가질 수 있었는데, 그는 건설 자금과 전기 사용에 대해
서는 조선측과 만주측이 절반하되, 당장 어려움이 있으면, 일본질소
측에서 자금을 더 내놓거나, 남는 전기를 더 소비할 수도 있다는 구체
적인 안을 내놓기도 했다. 그날 모임에서 이타가키 세이지로(板垣征四
良) 관동군 참모장은 쿠보타의 요청에 즉답은 피했지만, 쿠보타가 다
시 장진강으로 떠나기 전 긍정적으로 검토하겠다는 답을 보내왔다.

이렇듯 비록 비공식적인 경로를 통해서였지만, 주요 참가자들 사
이에 압록강 개발 사업에 대한 사전 공유가 이뤄졌고, 이후에는 조선
총독부, 만주국, 그리고 일본질소 사이에 공식적인 협력관계가 이뤄
지며 압록강 유역 개발 사업은 매우 빠르게 진전되었다. 1936년 10월
조선총독부와 만주국 사이의 선만 수뇌 회담이 개최되어 압록강 수력
발전소 개발계획이 공식 합의되었고, 1937년 1월 양측은 "조만압록강
공동기술위원회"를 설치하여 본격적인 사업을 시작했다.[17] 형식적으
로나마 서로 다른 국가 사이의 협력 사업의 형태를 띠었던 만큼, 두
국가 사이의 이해관계가 충돌할 여지가 많이 있었는데, 실제 조선총

---

17 朝鮮電氣事業史編纂委員會, ibid., pp.374~381.

독부 관계자들과 만주국 당국자들은 사업의 주체를 누가 맡을 것인지, 중앙 사무소는 어디에 둘 것인지를 두고 의견차를 좁히지 못했다. 이때 일본질소그룹의 총수 노구치는 실용적인 해결책을 제시하며 합의를 이끌었다. 어차피 발전소를 건설하기로 했고, 피차 발전소 건설이 목표인 만큼, 싸우지 말고, 입장을 좁힐 수 없다면 조선측과 만주측이 각각 발전회사를 설립하여 공동으로 개발 사업을 진행하자는 것이었다. 이에 조선총독부와 만주국이 모두 동의하여, 조선측의 노구치는 조선 압록강 수력발전주식회사를 설립했고, 만주측은 국영으로 만주 압록강 수력발전주식회사를 설립해 모든 사항을 절반씩 책임지기로 했다. 두 회사는 자금, 전기사용, 책임 소재만 다를 뿐 모두 노구치와 쿠보타에 의해 운영되었고, 이들이 실제 압록강 유역 개발의 전 과정을 주도했다.[18]

수풍댐은 압록강 수계를 따라 총 7개의 댐을 건설해 총 200만kW의 전력을 확보하는 거대한 계획 중 가장 규모가 큰 발전소로 첫 번째 협력 사업으로 추진되었다. 수풍댐은 이전 시기 식민지 조선의 수력발전소들과 달리 중력식 댐이었고 그 규모도 엄청나게 컸기 때문에 여러 기술적인 문제들을 해소해야했다. 이에 식민지 조선과 만주국은 선만(鮮滿)압록강공동기술운영회를 설치하는 등 기술 문제 해결에 큰 관심을 보이며 지원을 아끼지 않았다. 해외 기술진을 초빙해 수풍댐 설계와 관련해 예상할 수 있는 문제들을 심의하기도 하고 모형실험을 실시하는가 하면, 총독부 관료와 일본질소 기술자들을 중심으로 미국의 대규모 수력발전소, 볼더댐, 그랜드 쿨리댐 등을 둘러볼 시찰단을

---

18 일본질소는 조선 측 발전량 중 1/3을 독점사용하기로 했다.

파견하기도 했다.[19] 사업추진과정에서 양측의 전기 기술 표준 차이가 문제로 되기도 했다. 식민지 조선이 60Hz의 전원을 사용하는데 반해 만주는 50Hz의 전원을 사용했다는 점이 대표적인 예이다. 일본질소와 양측 정부는 이러한 문제에 대해서도 7개의 발전기중 호환이 가능한 발전기를 3대 설치하고 나머지는 각 2대씩 조선측과 만주측 전용 발전기를 설치하는 등 간단하고 실용적인 해결책을 모색했다.[20]

이렇듯 만주국과 조선총독부가 압록강 개발 사업을 두고 만나, 쉽게 협력체계를 갖출 수 있었던 배경에는 최적의 수력발전소 개발 지점을 찾아내고 이를 실현하고자 관계자들을 설득하고 중재하는 한편 전기기술과 관련한 문제는 물론 정치적인 문제까지 실용적인 해결책을 제시한 토목기술자들의 노력이 있었다. 그러나 무엇보다 식민지 조선과 만주국의 국경 지대에서 협력은 식민지 조선에서 만들어진 전력체계가 만주로까지 확산되는 과정이었다. 아직 미개척 상태에 있는 만주를 재벌들의 난잡한 경쟁으로 위기상태에 처한 일본과는 완전히 다른 경로를 통해 "이상적인 근대산업국가"로 육성하고자 했던 만주국 당국자들에게 안정적인 전력 확보와 균형 잡힌 산업발달은 동시에 추구해야할 과제였고, 쿠보타와 노구치가 보여준 대규모 발전소 건설에서 중화학 공업 발달로 이어지는 근대 산업발달의 선순환은 따라야할 이상적인 모델처럼 보였다. 즉 강력한 식민지 통치기구, 조

---

19 이러한 조선총독부의 적극적인 참여는 이전 시기 식민지 조선의 수력발전소 건설 과정에서는 없었던 협력이었다. 朝鮮電氣事業史編纂委員會, ibid., pp.381~382.
20 이때 도입된 발전기는 개당 10kV짜리로 일본의 최신 기술이 채용되었다. 애초 독일로부터 수입할 계획이었으나 전쟁으로 수입이 어려워지자 도시바에 의뢰해 개발할 수 있었다.

선충독부와 높은 수준을 가진 기술을 가진 일본질소 사이의 독특한 협력체계에 기반한 식민지 조선의 전력체계 구축 과정은 제국의 중심지 일본에서는 찾을 수 없었던 기술적 모범이었고, 바로 만주국이 당장 배워야할 과제였다. 이러한 필요에 의해, 쿠보타와 노구치가 식민지 변방에서 만들어낸 전력체계가 다른 식민지의 변방, 만주로 이전될 수 있었고 결국 1930~40년대 동아시아 전역에 영향력을 끼칠 전력체계를 둘러싼 이러한 기술혁신이 제국의 중심지 일본이 아니라 식민지의 변방, 식민지 조선과 만주국의 국경지대에서 이뤄질 수 있었다.

그리고 협력의 결과, 무엇보다 눈에 보이는 변화는 압록강 허리에 70만kW급 거대한 인공호수가 우뚝 솟았다는 점이다. 그리고 이 거대한 인공물은 각각의 주체들에게 새로운 의미로 전유되기 시작했다. 이때 각 주체들이 수풍댐을 전유했던 방식은 곧 그들이 협력의 대가로 얻고 싶어 했던 것이 무엇이었는지를 잘 보여준다.

4. 수풍댐의 등장과 동아시아 기술체계의 형성

압록강 개발 공사가 시작되고, 미처 수풍댐이 완공되기 전부터, 만주와 식민지 조선의 언론들은 앞 다투어 수풍댐의 위용을 각국에 전했다. 『만주일보』는 수풍댐의 건설은 곧 "만주 산업의 대비약"이라고 선언했고, 친일 일간지, 『경성일보』는 수풍댐은 "산업 일본의 상징"이라고 주장했다. 민족주의 성향의 일간지인 『동아일보』와 『조선일보』도 "신천지전개(新天地展開)", "문명극치로 대도약"라는 등의 언사를

아끼지 않았다.[21] 이들은 공통적으로 수풍댐을 근대 과학기술의 결정
체로서 인식했지만, 신생국가로서의 정체성을 확보하자 했던 만주국
정부와 강력한 기술 통제정책을 펴고자한 식민지 통치기구, 조선총독
부는 각기 다른 방식으로 그 의미를 전유했다.

먼저 만주사변을 일으킨 장본인으로 평가되는 이시와라 간지(石原
莞爾)와 이타사키 세이시로(板垣征四良)는 공공연히 만주는 일본제국
의 신질서를 위한 실험실이라고 이야기하곤 했다. 1920년대 이후 일
본의 경제적 위기가 지속되자 군부의 많은 지도자들은 일본이 위기에
빠져있다고 주장했고, 실제로 일본에서는 그러한 분위기를 타파하고
자 하는 군사 쿠데타가 1930년대 내내 적지 않게 일어났다.[22] 특히
만주국 수립 참여한 많은 수의 영관급 장교들은 개혁주의적 성향이
강했는데, 그들은 재벌과 정당 정치인이 일본사회를 망치는 주범이라
고 지목하고, 아직은 그러한 오염세력이 없는 만주에서 군부의 체계
적인 계획 하에 이상적인 일본사회, 나아가 동아시아 신질서를 구현
하고자 했다. 즉 이들은 만주를 중공업 중심으로 근대 산업국가로 육

---

21 「大自然を征服し－第一期工事完成近し」, 『滿洲日報』, 1940.10.27; 「鴨綠江は近き將
來－七つの人造湖水に變貌」, 『滿洲日報』, 1940.10.29; 「水豊ダム建設は産業日本の象
徵; 廣谷本社特派員記」, 『京城日報』, 1940.10.4.; 「대자연을 정복한 현대과학의 경이.
압록장강을 일곱 토막으로 막는 수풍동, 세계적 데뷔」, 『조선일보』, 1939.5.2; 「原始的
鴨綠長江이 文明極致로 大飛躍」, 『동아일보』, 1939.5.6.
22 군부의 불만은 단지 일본의 경제적 위기 때문만은 아니었다. 최근 여러 연구들은 1920
년대 다이쇼 데모크라시가 의 분위기가 널리 퍼지면서, 이전시기 내각을 주름잡던
군부의 권력이 축소될 수밖에 없었는데, 이는 곧 군부가 일본 정치 구조에 불만을
품는 주요 원인 중 하나가 되었다고 지적한다. 앤드루 고든, 김우영 역, 『현대일본의
역사: 도쿠가와 시대에서 2001년까지』, 이산, 2005, 335~369쪽. 만주국의 자세한 사항
에 대해서는 프래신짓트 두아라, 한석정 옮김, 앞의 책, 91~169쪽; 한석정, 『만주국
건국의 재해석』, 동아대학교 출판부, 2007을 참고하라.

성함으로써, 결국 만주국을 일본 산업자본주의의 전위로 만들려는 했던 것이다.[23]

비록 짧은 시간 존재했던 괴뢰국이었지만, 만주국은 일본의 여타 식민지와는 달리 1932년 하나의 독립국으로 출범했다. 국가의 지위를 누리기 위해 만주국은 여러 가지 장치들을 동원했는데, "인민을 위한 유토피아"도 그렇게 동원된 수사 중에 하나였을 것이다. 하지만 실제로도 만주국은 애족, 애민, 유교적 왕도정치를 실현하고자 노력했고, 제한된 것이나마 식민지판 복지국가를 구현하고자 노력했다. 한석정에 따르면, 이러한 수사는 곧 비록 괴뢰국가일지언정 독립국가로서 건설된 만주국의 국가적 정당성을 의미했다. 더불어 루이스 영은 실제 만주개발에 참여한 좌파 지식인들이 복지국가라는 모범을 만들어내는데 중요한 역할을 했다고 지적한다. 즉 그녀에 따르면, 만주국은 좌파지식인과 우파 군부 혹은 행정부의 기묘한 결합이 만들어낸 결과물이었는데, 1920년대 이후 일본의 일자리가 부족해지는 한편 반공산주의 정서가 강해지는 상황에서 만주로 향하게 된 좌파들은 미개척지 만주에서 새로운 꿈을 발견할 수 있었고, 만주의 군부, 행정가들은 중국에 대한 지식과 구체적인 개발계획이 필요했던 것이다.[24]

---

23 Lousie Young, *ibid.*, p.240.
24 루이스 영은 그들, 일본의 진보적 지식인들은 그들이 어떤 의도로 만주기획에 참여했든, 동북아에 건설된 새로운 제국주의 건설의 첨병이었다고 주장한다. op.cit., p.302; 만주국에 대한 저작들이 공통적으로 만주 내에 만철 "마스크스주의"라는 그룹이 존재했으며, 실제 그들이 산업조사회에 일원으로서 5개년계획에도 참여했지만, 근대 국방 국가를 건설하고자한 우익 관동군은 그들을 충분히 이용하고 통제할 수 있었다고 지적한다. 1930년대 후반부터는 만주내 공산주의 그룹에 대한 탄압이 심해져, 이들 대부분이 만주국에서 추출되었다. Ito Takeo, Joshua A. Fogel translation with introduction, *Life Along the South Manchurian Railway: the Memorirs of Ito Takeo*, Armonk, New

개발, 발전, 그것을 통한 근대 국가건설이라는 이상은 정치적 지향이 너무도 달랐던 이들이 서로 결합할 수 있도록 매개했다. 중국의 민족주의 운동에 크게 동조했던 좌파 지식인들은 비참한 중국인들을 구제하기 위해, 그들을 근대세계로 이끌기 위해 만주개발에 뛰어들었고, 군부는 그들을 제어하는 대신 그들의 과대망상을 계속 부추겼다. 미개발 상태인 만주는 그들 진보적 지식인들에게도 근대국가로 나가야하는 백지일 뿐이었고, 사회개혁을 실험해볼 드넓은 실험실이었던 것이다. 그것을 민중을 구제할 수 있다는 언명은 너무도 고결한 그들의 이상과도 잘 맞았던 것이다. 즉 근대과학기술, 근대적 산업의 발달은 만주국을 떠받치는 중요한 기둥에 하나였고, 이는 풍부한 전원개발, 중화학 공업화를 선언한 "만주개발 5개년 계획"으로 귀결되었다.[25]

그러나 곧 가용자본이 부족해지면서 문제가 발생했다. 만주국은 자신의 존재이유인 근대적 발전국가모델을 포기할 수는 없었고, 그 대신 관동군은 그간 줄기차게 주장해온 반-재벌정서를 수정할 수밖에 없었던 것이다. 관동군은 여전히 미쓰비시, 미쓰이와 같은 대재벌은 거부했지만, 그들이 보기에 비교적 양호하다고 생각되는 신흥재벌을 새로운 파트너로 받아들였다. 그 대표적인 사례가 아유카촤 요시스케(鮎川義介)가 이끄는 니싼(日本産業會社)이었다. 이후 니싼은 국영기업들을 공동경영하면서 만주에서 만주 콘체른을 형성하는 등 크게 성장했다.[26] 사실 만주국이 산업개발의 토대가 될 전력체계의 급격한

York, London: M.E. Sharpe, 1988, pp.102~120; 고바야시 히데오, 앞의 책, 137~141쪽.

25 Lousie Young, ibid., pp.268~303.

26 F. C. Jones, *Manchuria Since 1931*, London: Royal Institute of International Affairs, 1949, pp.148~150; Ito Takeo, ibid., p.160.

확충을 위해 식민지 조선에서 찾은 전원 개발의 모범 또한 통치기구의 통제에 협력하는 한 기술력을 가진 전력다소비업체, 즉 신흥 재벌에게 최대한의 자율과 이권을 보장하는 것에 다름 아니었다. 즉 식민지 변방에서 기술혁신을 만들어낸 식민지 조선의 전력체계 구축의 모범은 만주국이 반재벌 실험에서 물러났을 때 비로소 용인 될 수 있는 선택지였고, 만주국의 이상국가 건설의 목표가 실패한 그 자리에서 동아시아 기술체계로 확산될 수 있었다.

결국 반재벌 실험을 종결한 만주국에 남은 것은 중공업을 중심으로 한 산업발달뿐이었다. 가시적인 근대적 성과물들은 만주국에서 진행되고 있는 실험들이 모종의 결과들을 만들어내고 있다는 증거였고, 나아가 만주 통치를 정당화해주는 유일한 장치가 되었다. 송화강 개발이 한창 진행 중인 와중에 선뜻 압록강 개발에도 협력하고, 수풍댐에 이어, 의주, 운봉 댐 건설에도 뛰어들었던 만주에게 수풍발전소는 그자체로 만주국의 존재이유를 인정받기 위한 투쟁의 산물이었다. 이러한 의미에서 만주국이 수풍댐 발전소 건설에서 얻고자 했던 것은 근대국가 그 자체였다. 만주국의 광기어린 개발의 결과는 1937년 이전까지 41만kW에 불과하던 포장수력이 1945년 종전당시에는 178kW까지 증가했다는 사실에서 충분히 확인할 수 있다.[27]

한편 조선총독부에게 수풍댐은 공업화의 확장을 가져올 안정적인

27 Jones의 위의 책은 1945년 당시 300kW에 달했다고 서술하고 있지만, 대략 추산해 보면 강진아가 제시하는 178kW가 더 정확한 듯, 강진아, "중국과 소련의 사회주의 공업화와 전후 만주의 유산", 한석정, 노기식 편, 『만주, 동아시아 융합의 공간』, 소명출판사, 2008, 163쪽. 루이스 영에 따르면, 만주국의 근대적 국가적 위용을 가장 잘 드러내주는 사업은 철도건설과 도시계획이었다. 특히 만주국 수도 신경은 전적으로 국제적 규격에 맞추어 도시가 새로이 기획되었다. Lousie Young, ibid., pp.241~268.

기반설비이자 전력부분에서 만큼은 식민지 조선이 일본 보다 더 나은 입지 조건을 조성했다는 실물 증거였다. 1931년 조선총독으로 부임한 우가키 가즈시게 또한 1929년 대공황을 거치면서 일본의 경제가 심각한 위기상황에 빠졌다고 진단했다. 영·미와의 관계가 항시 위태로워질 수도 있는 상황에서 그는 무엇보다 일본이 자급적인 경제체제를 구축할 필요가 있으며, 이를 위해서는 일본, 조선, 만주를 잇는 일선만(日鮮滿) 블록을 건설하고, 이를 토대로 상호보완적인 경제시스템을 구축하는 것이 그 대안이라고 주장했다. 1932년 조선총독에 부임한 우가키는 이러한 구상을 실현하기 위해 다각적인 공업화정책을 추진했다. 식민지 조선을 공업화할 대기업을 유치하기 위해 일본에 강연회를 다니는 등 세일즈에 열을 올리는 한편, 공업화에 좋은 조건을 마련하고자 노력했는데, 그가 발전소 건설을 독려한 것도 이러한 목적의 일환이었다. 이러한 상황에서, 일본질소는 조선총독부의 충분한 지원 속에서 장진강, 허천강 발전소를 차례로 개발해나갈 수 있었다. 이러한 조선총독부와 전력다소비업체간의 협력이라는 독특한 전원개발 방식은 결과적으로 식민지 조선에 풍부한 전력자원이 개발될 조건을 조성했고, 값싸고 안정적인 전력을 공급해 공업발달의 토대를 닦았다. 식민지 조선의 전력상황은 일본보다 오히려 좋았고 그 결과 일본의 화학, 금속 등 전력다소비업체들이 대거 조선으로 이주해오기도 했다.[28]

이렇듯 수풍댐은 그간 조선총독부가 강력하게 통제된 식민지 통치

---

28 우가키의 공업정책에 관해서는 이승렬, 「1930년대 전반기 일본군부의 대륙침략관과 '조선공업화' 정책」, 『국사관논총』 67, 국사편찬위원회, 1996, 145~196쪽을 참고할 것.

기구를 통해 추진해온 발전소 건설, 근대화 프로젝트들에 정당성을 부여하는 역할을 했다. 유사 국가로서 식민지 통치기구는 자연·자원을 관리하고, 인재를 육성하며, 그것들을 적재적소에 배치함으로서 사회를 보다 발달시키고자 하는데, 이러한 논리에 따르면, 공업의 성공이 곧 통치의 정당성이었다. 수풍댐과 같이 눈에 보이는 거대 인공물은 식민지 통치기구가 제대로 작동하고 있다는 증거였고, 더 강한 통제력을 가질 근거를 제공했다. 나아가 개발, 근대화라는 지상 목표는 식민지 통치기구가 식민지민의 근대화 욕구, 마치 그들의 이해관계를 대변하고 있다는 착각까지도 불러왔다.[29]

이러한 근대산업기술의 발달과 식민지 통치기구의 정당성 사이의 연관관계는 식민지시기 민족주의 경향의 지식인들에게도 그대로 투영될 수 있었다. 수풍댐 발전소 건설은 "도도히 수천리" 흐르던 강을 "벙어리 인공호수"로 만들어버렸지만, 동시에 눈앞에 "신천지"를 펼쳐놓기도 했다.[30] 어떤 이는 수풍댐에서 굽이굽이 흐르던 "원시적 압록강"이 신문명 앞에서 고분고분 새로운 "문명극치(文明極致)로 대비약(大飛躍)"하는 것을 확인하기도 했다.[31] 이렇듯 근대화의 논리를 받아들이고 나면, 미개한 식민지는 개발되어야할 대상이 되었고, 그것

---

29 프라카슈에 따르면, 이러한 근대 기술은 단지 도구가 아니며 국가 권력 그자체인데, 국가는 마치 하이데거가 정의한 기술이 그랬든 자연과 인간을 재배치하고, 관리함으로서 통치의 정당성을 확보한다. Gyan Prakash, *Another Reason: Science and the Imagination of Modern India,* Princeton, N.J.: Princeton University Press, 1999, p.160.

30 「滾滾튼 千里長江이 벙어리 人造湖水化 朔州水豐洞「댐」竣工도 在邇 江岸에는 重工業煙突이 林立」, 『동아일보』, 1939.5.1.; 「鐵馬 起重機 날러 들어 鴨江에 新天地展開 水豐댐 工事에 千萬人夫動員[寫]」 1939.5.2.

31 「鐵馬 起重機 날러 들어 鴨江에 新天地展開 水豐댐 工事에 千萬人夫動員」, 『동아일보』, 1939.5.6.

을 위해서는 강력한 통치기구가 필요했다.[32]

1940년 1월 5일자 조선일보는 신문 한 면을 모두 할애해 "세기의 괴기 수풍댐 파문"이라는 제호 아래 수풍댐 건설을 둘러싼 지역 상공업자 및 지식인들의 대담을 실었다. 여기에 모인 사람들 중 아무도 세기적 규모의 수풍댐이 압록강 허리에 등장한다는 사실에 반대하지 않았다. 몇몇이 당장 산업구조를 개편해야할지도 모른다는 우려를 제기하기도 했지만, 초국가적 대공사를 통해, 장기적 안목으로 전기가 풍부해지고, 도시가 근대화된다는 사실은 환영할 일이었던 것이다. 단지 이들이 걱정하는 것은 풍부한 전력자원을 바탕으로 대공업이 들어오면 자신들과 같은 중소규모의 상공업이 상대적으로 위축되지 않겠는가라는 것 등이었다. 당장 큰 문제도 있었는데, 압록강을 따라 목재를 생산하고 이를 뗏목의 형태로 엮어 하류로 내려 보내던 전통적 유벌(流筏)에 종사하는 이들이 피해를 볼 것이고, 곧 목재이동이 어려워져 목재업이 큰 타격을 입을 수 있다는 것이었다. 당시 식민지 조선에서 꾀 규모가 컸던 목재업의 문제제기에 대해 발전소 측은 유벌을 위한 수로를 따로 마련하는 등 해결의 노력을 보이기도 했지만, 결국 물길이 좁아진 탓에 유벌이 정체되어 특히 신의주의 목재업이 큰 피해를 볼 수밖에 없었다.[33]

---

32 「鴨江水電의 中間報告 水豐댐 不遠完成 來秋에는 歷史的竣工 朝滿兩側 工事進陟」, 『동아일보』, 1939.8.15.

33 좌담회는 「세기적 괴기 수풍 "댐"의 파문」, 『조선일보』 1940.1.5. 유벌문제에 관한 기사는 「압록강의 류벌문제 비관에서 난관으로 수풍 "댐" 류벌로 시험 결과판정」, 『조선일보』, 1940.4.28; 「『수풍댐』현지 시찰 유벌의 기술적 검토」, 1940.7.4; 「수풍의 정체 유벌 1일 40대 편벌 통과」, 1940.8.1; 「수풍 "댐"에 유벌 불통 제재업에 타격 다대 인부는 증원, 벌목 수습작업」, 1940.8.4.

이렇듯 대다수의 사람들이 근대적 상징물로서 수풍댐의 등장과 식민지 통치기구의 적절한 자연·자원관리를 환영하는 가운데, 발전소 건설로 피해를 입은 수많은 이들은 어디론가 숨겨졌다. 10만에 이르렀던 수몰이재민들, 위축되고 타격을 입은 중소 상공업자들, 허리가 끊긴 압록강을 안타깝게 바라보아야했던 사람들, 이들에게 수풍댐은 신기하고 거대한 "세기적 괴기"였을 것이다. 더욱이 행정과 군대, 입법과 사법이 분리되지 않은 채, 총독부에게 모든 권한이 집중된 식민지 조선의 상황에서 근대과학기술에 대한 식민지민의 동의를 바탕으로 한 식민지 통치기구의 개발과 통제는 찬성하는 이들을 포섭하고 반대하는 이들을 철저하게 은폐되고 배제하는 방식으로 진행되었고, 그것에 대한 문제제기는 불가능했다.

5. 맺음말

국가주도 산업발전 모델을 실현하려는 목표의 일환으로 수풍댐 건설을 제안하고, 식민지 조선, 일본질소와 협력한 만주국은 일단 원하는 대규모 발전소를 얻었고, 곧 220kV 고압 송전망을 가설해 다롄, 안동 등 동·서부 공업지역까지 전기를 공급할 수 있었다. 풍부한 전기를 바탕으로 다양한 산업투자를 이끌어 낼 계획도 세웠다. 또한 일본질소와 협력을 통해 대규모 발전소 건설 경험을 쌓았고, 이를 바탕으로 먼저 시작했지만 그간 제대로 진척되지 못했던 풍만댐도 온전히 만주의 기술력으로 건설할 수 있었다. 발전소 건설 주체였던 일본질소는 기존의 식민지 조선에서 형성된 발전소 건설의 패러다임을 그대로 유지하면서, 질소비료 생산에 필요한 전력을 싸게 확보했을 뿐 더러, 만주에 진출할 기회까지 얻었다. 협력을 통해 만주국의 신뢰를 획득한 노구치는 쉽게 만주 동북지역에 공장을 설립하고, 만주국으로 공급되는 전력 중 일부를 공급받아 공장을 가동할 수 있었다. 무엇보다 가장 큰 수혜자는 조선총독부였는데, 별도의 자금과 노력을 들이지 않고, 식민지 조선에 전력을 추가할 수 있었다.

결국 수풍댐 공동 건설을 통해, 기존 일본질소와 식민지 조선의 협력으로 만들어진 식민지 조선의 전력체계가 동아시아 전력 기술체계로 확대·강화되었다. 그리고 이러한 통치기구와 민간 기업의 파트너십에 토대한 대규모 개발 형태는 해방 이후에도 동아시아의 기술 형태로서 오랫동안 유지·강화되었다.

제3부

헝가리의 문화적 메타모포시스

- 전통문화의 메타모포시스:
  헝가리 문화 속의 오스만 유산

- 도시의 메타모포시스:
  근대적 전환 공간 부다페스트

8장
전통문화의 메타모포시스:
헝가리 문화 속의 오스만 유산

1. 머리말: 헝가리와 오스만 제국

헝가리 민족[1]은 오스만 제국과 마찬가지로 유럽에 기원을 둔 민족이 아니다. 헝가리 민족의 기원에 대해서는 다양한 학설이 있다. 분명한 점은 그들이 유럽에서 기원한 민족은 아니라는 점이다. 헝가리인이 훈족과 관련이 있다는 설도 있지만 근거가 부족하다. 명백한 것은 헝가리인은 중앙아시아 지역에서 유럽으로 이동해 오는 오랜 기간 동안 헝가리 민족이 지나온 지역에 거주하는 민족, 국가들의 문화적 요소들을 흡수하며 자신들의 문화를 형성하였다는 점이다. 헝가리인은 9세기경 지금의 루마니아 트란실바니아 지역에 해당하는 카르파티아 분지에서 정착하였고, 11세기경부터 로마 가톨릭을 받아들여 유럽의 일원이 되었다. 이때부터 헝가리는 기독교 유럽 세계의 일원으로 존재하며 자신의 정체성을 확립하였고, 이후 헝가리는 유럽의 동

---

1 이 글에서 헝가리 민족, 헝가리족, 헝가리인이라는 용어는 명확히 구분하여 사용하지 않았다. 헝가리 사람은 자신들을 머저르족(Magyar)이라고 부른다.

쪽 경계선으로서 기독교 세계의 보루로서의 역할을 하였다. 따라서 헝가리인은 아시아적 기원과 유럽적 정체성이라는 두 가지의 특성을 모두 갖고 있다고 할 수 있다. 물론 헝가리인은 동양과 유럽 사이에서 둘 중의 하나를 선택해야 하는 순간이 오면 언제나 유럽을 선택한 것은 부정할 수 없는 사실이다. 오스만 제국과의 관계에서도 헝가리인의 이러한 유럽적 정체성이 분명히 들어난다.

주지하다시피 유럽 중부나 동부에 있는 대부분의 국가들은 멀든 가깝든 오스만 제국과 관련이 있다.[2] 그중에서도 헝가리는 오스만 제국과 직접적으로 관계가 깊은 나라이다. 1526년 헝가리 남부의 모하치(Mohács)에서 벌어진 대규모 전투에서 러요시 2세가 이끄는 헝가리 주축의 기독교 연합군은 슐레이만 1세가 이끄는 오스만 제국과의 전투에서 거의 전 군대가 괴멸되는 패전을 당하였다. 이 사건은 헝가리 역사뿐만이 아니라 유럽사에서도 가장 중요한 사건 중의 하나로 간주된다. 이 전쟁으로 인하여 중부유럽의 세력판도가 근본적으로 바뀌게 되었다. 모하치 전투에서 헝가리의 러요시 2세가 전사함으로써, 지역에서 헝가리가 차지하던 강력한 입지는 하루아침에 사라지고 말았고, 헝가리 왕조는 무너지고 말았다. 러요시 2세의 사후 합스부르크의 페르디난트 대공이 헝가리 왕으로 선출되었다.[3] 그러나 이때부터 합스

2 Pálffy Géza, Magyar évszázadok - Tanulmányok Kosáry Domokos 90. Budapest: Osiris, 2003. p.27~31 근대 유럽의 형성에서 오스만 제국은 음으로든 양으로든 중요한 역할을 담당하였다. 오스만 제국이 존재함으로써 그것이 근대 유럽의 형성에 미친 영향은 먼저 '동맹'의 활성화이다. 강대국들은 오스만 제국과 맞서기 위하여 주변국들의 지원이 절대적으로 필요했기 때문이 자신들이 지배하던 지배지역의 백성과 지배자들에게 관용적인 태도를 취해야만 했었다. 이러한 관용정책에 의해 가톨릭교회로 부터 탄압을 받았던 신교도들이 살아남을 수 있었다.

〈지도 1〉 서부, 중부 헝가리, 트란실바니아(1629)

부르크 제국은 헝가리 왕국을 대신하여 오스만 제국의 술레이만 1세
와 직접적으로 투쟁하는 위치에 놓이게 되었다. 이후 150여 년 동안
오스만 제국은 유럽에 지속적이며 심각한 위협이 되었다. 이 와중에
서 헝가리는 가장 큰 피해를 받았다. 1541년 오스만 제국이 부다(페스
트)를 점령한 후 1686년까지 약 150년간 오스만 제국의 통치하에 있

---

3 Pálffy Géza, "The Impact of the Ottoman Rule on Hungary". *Hungarian Studies
Review*. Vol. XXVIII. Nr. 1-2. Canada: Hungarian Studies Association, 2001. pp.11~43
페르디난트 대공은 1526년 12월 17일 헝가리의 왕으로 선출 되었을 뿐만 아니라, 이미
1526년 10월 23일 보헤미아의 왕으로, 그리고 헝가리 왕으로 선출되고 난 이후 1527년
1월 1일에는 크로아티아의 왕으로 선출되었고, 최종적으로는 1558년 3월 24일 신성로
마제국의 황제로 등극하였다.

었던 헝가리는 합스부르크 지배의 서부 헝가리, 오스만 제국 지배의 중-남부 헝가리, 헝가리의 통치하에 있었던 트란실바니아 지역 등 세 부분으로 국토가 나뉘어졌다(지도 1).

이 와중에서 오스만 제국의 직접 지배를 받았던 중부, 남부 헝가리 지역과 수도 부다(Buda), 오스만 제국과 계속해서 접촉과 교류가 빈번 했던 트란실바니아 지역은 오스만 제국으로부터 많은 영향을 받았다. 150여 년 간의 오스만 제국의 지배를 거치면서 헝가리의 문화 속으로 오스만 문화가 상당히 유입되었고 현재까지도 그 유산이 존재하고 있다. 물론 터키의 유물이나 흔적이 광범위하게 남아있는 것은 아니 다. 그러나 그들의 통치가 남겨놓은 정신문화적 유산은 헝가리인의 의식 속에 자리하고 있다는 것도 사실이다. 헝가리의 학자들은 현재 헝가리에 '터키의 유물(heritage)'은 많이 남아있지 않지만, '터키의 유 산(legacy)'은 헝가리 사고방식의 형성에 아주 결정적인 영향을 미쳤 다고 언급하기도 한다. 오스만 제국의 통치는 헝가리 정치, 문화의 양상을 변화 시켰으며 헝가리의 문화적 자존심을 무너뜨렸다고 평가 하기도 한다. 근자에 헝가리에서 유행하고 있는 '고독함', '많은 재앙 을 견뎌내 온 민족', '영광스러운 과거에 대한 향수', '(유럽의)희생자 의 역할', '(신에게) 선택받은 자'라는 등의 메타포(Metaphor)들은 예외 없이 오스만 제국의 헝가리 지배와 관련되어 있다. 현재까지도 헝가 리인이 느끼는 '유럽으로부터의 소외의식'도 오스만 지배시기부터 시 작되었다는 것이 다수 학자들의 견해이다.

일반적으로 오스만 제국의 지배 시기가 헝가리 역사의 가장 힘든 시기였다는 것은 두말할 나위가 없다. 헝가리의 서부지역은 합스부르 크 왕가가 지배하고, 중-남부지역은 오스만 제국의 지배, 동부지역은 헝가리의 지배에 놓여있는 상황이 150여 년 간 지속되면서, 오스만 제국의 통치가 종료된 이후에도 헝가리의 문화가 세 가지 형태로 분리되어 발전하는 양상을 보이게 되었고, 그 영향과 양상은 현재까지도 남아있다고 할 수 있다(김지영 2009: 298~300).[4] 즉, 헝가리의 전통문화를 간직한 헝가리의 지배층이 트란실바니아로 옮겨감으로서 트란실바니아가 헝가리 문화의 중심지로 부상하였고, 부다를 중심으로 한 중남부 지역은 헝가리 문화보다는 오스만 문화와의 접변이 두드러졌으며, 합스부르크가 지배하던 서부지역은 가톨릭 문화가 더욱더 강력하게 영향력을 미치게 되었던 것이다. 이와 같은 헝가리의 삼분(三分) 상태는 장기적으로 헝가리의 역사에 부정적인 영향을 미쳤다고 볼 수 있다. 실제로 이와 같은 국토 분리는 제1차 세계대전 이후 트란실바니아가 헝가리로부터 분리되는 데에도 적지 않은 영향을 미쳤다는 것이 정설이다. 헝가리가 셋으로 분리된 16세기 중엽 이후부터 헝가리는 각 지역별로 독자적으로 문화를 발전시켰다.

합스부르크의 지배하에 있던 서부지역에서는 중세의 르네상스, 인문주의, 종교개혁과 같은 문화적 현상들이 서유럽으로부터 도래하였고, 헝가리의 지배하에 있던 트란실바니아 지역에서는 헝가리 고유의 농민 문화와 전통 문화가 전통을 고수하며 발전하였다. 오스만 제국

---

4 Kakuk Zsuzsa, *Török kultúrhatás a jövevényszavaink tükrében, Török hagyaték-Tanulmányok a magyar kultúra török kapcsolatairól* Budapest: Europai Folklor Kozpontert Egyesulet Budapest, 2017. pp.43~45. 1918년 제1차 세계대전에서 패배함으로써 헝가리의 동부지역은 루마니아에 귀속되었고, 서부 헝가리의 일부지역은 이탈리아, 오스트리아로 편입되었다. 또한 헝가리의 남서부 지역이었던 크로아티아는 세르비아 등과 연합하여 유고슬라비아를 건설하며 헝가리의 영향권으로부터 완전히 벗어났다.

이 지배하였던 부다와 페스트를 포함하는 중앙부와 남부 지역에서는 오스만 제국의 의복 문화, 음식 문화, 목욕 문화 등이 유입되었다. 이 러한 일상문화들은 헝가리 민중의 삶에 영향을 미치며 헝가리의 문화 양상을 다양하게 만들었다. 헝가리가 직접 통치하였던 트란실바니아 지역에서는 오스만 제국의 공산, 농산품들이 유입되어 이후 헝가리 전통 문화와 공예품에도 영향을 주었다. 따라서 17세기 말까지 이어 졌던 오스만 제국의 헝가리 지배는 헝가리의 문화에 적잖은 영향을 미쳤으며 그 흔적들은 현재까지도 헝가리 문화의 여러 방면에 남아있 다고 할 수 있다(Pálffy 2001: 109~112).[5] 이 글에서는 헝가리에 잔존하 는 오스만 제국의 문화의 편린(片鱗)들을 살펴보며 헝가리의 문화 속 에 남아 있는 오스만 제국 통치 시기의 흔적과 이에 대한 헝가리인의 인식을 추적해 보고자 한다.

2. 오스만 제국 통치 시기의 변화 양상

1) 사회, 종교적 변화 양상

헝가리인은 오스만 제국의 통치를 헝가리의 정체성을 위협하는 가 장 강력한 요소로 받아들였다. 헝가리인은 자신의 종교적 정체성, 즉 가톨릭교도로서 반기독교적인 이슬람에 대항하여 오스만 제국에 맞

---

5   Pálffy, ibid., pp.109~112) 오스만 제국의 통치시기에 헝가리의 주요 도시들이 상당수 파괴되었으며, 인구수도 감소하였다. 중세 헝가리의 대부분의 도시들은 그 지역의 종 교적, 문화적 중심지의 역할을 하고 있었기 때문에, 오스만 제국의 지배하에 있었던 지역의 헝가리 도시문화는 정체이거나 혹은 후퇴의 상태에 놓여 있었다.

서 싸우는 것이 자신의 정체성을 지키는 거룩한 행동이라고 생각했
다. 물론 헝가리인들이 오스만 제국의 통치를 거부하고 반대했던 또
다른 이유는 종교적인 것보다도, 오스만 제국의 사회적 특성에 기인
한 점이 더 컸다고 할 수 있다.[6] 즉, 오스만 제국은 헝가리에 비하여
개인의 자유, 토지 소유권 등 재산권에 대한 보호가 부족했기 때문에,
헝가리인은 오스만 제국의 통치하에서 이러한 요소가 가져올 미래에
대한 불확실성 때문에라도 더욱 저항감이 강했던 것이라고도 할 수
있다. 이러한 이유로 인하여 오스만 제국의 통치 기간이 150여 년에
걸친 긴 동안이었음에도 불구하고, 헝가리와 오스만 제국간의 동화현
상이 그리 분명하게 나타나지는 않았다고 할 수 있다. 한 예로 오늘날
오스만 제국 시대의 통치 유산으로 헝가리의 중남부 지역에 남아있는
오스만 형식의 건축물들은 헝가리 사람을 위해 건축된 것이 아니었
고, 헝가리에 거주하던 오스만 지배자와 오스만 제국의 신민들을 위
해 건축된 것이었다. 따라서 오스만 양식의 건축 방식은 당시 헝가리
건축에 별로 영향을 주지 못하였다.[7] 물론 일상 문화에서 오스만 제국
의 장인들을 통하여 무기 제조, 가죽 제품 제작, 카펫 직조 등의 기술
이 전래되어 널리 유포된 것은 사실이다.

헝가리에서는 오스만 제국의 신민들이 성공적으로 정착하지 못하
였는데, 그 이유는 오스만 제국이 헝가리를 점령지로 간주하여 동화
의 대상으로 보지 않았기 때문이다. 이에 따라 헝가리의 사회구조는

6 Fodor Pál, *Magyarország Kelet és Nyugat között*. Budapest: Europai Folklor
 Kozpontert Egyesulet, 2017. p.23.
7 Gerő Győző, *Az oszmán-török építészet Magyarországon, Dzsámik, türbék, fürdők*
 Budapest: Akademiai Kiadó, 1980. pp.38~39.

지배자인 오스만 제국과 그에 동조하는 헝가리인, 그리고 피지배지인 헝가리인으로 명확히 양분되었다.[8] 이 시기의 특징적인 또 하나의 현상은 오스만 제국의 통치하에 있던 '왕립 도시들'에서 거주하던 거의 대부분의 헝가리 귀족들이 트란실바니아지역으로 이주하였다는 점이다. 또한 지속적인 전쟁과 탄압으로 종교와 문화의 중심축이었던 헝가리의 거대 수도원과 주요 성당들이 상당 부분 파괴되었다는 점이다. 1570년대 후반까지는 겨우 프란체스코회, 바오로회의 몇몇 수도원, 수녀원과 뽀조니(Pozsony), 너지솜버트(Nagyszombat)[9]에 있었던 수녀원 정도가 명맥을 유지할 수 있었다. 이러한 상황은 오스만 제국이 헝가리에서 완전히 철수한 1699년 이후에 헝가리에서 가톨릭 교회를 다시 복구하는 것을 어렵게 만드는 요인이 되었다. 그러나 다른 측면

---

8 Kathona Geza, *Fejezetek a török hodóoltsái reformació történeteből.* Budapest: Akademiai Kiado, 1974. p.128 / Kaldi-Nagy Gyula, *Magyarorszagi török adoosszeirasok.* Budapest: Akademiai Kiado. 1970. pp.142~143 오스만 제국의 통치는 헝가리의 도시 유형이 변형되게 하였다. 그 전에 존재하였던 헝가리의 7개의중심 도시인 Buda, Pest, Pozsony, Sopron, Kormocbanya, Kassa, Varad, Szeged, Pecs는 오스만 제국의 국경군사도시가 되었고, 국가 경제에 있어서 중요한 역할을 한 이 도시 주민들은 (주로 독일 사람과 헝가리 사람들) 대부분 이 도시들을 떠나 트란실바니아의 헝가리 지배지역으로 이동하였다. 그러나 모든 왕족 도시가 쇠퇴한 것은 아니었다. 지리적으로 주변부에 있었던 Pozsony, Kassa와 Nagyszombat은 정치적이며 경제적인 중심도시가 되었다. 그리고 그 전에 덜 중요했던 시장 도시인 Gyor과 Debrecen은 자신의 전략적 위치를 잘 활용해서 부자 도시가 되었다. 그럼에도 불구하고 헝가리의 경제 구조에서 큰 변화는 없었다. 당시 유럽의 생산 및 유통시스템이었던 동유럽 생산, 서유럽이 가공 및 유통의 프로세스가 단계적으로 더욱 강화되었다.
9 이 시기 너지 솜버트에서 헝가리 최초의 대학인 너지솜버트 예수회대학교(오늘날의 ELTE, 부다페스트 대학)이 설립되었다는 점은 특기할 만한 일이다. 이 대학은 당시 에스테르곰 대주교였던 파즈마니 뻬떼르가 설립한 대학으로 여러 차례의 교명 변경을 거쳐 1950년부터 현재의 이름인 부다페스트 외뜨베쉬 로란드대학교(Eötvös Loránd University, ELTE)로 불리게 되었다.

에서는 오스만 제국의 통치가 헝가리의 가톨릭 교회를 약화시킨 면이 있지만, 이러한 점 때문에 오스만 제국의 가톨릭 탄압이 반사적으로 헝가리에서 루터교나 칼빈교 등 신교의 확산에도 기여한 측면이 있었음을 지적하지 않을 수 없다.

2) 인구통계상의 변화 양상

기존 연구에 따르면 헝가리의 인구는 오스만 통치 시대 동안 상당히 감소했다는 것이 정설이다. 그러나 최근의 연구 결과에 따르면 중세 후반에는 헝가리의 인구가 330만 명이었던 것에 반해, 오스만 제국의 통치 이후인 16세기 후반에는 350만 명, 17세기 후반까지 400만 명까지 늘어났다. 물론 이러한 경향을 유럽의 맥락에서 보거나, 광범위한 이주경향까지 고려해보면 그렇게 긍정적이라고 볼 수는 없다.

유럽은 16세기 동안 인구 증가를 겪었고, 30년 전쟁에 들어서 인구가 급격히 감소하였다. 통계에 의하면 1500년과 1700년 사이 다른 중유럽 국가들에서 인구가 120~130% 정도 증가했기 때문에 이러한 관점에서 보면 헝가리의 인구 증가율이 그리 높다고 할 수는 없다. 따라서 자연적인 인구 증가라기보다는 이민에 의한 인구 증가가 이루어졌을 것이라고 추측해 볼 수 있다. 정확한 통계수치는 나와 있지 않지만, 대략 이 기간 중 헝가리로 이주해 온 세르비아, 크로아티아, 보스니아 등 남슬라브 민족과 루마니아, 루테이나 이민자 수는 최소 50만 명 정도는 되었을 것으로 추정된다. 따라서 이들 이민자들을 고려하지 않는다면 헝가리의 인구는 증가하지 않았을 것이라고 할 수 있다. 따라서 엄밀히 말하면 이 시기 전체적으로 헝가리인은 감소하였고, 헝가리의 주변국이나 국경, 접경지대에 살고 있었던 비헝가리계 주민들의 인구는 증가했다고 할 수 있을 것이다.

남슬라브 이민의 물결은 주로 헝가리 남부와 중부 헝가리에서 정
착하였다. 16세기 후반부, 중세 헝가리 왕국이 완전히 붕괴되었을 때
쯤에는 이미 20만 명 정도의 슬라브 이민자가 헝가리의 남부 지역에
서 살고 있었다. 그러나 이 지역에 거주하던 헝가리 지주들은 자신의
농노를 대신하여 노동력을 확보할 목적으로 이들 남슬라브계 이민자
들을 호의적으로 받아들였다. 따라서 전체적으로 오스만 제국의 통치
시대에 헝가리의 남부지역에서는 세르비아와 다른 발칸 지역 출신의
이민자들을 받아들이는 경향이 강해졌다고 할 수 있는 것이다. 그 결
과 데메시꾀즈(Temeskoz, Banat) 지역은 대부분 세르비아 이주민들이
사는 지역이 되었다.

오스만 제국이 발칸반도에서 벌였던 오랫동안의 전쟁이 남슬라브
주민 이주의 물결을 유도하였던 것이다. 그 결과 17세기 중반에 들어
서 중부 헝가리에서 정교신자인 세르비아 소수민족과 가톨릭교도인
보스니아인이 공존하게 되었던 것이다. 다뉴브강 너머의 트란스다뉴
비아(transdanubian) 지역에서도 왈라키아인과, 세르비아인 등 정교도
소수민족들이 거주하게 되었는데, 이 새로운 소수민족의 종교적, 문
화적 전통은 헝가리의 가톨릭 전통, 헝가리 전통문화와 상이한 점이
상당하였기 때문에, 애초에 이들이 헝가리에 동화될 가능성은 그리
높지 않았다. 이러한 상황에 기인하여 헝가리 남부의 일부 지역은 현
재까지도 헝가리 문화나 헝가리적인 특성을 많이 상실한 채 정교적인
특성이 강한 지역으로 남아있게 되었다.[10]

---

10 Szmolleny Nandor, *A kozepkori Szeged műveltsege*. Szeged, Budapest: Endrenyi

3. 헝가리 문화 속의 오스만 문화

1) 언어적 영향

오스만 제국의 지배시기의 헝가리어에 미친 오스만어의 언어적 영향은 그리 강하지 않았다. 오스만 제국의 통치시기에 헝가리어로 유입된 오스만어 단어는 예상외로 소수이다.[11] 1526년 헝가리가 모하치 전투에서 오스만 제국에게 패하기 이전에도 헝가리와 오스만 제국은 제한적이지만 외교적 상업적으로 관계를 맺고 있었다. 그러나 오스만 제국과 헝가리가 대규모로 접변을 하게 된 것은 여러 차례의 크고 작은 전쟁을 통해서였다. 따라서 헝가리인이 오스만의 단어 중 가장 먼저 알게 된 단어들은 전쟁과 관련된 무기, 전략, 지형 등에 관련된 것들이었다. 물론 전술하였듯이 오스만 제국의 헝가리 점령 이전 오래전부터 두 나라 간의 외교, 상업 관계도 존재하였기 때문에 이와 관련된 용어들의 유입도 있었을 것이다.

특히 트란실바니아는 오스만 제국의 접경지역으로서 지속적으로 오스만 제국의 문물이 들어오는 포트의 역할을 하고 있었기 때문에 이 지역에서의 오스만어의 유입이나 혼용 등의 흔적들도 남아 있는 것은 분명하다. 최초로 헝가리어로 유입된 오스만의 어휘들은 오스만 제국과의 외교관계를 통해서 습득하게 된 외교관련 오스만의 단어들, 특히 선물로 받은 의상, 여러 가지 옷감의 이름 등이다. 이 외에도

Lajos konyvnyomtato műhelyeből, 1910. p.7 헝가리 남부의 대도시인 세게드에는 정교관련 유적들이 상당수 존재한다.
11 Kakuk, ibid,. pp.43~45.

오스만 제국과의 무역교류, 특히 다뉴브강을 통해 유입된 가죽제품, 카펫, 옷감과 금속 개인 용품의 이름들과 명칭들이 헝가리어에 남아 있게 되었다. 또한 오스만 제국의 통치시기에 헝가리에 정착하게 된 오스만 장인과 상인들은 헝가리보다 발전된 가죽가공, 직조와 방적 공예 기술을 헝가리인에게 알려주는 중요한 역할을 하였다. 이들은 자신들이 생산하는 제품의 이름을 모두 오스만 어로 칭하였다. 따라서 이들 오스만 상인이나 장인이 생산하거나 수입해 온 물건들은 일반적으로 고유한 이름으로 지칭 되었다. 이러한 이름들은 현재에도 헝가리어에서 그 흔적을 찾을 수 있다.

한 가지 특이한 점은 헝가리인이 오스만 상인들의 상품을 지칭할 때 그들이 칭하는 고유 명칭을 사용하지 않고, 헝가리어 중 투르크 또는 터키를 지칭하는 헝가리어인 뾔뢱(török)이라는 접두사를 붙여서 사용하기도 하였다는 점이다. 즉, 오스만어로 된 상품이나, 제품명칭 앞에 뾔뢱이라는 헝가리어를 붙여 사용한 경우도 종종 있었다는 것이다. 예를 들면 카펫을 뜻하는 쇠녜그(szőnyeg)라는 단어에 투르크를 지칭하는 뾔뢱이르는 단어를 붙여 뾔뢱 쇠녜그(török szőnyeg, 투르크 카펫 또는 투르크 상인이 파는 카펫)라고 불렀던 경우도 있었던 것이다.

이와 더불어 언어적 영향력을 파악하는데 가과하지 말아야 할 점은 오스만 점령 이후 헝가리에서 정착하게 된 대부분의 오스만 투르크의 장인과 상인, 그리고 군인들의 대부분이 오스만 제국의 본토에서 온 아나톨리아 인이 아니라, 이슬람교로 개종한 발칸 슬라브인이었다는 점이다. 또한 이들 중에는 오스만군대의 공격을 피하기 위해 발칸반도에서 헝가리 영토까지 올라온 세르비아사람도 상당수였기 때문에 이들이 사용하던 일부 투르크 단어들은 슬라브 형식을 차용한

형태로 헝가리어 남아 있고, 일부는 투르크식으로 헝가리어에 남아
있다는 점이다. 일반적으로 도자기공예(agyagművesség)와 관련된 분
야에서 온 단어들은 대부분 슬라브어에서 유래 되었고, 자수(hímzés,
embroidery)와 관련된 표현들은 대부분 투르크문화에서 직접적으로
유래된 것이다. 헝가리 언어학자들 중에서는 투르크어에서 유래된 외
래어들은 터키 문화에서 바로 온 것이라기보다는 서유럽 언어를 매개
로 하여 헝가리어에 유입되었다는 의견을 제시하는 학자도 있으나,
이러한 주장은 아주 일반적이고 광범위하게 사용되는 단어들을 제외
하고는 신빙성이 떨어진다.[12]

　오스만 제국 통치시기에 헝가리어로 작성된 사료들을 보면 당시
헝가리어로 기록된 문헌에는 약 1,200개의 투르크어 단어가 나타난
다. 그러나 대부분의 단어들은 외교, 정치, 군사와 관련된 것이어서,
일상생활에서 사용된 단어들의 비율은 그것보다 훨씬 적었을 것이라
고 추측할 수 있다. 이후 오스만 제국의 통치가 종료된 17세기 후반부
터는 헝가리 문헌에 군사와 행정에 사용되었던 투르크어가 나타나지
않는 경향을 보인다. 물론 물건을 지칭하는 단어들은 남아 있지만,
그 사용범위가 점차로 줄어들었고, 나중에는 투르크어에서 차용된 단
어들은 고어 혹은 의고조(archaic)의 단어가 되었다.

　투르크어의 잔재는 헝가리 남부 지역이나 중부 지역의 방언에서도
찾아볼 수 있다. 현대 헝가리어에서 일반적으로 사용되는 단어 중에
서도 몇 개정도의 투르크 단어를 발견할 수 있다. 오스만 제국시기

---

12 Kakuk Zsuzsa, *A szlav kozvetites emleke a magyar nyelv oszman-kori elemeiben*.
　Budapest: Nyelvtudomanyi Kozlemenyek, 1966. pp.51~56.

일상생활에서 사용된 오스만의 단어는 약 300개 정도로 파악되는데, 현대 헝가리어에는 대략 70~80개 정도가 남아있는 것으로 보고되었다. 특이한 점은 이 단어의 절반 정도는 지방의 방언에서만 남아 있다는 점이다. 어휘의 관점에서 볼 때 오스만 문화의 영향은 의상, 옷감, 가죽 제품들에 대한 어휘에서 가장 뚜렷하게 남아있다. 다음은 헝가리어 속에 남아있는 투르크어의 흔적들이다.[13]

csuha(수도복), csizma(장화, Balassa 1979: 318)[14], házsság(결혼, Balass 1979: 580),[15] pamut(목화), dolmany(평상복), kaftan(장의), zubbony(조끼), zseb(주머니), turban(터반), kalpag(터키식 털모자), szattyán, papucs(슬리퍼), csiriz(접착제), Taban(터반), töltött káposzta(배추말이), pörkölt(스튜), tészta(국수), kávé(커피), dohány(담배), kálmán körte(칼만배), törökbúza(터키곡물), törökborsó(터키콩), törökmogyoró(터키땅콩), törökmuskátli(터키사향포도주), törökorgona(터키오르고너), bogrács(보그라치), dívány(소파), kefe(솔, 브러시), korbács(채찍), csárda(주막, 선술집), hombár(곡물창고), tambura(텀부러), töröksíp(배의 기적, 호루라기)

2) 헝가리 민속 문화 속의 오스만 문화의 영향

오스만 제국의 통치시기에 트란실바니아와 가까운 지역으로 동양에서 오는 제품들의 배분 중심지의 역할을 했던 너지꾼삭(Nagykunság)

---

13 Kakuk Zsuzsa, *Cultural Words from the Turkish Occupation of Hungary.* Budapest: Lorand Eotvos University. Studia Turco-Hungarica, 1977. p.52
14 Csizma(장화)는 다른 오스만계열 단어들보다 좀 이른 15세 말 경부터 헝가리어에 등장한다.
15 házsság(결혼)은 단어는 15세기 초의 헝가리 문헌에 나타나는데, ház(집, 가정)이라는 단어와 연결된 어휘들에서 자주 발견된다.

과 인근지역에서 특히 오스만 제국의 문화적 영향이 많이 남아있다.
이 지역은 7~8세기 이후 쿤(Kun)족이 정착한 이후 헝가리에서도 늘
고립되고 폐쇄적인 지역이었다. 이민족인 쿤족은 헝가리에 정착하며
나름대로 고유의 문화적 정체성을 지키고자 헝가리 민족에게 동화되
지 않기 위하여 가능한 한 폐쇄적인 입장을 보였다. 따라서 독립적이
고 자주적인 성향이 강한 지역이었다. 그러나 오스만 통치시기에는
이 지역에서 동양과 활발한 무역도 이루어지고 있었는데, 그 중심지가
너지꾼샤이었던 것이다. 너지꾼샤 지역을 통해서 오스만 제국과 동양
의 허브식물, 과일과 채소가 많이 유입되었다. 이 지역에 유입된 동양
에서 들어온 새롭고 화려하며 색채가 다양한 제품과 원재료는 헝가리
민속 장식 문화를 기본적으로 변형시켰다.[16]

　동양풍의 장식들이 최초로 유입될 때에는 주로 귀족 계층의 장식
품으로 받아들여졌는데, 이후 점차로 시간이 흐르면서 부유층에서 서
민층으로 확산되게 되었다. 이미 오스만 제국의 점령 이전부터 무역
과 외교를 통해서 상당량의 오스만 제품들이 헝가리로 수입되었는데,
특히 트란실바니아지역에서는 수입 규모가 상당했다고 한다.[17] 헝가
리 민속공예의 중요한 소재인 스코피움(금속 실)도 이시기 오스만 제
국으로부터 수입된 것이었다. 스코피움은 의복 제조용 고급 천, 옷감

---

16 Bártha Julia, Fodor Pal, "Török elemek a magyar népi díszítőművészetben". *Török hagyaték Tanulmányok a magyar kultúra török kapcsolatairól.* Budapest: Europai Folklor Kozpontert Egyesulet, 2017. p.155.
17 수입 제품의 대부분은 아르메니아 상인들의 중개를 통해서 헝가리로 들어왔다. 오스만 제국의 제품을 수입한 상인들은 모두 오스만 사람은 아니었고, 헝가리인도 상당수였다. 따라서 당시 사용되던 '투르크 상인'이란 호칭은 국적을 의미하는 것이 아니라, 취급하는 제품을 의미하는 것이었다.

과 더불어 수입되었는데 '터키식 금실로 자수를 넣은' 제품이란 바로
이런 스코피움 실로 만든 제품을 의미하는 것이었다. 이 제품은 헝가
리에서는 인기가 높아서 헝가리 국내에서도 많이 생산되었다. 헝가리
의 명문가인 라코치(Rákóczi) 가문은 콘스탄니노플에서 스코피움 전
문가들을 초청하여 헝가리 북부의 뭉카치(Munkács)라는 도시에서 스
코피움 공장을 만들기도 하였다. 이러한 오스만 제국의 제품들은 헝
가리의 상인들을 통하여 서유럽으로 수출되었는데, 헝가리를 통한 수
입품, 혹은 헝가리에서 생산된 '터키식 제품'은 특히 폴란드에서도 인
기가 높았다고 한다.[18] 당시 헝가리인들은 오스만 투르크의 관습, 문
명, 제품들에 대해 상당히 호의적이었던 것으로 보여 진다. 헝가리의
귀족인 미께시 껠레멘(Mikes Kelemen)의 편지에서는 트란실바니아 왕
이 몰도바나 왈라키아의 지도자들을 방문했을 때, 그의 부인에게 선
물로 '터키식 손수건'을 받았다고 기록되어 있다. 고급 의상과 고가의
일상생활 용품 등은 헝가리에 거주 하는 오스만인 가족, 특히 귀족
집안에서 많이 소비하였다. 이와 같은 제품의 수입과 유통은 헝가리
의 일상문화 특히 자수에 많은 영향을 주었다.

　헝가리에서 '터키식 자수'라고 하는 것은 오스만 제국의 통치 시기
인 16세기 이후부터 발전하였는데, 헝가리에서 발견되는 '터키식 자
수'의 특징은 자수에 큰 문자를 사용한다는 것이다. 처음에 이러한
특징은 소위 '귀족 가문의 자수'의 표본이 되었는데, 이러한 '귀족 가
문의 자수'는 후에 일반 서민의 민속 자수에도 영향을 미쳤다고 볼
수 있다. 헝가리 민속 문화에 나타는 또 다른 오스만 제국의 영향은

18　Bártha, ibid, pp.145~146.

'식물 문양'의 사용이다. 오스만식 장식문화의 특징은 같은 줄기를 갖고 있는, 다른 종류의 꽃들이 있는 장식이다. 즉, 줄기는 구부러지고, 거기에 달려있는 꽃들을 정확히 알아볼 수 없는 형태로 되어 있는 것이 당시 헝가리에서 유행하던 터키식 장식의 특징이다. 예를 들어 6개나 8개의 줄기가 있는 장미를 표현하는 '터키식 장식'이 헝가리의 자수, 테이블보 등[19]에서 특징적으로 나타난다. 헝가리 자수에서 자주 발견되는 낮은 바늘땀(lapos öltés) 방식은 서유럽에서 잘 발견되지 않는 자수방식인데, 헝가리 자수에서는 오스만 제국의 영향을 받아 이러한 문양이 자주 나타난다. 특히 '터키식 자수'의 특징인 '톱니 잎무늬', '석류무늬', '카네이션 무늬'는 오스만 제국의 통치 시기인 16세기 이후 헝가리 자수에 최초로 등장한 것으로서 오스만 제국의 문화적 영향이라고 할 수 있다.

전통 민속 의상에서 오스만 제국의 문화적 영향을 가장 많이 받은 것이 치프러쉬르(cifraszűr, 남자용 털망토)이다. 이것은 양치기들의 대표적인 옷인데, '터키식 장식' 영향을 보여준다. 이 옷의 명칭에 사용된 쉬르(szűr)에 대한 언급은 오스만 제국의 점령 이후인 1570년경 헝가리에서 발간된 고문서에 최초로 발견되었다. 쉬르의 기본적인 형태는 전형적인 '오스만 양식'을 보여준다.

이외에도 일상생활에서 많이 쓰이는 금속공예제품에서 오스만의 영향을 찾을 수 있다. 특히 놋쇠(réz)로 만들어진 제품이 헝가리에 많

---

19 Gyula Ortutay eds, *Magyar Neprajzi Lexikon*. Főszerkesztő Ortutay Gyula. IV. Budapest: Akademiai Kiado, 1977. p.214. 이 '터키식 식탁보'의 '대칭적이지 않은 장식 무늬와 양식화된 꽃모양'이 전형적인 오스만 제국의 영향을 보여준다고 할 수 있다.

이 사용되었는데, 기록에 의하면 부다에서 '오스만의 놋쇠 장인'들만
이 사는 거리가 있다고 한다.[20] 이러한 사실을 통하여 헝가리에서도
'터키식 금속 제품'이 많이 만들어졌음을 알 수 있다. 또한 이시기 '터
키식 카펫'도 상당수 제작되었다고 알려져 있다. 이 카펫에는 두 종류
가 있는데, 니트로 된 러그와 매듭(csomózott)으로 만든 것이 있다. 헝
가리로 들어오거나 헝가리에서 만들어진 대부분의 제품들은 후자의
것이다. 이 제품들은 오스만 제국이 헝가리를 점령하기 이전인 15세
기 후반부터 특히 트란실바니아를 중심으로 많이 수입되었다고 한다.
당시 트란실바니아 교회에서는 소위 '터키식 기도 카펫'이 많이 사용
되었는데, 이 '터키식 기도 카펫'은 오늘 국제적으로도 '트란실바니아
식 카펫'이라고 불린다. 이 당시 수입되었던 카펫의 대부분은 아나톨
리아에서 만들어진 것으로 알려져 있다.

　이러한 '오스만 제국'이 문화적 영향은 20세기 초반 헝가리 민족의
식이 각성되고, 민족주의 운동이 활발해 지면서 헝가리 적으로 변형
된 '분리파형식(szecesszionizmus, művészeti irányzat)'의 한 갈래가 되
어, 헝가리 예술가들에 의해 적극적으로 재해석되고, 재탄생되었다.
당시 헝가리의 예술가들은 헝가리 적인 것의 뿌리를 '헝가리에서 뿌
리를 내린 동양식 방식'에서 찾고자 했고, 그것이 유럽인과 헝가리인
을 구분 짓는 헝가리적인 특성이라고 간주하였던 것이다. 그 결과 20
세기 이후에도 '터키식 식탁보'에서 발견된 '터키식 장식'이 헝가리의
도자기나 생활 문화 속에서 나타나기 시작하였던 것이다. 따라서 오
스만 제국의 통치하에서 헝가리가 받아들인 '장식'과 '치장'의 문화는

---

20 Gerő, ibid, p.214.

'분리파양식(szecesszio)'의 이념으로 재해석되어 20세기에 들어 더욱
활성화 되었고, 오늘날까지 헝가리 문화 속에 남아 있다고 할 수 있는
것이다.

식문화의 관점에서 보면 오스만 제국이 헝가리 식문화에 끼친 영
향은 음식은 버터를 기반으로 음식을 요리하였고, 많은 유제품을 사
용하게 되었으며, 양념을 많이 사용하게 되었다는 점이다.[21] 여기에
더하여 면류, 그리고 덤플링 등이 부식으로 사용되었고, 국에도 넣었
다. 이러한 방식은 오늘날의 헝가리 음식에도 그 흔적이 남아있다.
음식 중 pástétom, kolbász, hurka, kocsonya, fánk, palacsinta, rétes
등이 있는데, 이 음식을 만드는 요리 방식은 잘게 자르기(reszelés), 발
효(pácolás), 불먹이기(tűzdelés), 삶기(párolás), 튀기기(pirítás) 등이 대
표적이었다. 오스만 제국의 지배 지역에서는 이러한 '터키식 식문화'
가 큰 영향을 미쳤으며, 뽀가취(pogácsa), 베이글리(bejgli), 양배추말이
(töltött káposzta) 같은 음식이 직접적으로 헝가리 음식문화 속으로 들
어온 오스만 제국의 음식이다. 양념이나 허브류 중에서는 뻬트레제이
옘(petrezselyem), 꾀메니(kömény), 아니쥐(ánizs), 또르머(torma)가 오
스만 제국으로부터 유입되어 사용되었다. 후식류에서는 그릴라쥐
(grillazs), 껄라취(kalács), 삐쉬꼬떠(piskóta), 머다르떼이(madártej), 메
제쉬껄라취(mézeskalács), 또뢱메이즈(törökméz)가 오스만 제국에서 직
접적으로 수입 되에 사용되었다. 그리고 이 시기 커피가 오스만 사람
들에 의해서 헝가리에 소개 되었다. 마끄(Mák), 토마토(paradicsom),
뻐들리잔(padlizsán)도 이 시기부터 헝가리의 음식으로 사용되었다. 먼

21 Bártha, ibid,. p.156.

둘러(Mandula), 메지(meggy), 퓌게(füge), 호두(dió), 포도(szőlő), 복숭아
(barack), 체리(cseresznye)의 생산도 오스만 제국의 통치하에서 본격적
으로 시작되었으며, 오늘날 헝가리 음식에서 뺄 수 없는 양념인 뻐프
리커(paprika, 과거에는 터키식 후추라고 부름)가 이시기 오스만의 상인을
통해서 헝가리에 들어왔다.

4. '오스만 제국', '터키'에 대한 헝가리인의 인식

헝가리의 지식인들은 150년간에 걸친 오스만 제국의 지배에 대해
복합적인 인식을 갖고 있다. 헝가리의 지식인들은 일반적으로 오스만
제국의 지배가 헝가리 정치, 문화 엘리트의 자존심을 완전히 무너뜨
렸으며, 헝가리의 패배주의적 관념을 형성시키는데 중요한 역할을 했
다고 언급하곤 한다. 헝가리인이 유럽인에게 느끼는 소외감과 열등의
식도 이 시기에 배태되었다고 주장하기도 한다. 따라서 헝가리인이
실질적인 행동에서 불합리적인 태도를 보이고, 협력과 협동 대신 서
로에 대립하고 배척하는 부정적인 문화가 이때부터 생성되었다 주장
한다. 전간기와 이후 2차대전시기까지 헝가리의 대표적인 지식인으
로 간주되는 섹퓌 줄러(Szekfu Gyula)는 '동쪽 헝가리인'과 '서쪽 헝가
리인'의 대립으로 이해했던 헝가리 자국 문화의 적대적 대립이 오스
만 제국의 통치 시기부터 생겨났다고 본다. 즉, 천주교와 신교도의
대립, 친합스부르크파와 친오스만파의 대립, 독립파와 친트란실바니
아파의 대립 등에서 이러한 헝가리인의 특징이 나타난다는 것이다.
근대시기에 이르러 오스만 제국의 유산에 대한 헝가리인의 태도는

이중적인 양상을 나타낸다. 헝가리의 애국가인 힘누스(Himnusz)와 1848년의 독립선언서인 쏘젓(Szozat)에도 모두 오스만 지배 하의 헝가리의 비극적인 역사를 기억하는 것으로 시작하고 있다. 그러나 반면에 오스만 제국시기부터 인기를 얻기 시작한 '동양적 정서'의 영향을 받아 헝가리 엘리트들 사이에서 동양에서 '자신의 뿌리'를 찾는 움직임이 활발히 나타나기도 하였다. 지식인들 중에는 헝가리인이 단순히 동양에서 유래된 것이 아니라, 헝가리 민족 자체가 '동양의 민족'이라고 생각하는 사람들도 있었다. 이들은 자신들의 기원에 대하여 투르크 혹은 아시아 민족과 친척관계가 있다는 주장을 활발하게 펼치고, 헝가리인의 기원 혹은 헝가리 조상의 원거주지를 찾아 20여 년 간 아시아를 여행한 꾀뢰시 초머 샨도로(Korosi Csoma Sandor)[22]에 대해 연구하는 등 동양에 대한 깊은 관심을 보였다. 또한 헝가리 학술원의 정회원인 밤베리 아르민(Vámbéry Ármin) 같은 학자는 헝가리 학술원의 지원을 받아 아시아 지역을 여행한 후, 중앙아시아 여행(Közép-ázsiai utazás)이라는 책을 저술하기도 하였다. 이 책에는 아시아 지역으로의 여정을 통하여 투라니즘에 대한 이론과 실제에 대해 설명하고 있다.[23]

동양에 대한 우호적이고 친화적인 분위기가 확산되면서 오스만 제국에 대한 기억과 그들에 대한 인식도 변화되었다. 특히 1848~1849에 합스부르크 제국의 지배에 항거하여 일어났던 헝가리 독립혁명이 실

---

22 꾀뢰시 초머 샨도르(Koros Csoma Sandor, 1784~1842), 헝가리의 학자이자 학술원 회원이다. 20여 개의 언어에 능통했으며, 헝가리의 티벳학 창시자이다. 헝가리인의기원을 찾아 아시아지역을 여행했으며, 그의 영향으로 헝가리 지식인들 사이에서 헝가리의 동양적 기원에 대한 관심이 매우 높아졌다.

23 Vámbéry Ármin, *Közép-ázsiai utazás*, Budapest: Emich Gusztáv kiadó, 1865, p.156.

패한 후, 상당수의 혁명 지도자들이 오스만 제국으로 망명하거나 이민
을 간 사실과 크림전쟁 이후의 반러시아 정서 또한 오스만 제국과
헝가리가 의식적으로 가까워지도록 일조하였다. 특히 19세기 후반 헝
가리 민족정체성에 대한 논의가 활발히 전개 되었을 때 헝가리 민족이
아시아에서의 유래되었다는 주장이 중요한 의제가 되었다. 당시 헝가
리에서는 헝가리의 정체성, 헝가리 국가의 성격에 대해 서로 상반되는
여러 입장이 존재하였는데, 그중 헝가리에 존재하는 모든 민족을 헝가
리 국민이라고 보아야 한다는 입장과, 헝가리 국가는 고유한 민족의식
과 언어에 의해서 확립되어야 한다는 입장이 가장 중요한 의견이었다.
이중 후자의 논의는 그 당시 다시 각광을 받기 시작한 헝가리 민족문
화 또는 헝가리의 농민 문화의 기반이 동양에서 비롯된 것이라는 사상
에 근거하고 있었다. 이러한 분위기 속에서 헝가리 지식인 사이에는
'타 유럽 국가들에 대한 두려움'과 '헝가리는 유럽에서 혼자'라는 정서
가 퍼져 있었다. 이 때문에 헝가리와 함께 위기를 극복할 수 있는 형제
민족을 동양에서 찾아야 한다는 '투라니스트 운동(turanista)' 혹은 '범
투라니스트 운동(pan turanista)' 전개되기도 하였다는데,[24] 그 결과로
19세기 후반부터 헝가리에서 '친 투르크' 정서가 강하게 부상되었던
것이다. 한 예로 1877년 러시아–오스만 제국 전쟁 직전에 오스만 제국
을 방문한 헝가리 학생들은 당시 술탄과의 강한 연대감을 표현하며
'오스만 제국'의 친구를 자처하기도 하였다. 이에 대한 답례로 술탄은

---

[24] 투라니즘은 투란 민족이 공동의 이익과 이해를 위하여 결합하고 단합하여야 한다는
사상이다. 이 사상은 낭만적인 민족주의의 한 유형으로서 범게르만주의나 범슬라브주
의의 영향을 받아 헝가리를 중심으로 성립되었다. 대상 민족은 핀란드, 헝가리, 터키,
몽골 등이다.

오스만 제국의 통치 시기 헝가리로부터 몰수한 35편의 중세 고문서를 헝가리에게 돌려주기도 하였다. 이와 같은 친 오스만 입장의 강화는 그 당시 '우고르-터키 전쟁'이란 별명으로 불린 헝가리어의 유래에 대한 언어학적인 논쟁에서 가장 잘 볼 수 있다. 이 논쟁에서 헝가리어의 '터키어족 친연성'을 강조하는 입장은 '반 합스부르크의 입장'을 의미하는 것으로 이해되었다. 이러한 입장을 견지하던 전문가들은 오스만 제국의 통치시기를 낭만적으로 묘사하고, 심지어는 헝가리와 오스만 제국의 군대가 합스부르크 군대에 대항하여 함께 투쟁했다고 주장하기도 했다.

19세기 말 20세기 초에 이르러 헝가리에서 동양과 서양이란 개념은 또다시 논쟁의 중심으로 부상하였다. 1905년 헝가리의 유명한 작가인 어디 엔드레(Ady Endre)는 오스만 제국의 통치시기에 헝가리가 동양과 서양 사이를 오가고 있는 연락선의 역할을 수행했다고 주장하였다. 그러나 당대 헝가리 지식인 사회의 주류였던 섹퓌 줄러(Szekfu Gyula)는 15~17세기를 '동양과 서양 문명의 충돌'이라고 이해했으며, 오스만 제국의 통치가 헝가리 민족과 국가를 발전의 경로에서 빠져나가게 한 중요한 요소라고 주장하였는데, 이는 어디의 주장과 상반되는 것이었다. 이에 대해 헝가리의 대표적인 소설가인 요꺼이 모르(Jokai Mor)는 오스만 제국의 통치시기를 장단점이 공존했던 시기로 비교적으로 공평한 시각으로 묘사하였다. 결국 '오스만 제국 또는 터키'에 대한 헝가리인의 인식은 양가적이라고 할 수 있다. 오스만 제국에 대해 우호적인 정서가 상존하고 있어다는 점은 1910년 오스만 투르크 제국과의 문화, 학술, 경제 교류의 목적으로 투란 협회(Turáni társaság)가 창립되어 활발히 활동하였다는 데에서도 잘 들어난다. 이

협회는 오스트리아-헝가리 제국, 일본에서 정치적인 지원을 받기도 하였다. 이후 헝가리와 오스만 투르크 제국은 1차 세계 대전에 동맹국으로 참가했고, 둘 다 영토와 인구의 대부분을 잃게 되었다. 이 결과 1차 세계대전과 2차 세계대전 사이에 두 나라 간의 모든 측면에서 활발한 교류가 이루어졌다. 헝가리와 오스만 제국이 동일하게 간직한 전쟁 패배에 대한 트라우마, 국토의 축소와 국가의 재편, 나치와 볼셰비키들의 압박은 헝가리와 오스만 제국의 사회에도 비슷한 영향을 미쳤으며, 이러한 환경적 요인이 두 나라 사람들이 자신들의 국가정체성에 대해 끊임없이 질문하게 하는 요소였다. 최근 헝가리 외교 정책에서 표면화된 '동방으로의 개방(keleti nyitas)' 정책은 헝가리가 원초적으로 가지고 있는 '동방'에 대한 낭만적인 인식의 발로이며, 헝가리가 유럽에서 정착하며 경험한 '1000년에 걸친 역사의 유산'에서 비롯된 것으로 이해 할 수 있다.

이와 같이 헝가리인의 인식 속에 보여 지는 오스만 제국, 동양에 대한 인식은 복잡한 양상을 보인다. 현대 헝가리인에게 나타나는 오스만 제국에 대한 인식은 터키와 분리하여 고려해 보는 것이 옳을 것이다. 오스만 제국과 좋은 관계를 유지했던 16세기 이전에 대한 인식은 상당히 중립적이거나 우호적인 부분도 발견되기도 한다. 역사적으로 고대 시기 즉, 오스만 제국(혹은 이전시기) 투르크 족과 헝가리 민족이 공존하며 살았던 시대, 특히 언어적으로 오스만 제국의 영향을 많이 받았던 시대에 대해서는 오스만 제국에 대한 헝가리인의 인식이 긍정적이다. 그러나 150년 동안의 오스만 제국 통치시대에 대해서는 오스만 인에 대해 야만인, 침략자, 악의적인 사람으로 인식한다. 특히 초, 중등학교의 교육 과정에서 이런 인식을 갖게 된다. 헝가리의

〈그림 1〉 에게르의 별   〈그림 2〉 에게르의 여자들

모든 중등학교 학생이 필수적으로 읽어야 하는 가르도니 게저(Gárdo-
nyi Géza)의 '에게르의 별(Egri csillagok, 그림 1)'이라는 소설은 오스만
투르크의 침략을 영웅적으로 막아낸 헝가리 군인과 민중의 이야기를
소재로 다루고 있는데, 이 소설에는 오스만 제국의 군대가 평화롭게
사는 헝가리 일반인의 일상생활을 침해하고 방해하는 공격자, 침략자
라고 묘사되어있다. 또한 오스만 제국과의 전쟁에서 군인은 물론 여
성과 아이까지도 혼연일체가 되어 오스만 군대의 침략을 막아내는
장면을 묘사한 세께이 베르떨런(Székely Bertalan, 1835~1910)이 그린
'에게르의 여자들(Egri nők, 그림 2)'과 같은 그림에서도 오스만 제국의
이미지에 대해 부정적인 인식을 받는다. 그렇지만 오스만 제국의 후
계국인 터키에 대해서는 전혀 부정적인 인식을 보이지 않는다. 과거
의 역사는 역사로 이해하고, 현재의 현실에서는 친밀하고 우호적인

이웃이라는 인상을 갖고 있는 것이다.

오스만 제국과 오스만 인에 대한 이러한 인식은 교과서와 소설뿐만이 아니라 현장 교육을 통하여서도 습득된다. 헝가리의 모든 초, 중등학생은 재학 중 최소한 한 번 쯤은 에게르(Eger)로 답사를 간다. 거기서 학생들은 오스만 제국의 군대가 얼마나 잔인하게 에게르를 점령했으며, 이에 대해 헝가리 영웅들이 얼마나 용맹하게 이들에 맞섰는지 배우게 된다. 또한 대부분의 역사교과서에도 오스만 제국이 헝가리의 문명화에 도움을 줬다거나, 세련된 동양의 문화를 전수해 주었다는 입장은 거의 나타나지 않고, 최대한 긍정적으로 묘사한 경우라도 오스만 제국시대에 헝가리의 온천문화가 오스만 문화에서 왔다는 정도로만 간략하게 언급되어 있다.[25] 물론 현재 터키의 중등학교 교과서에는 미개한 헝가리나 발칸 지역이 문명화된 이유는 바로 오스만 제국이 그 지역을 통치하며 문화를 전수한 덕분이라고 기술되어 있다.

5. 맺음말

헝가리는 지역적인 조건으로 인하여 유럽의 국가들 중 오랜 기간 동안 오스만 제국과 직접적인 관계를 맺어왔다. 특히 1526년 모하치 전투에서 패한 이후에는 150년간에 걸쳐 오스만 제국의 직접적인 통치를 받은 경험을 갖고 있으며, 많은 부분에서 오스만 제국의 영향을 받았다. 역사적 헝가리 영역은 세 부분으로 나뉘어져 서부 지역은 합

---

25 Papp, ibid,. p.91.

스부르크 제국의 직접 지배를 받았고, 부다페스트를 포함한 헝가리 중부지역은 오스만제국의 직접 통치를 받았으며, 현재 루마니아 지역인 동부의 트란실바니아 지역은 헝가리 왕이 직접 통치하였던 것이다. 헝가리 왕이 지배하던 동부의 트란실바니아 지역은 지리적 위치로 인하여 오스만 제국과 교류가 활발했다. 따라서 합스부르크가가 지배하던 서부지역을 제외하고, 부다페스트를 포함하는 중부 헝가리와 동부 트란실바니아 지역은 오스만 제국으로부터 많은 영향을 받았던 것이다. 이 영향들은 이 지역의 건축, 의상 등 외적으로 들어나는 문화의 영역에서 뿐만이 아니라, 언어, 관습, 사고방식 등 무형의 문화 속에서도 발견된다.

일상적인 문화의 영향에서 오스만 제국의 영향은 제한적이기는 하지만 언어와 민속 문화 속에서 그 흔적을 찾을 수 있다. 먼저 일상에서 보통의 민중들이 사용하는 언어에는 큰 영향을 미쳤다고 보기는 어렵다. 다만 헝가리가 오랫동안 오스만 제국과 외교관계를 가지고 있었고, 모하지 전투라는 큰 정쟁을 경험하였기 때문에 이 과정에서 외교와 전쟁에 관련된 단어들이 유입되었다. 특히 외교관계가 진행되며 이 와중에 선물로 받은 의상, 옷감의 이름 등이 헝가리어에 잔존하게 되었다. 또한 헝가리에 정착한 오스만 상인들이 사용한 오스만 어휘들, 다뉴브강을 통해 오스만 제국으로부터 유입된 오스만 가죽제품, 카펫, 옷감과 금속 개인 용품 등의 명칭도 헝가리어에 남아있게 되었다. 이 외에도 투르크어의 흔적은 헝가리 남부 지역이나 중부 지역의 방언에서도 찾아볼 수 있다.

헝가리 민속 문화 속에는 오스만 제국의 문화적 영향이 좀 더 남아 있다고 할 수 있다. 특히 동양에서 오는 제품들의 분배중심지 역할을

했던 너지꾼샥과 인근지역에서 오스만 제국의 문화적 영향을 발견할
수 있다. 이 지역을 통해서 수입된 오스만 제국과 근동(아시아) 지역의
문물이 헝가리의 민속 문화에 영향을 주었다. 물론 이러한 식료품의
수입과 유통은 헝가리 식문화에 영향을 준 것도 사실이다. 헝가리에
유입된 동양풍의 문화는 처음에는 귀족 계층을 중심으로 수용되었고,
점차로 부유층, 서민층으로 확산되었다. 이외에도 일상생활 사용되었
던 금속공예제품에서 오스만 문화의 영향을 찾을 수 있다. 이러한 '오
스만 제국'의 문화적 영향은 후대의 건축가와 예술가들에 의해 적극
적으로 수용되어 19세기 말 20세기 초 헝가리 특유의 '분리파형식'
(szecessziónizmus, művészeti irányzat)의 한 갈래가 되었다. 현재 세계적
으로 건축과 회화 등의 분야에서 헝가리의 분리파양식은 헝가리의
독특한 문화적 특징으로 인정받는다. 또한 헝가리의 도자기, 자수 등
민속공예 분야도 헝가리적 특성이 잘 나타나는 분야로 인정받는다.
이러한 현상이 문화의 접변과 수용, 이를 통한 자신의 개성적인 문화
창조의 한 형태임을 부인 할 수 없다는 점이 중요하다고 할 수 있다.
현대 헝가리인의 오스만 제국의 통치시기에 대한 역사인식은 긍정과
부정이 교차하는 양가적 특성을 보인다. 그러나 분명한 점은 오스만
제국의 통치시기에 대한 부정적인 역사 인식이 현대 터키와 터키인에
대한 부정적인 인식으로 이어지지 않는다는 점이다. 이러한 부분이
'역사적 사실'과 '현재의 현실'을 구분하는 헝가리인의 지혜가 돋보이
는 지점이기도 하다.

9장
도시의 메타모포시스:
근대적 전환 공간 부다페스트

1. 머리말: 도시의 탈바꿈(Metamorphosis)?

부다페스트는 1872년 부다와 페스트, 오부다라는 3개의 도시가 하나로 합쳐서 형성된 인위적 도시이다. 부다(Buda)와 페스트(Pest)는 과거 헝가리 왕국의 중앙부에 위치한 지리적 이점과 두너(Duna)강[1]을 끼고 있는 교통의 편리함으로 인해 중세부터 헝가리의 중심도시가 되었고, 특히 부다는 헝가리의 문화부흥을 이끌었던 마챠시 1세(I. Mátyás)의 치세시기에 왕도(王都)가 되어 중세 헝가리 문화의 요람이 되었다. 부다페스트는 1871년 하나의 도시로 탄생한 이후 1867년 성립된 오스트리아-헝가리 제국의 제2의 수도로서 빈(Wien, 비엔나, 이하 비엔나로 통일)에 버금가는 역할을 수행하였다. 제국의 두 번째 수도가 되면서 부다페스트는 중부유럽 최대 규모의 도시가 되었고, 2차 세계대전 이전까지는 이른바 '세계도시'로서의 면모와 기능을 갖추고 그에 걸맞은 역할을 하였다.

---

1 영어로는 다뉴브강, 독일로는 도나우강이다.

문화사적인 표현으로 전통적인 것은 헝가리적인 것이고, 현대적인 것은 코스모폴리탄적인 것이라고 정의한다면, 부다페스트는 헝가리적인 것과 코스모폴리탄적인 것의 조화로운 공존을 대표하는 도시라고 할 수 있다. 헝가리의 수도인 부다페스트에 대한 이런 후한 평가는 헝가리 출신의 문화사학자인 루카치 야노시(Lukács János)의 주장이기도 하다.

루카치는 그의 저서 '부다페스트(Budapest): 1900'에서 부다페스트의 도시적, 문화적 특징을 화려한 필치로 묘사하고 있다. 그에 따르면 9세기 말부터 시작되는 헝가리의 역사에서 1900년은 가장 정점의 위치에 있었고, 정치적, 경제적으로 성공시기였으며, 문화적으로도 다양한 국적의 유럽인이 거주하는 국제적 도시로서 유럽의 어느 대도시에 부족함이 없는 다양하고 풍성한 볼거리가 가득한 도시였다. 루카치의 표현을 빌리지 않더라도 통계적으로도 부다페스트는 여러 국가로부터 이주한 다국적 배경의 시민들이 공존하는 혼종의 공간이었다.

따라서 20세기 초엽의 부다페스트는 헝가리인의 수도라는 민족적 의미보다는 오스트리아-헝가리 제국의 제2도시 또는 중부유럽과 발칸(Balkan) 유럽을 대표하는 세계도시 부다페스트로서의 면모가 두드러진다고 볼 수 있다. 루카치는 부다페스트의 특징 혹은 성격을 다음과 같은 문장으로 묘사하고 있다.

"…… 부다페스트는 헝가리의 수도이자 과거 오스트리아 헝가리 왕국의 두 번째 수도로서 비엔나와 쌍둥이 도시라고 불렸다. 부다페스트는 중세의 유적과 근현대 시기의 문화유산이 잘 보존된 아름다운 도시이다. 특히 곳곳에 산재한 아르누보형식의 근대적 건물과 조각상, 미술품들은 도시의

품위를 더욱 높여준다. 부다페스트 시내는 세계적 문화유산 수준의 명소
와 유물들이 가득하다. 부다페스트는 인공으로 계획에 의해 창조된 계획
도시답게 당대의 유행과 문화, 건축에서의 장점들만을 모아놓은 복합적
도시이다. 일부에서 부다페스트가 각 시대의 장점들만 모아놓은 박물관과
비슷한 도시여서 부다페스트만의 독특한 특징이 없다는 비판을 하기도
한다. 그러나 바로 그 점이 바로 부다페스트의 특징이자 독특함이다. 인구
190만의 대도시 자체가 유럽사의 가장 찬란했던 시기의 문화형식들을 한
자리에서 모아놓은 박물관과 같은 특징이 있다."[2]

물론 부다페스트의 이러한 성격을 비판하는 시각도 존재한다. 헝
가리학 연구자인 박수영은 부다페스트가 유럽의 각 시기에 대표적인
건축물들이나 유명한 도시들의 장점을 취하여 한자리에 모아놓은 도
시이기 때문에 도시의 독특한 역사와 정통, 문화를 보여주지 못하는
개성 없는 도시라고 평가하기도 한다. 물론 이 지적도 일리 있는 주장
이고, 학계에서 통용되는 내용이기도 하다.[3] 그렇지만 이러한 성격 자
체가 부다페스트가 가지고 있는 또 하나의 특징으로 간주하는 경향도
적지 않다. 특히 유럽의 도시 문화사, 혹은 도시건축의 역사를 연구하
는 학자들에게는 현존하는 독특한 연구대상으로서 의미를 갖는 것도
사실이다. 이러한 관점에서 하나의 도시를 연구하여 그 도시가 변화

---

2 Lukacs, John, *Budapest, 1900: A város és kultúrája*, Budapest: Eeurópa könyvkiadó,
   1996, p.7.
3 박수영, 「근대 유럽의 대도시 부다페스트의 역사와 문화」, 『동유럽 발칸학』 10, 동유럽
   발칸연구, 2002, 247~268쪽. "……부다페스트의 건축은 절충주의(eklektika) 양식으로
   특징지을 수 있는데, 이 절충주의는 여러 시대의 양식들이 근대적 요소와 섞인 형태를
   취한다. 19세기를 규정하는 낭만주의의 자유분방함과 민족의식, 자유주의 시민사회와
   자본주의의 확산과 같은 요소들이 절충주의 건축양식을 통해 표현되었다."

하는 모습을 발견하고, 그 자체로서 변화하는 유럽의 주류 사조를 경험해 볼 수 있다는 점이 부다페스트가 갖는 특별한 매력이라고 할 수 있는 것이다.

현대적 개념으로 본다면 한 세기가 끝나고 한 세기가 시작되는 전환공간에서 상반되는 두 가지의 특성이 동시에 공존하는 현상을 '비동시성'의 '동시성'이라고도 칭할 수 있는데, 이러한 현상은 헝가리의 부다페스트라에서만이 아니라, 아시아나 라틴아메리카의 여러 대도시에서도 나타나는 현상이다. 임혁백은 이러한 현상이 어느 한 특정 지역에서만의 문제는 아니고 식민지를 경험한 국가들에서 나타나는 현상이며, 특히 식민지의 경험에서 급속한 근대화를 이룩한 한국에서도 매우 잘 드러난다고 주장하고 있다.[4]

20세기의 첫 해인 1900년은 오스트리아-헝가리 제국이 성립된 지 30여 년이 지났고, 제국의 제2수도 부다페스트가 성립된 지 근 30년이 되는 시점으로서 부다페스트 이전의 '부다', '페스트'와 이후의 부다페스트를 비교해보는데 최적의 시점이다. 20세기 초 특히 1900년대 초엽은 헝가리 역사에 있어서 최고의 절정기이고, 수도 부다페스트도 정치적, 경제적, 문화적으로 전성기였다. 특히 지식인 사회의 발전과 풍성함은 그 깊이와 수준에서 오스트리아-헝가리 제국의 명실상부한 제1수도 비엔나에 뒤지지 않는다.

부다페스트는 오스트리아로 대표되는 서구적 관점에서 다소 거리를 두고, 중부유럽적 문화 혹은 코스모폴린탄적 색채가 강한 문화적

---

4   비동시성의 동시성에 대해서는 임혁백, 『비동시성의 동시성: 한국 근대정치의 다중적 시간』, 고려대학교출판부, 2014를 참고할 것.

담론과 소통, 소비가 일어나는 중심지였으며, 늘 옛 것과 새로운 것, 시골적인 것과 도시적인 것이 공적인 사회와 개인적인 삶의 모든 측면에서 이중적 혹은 중층적으로 나타나는 장소였다.

문화이론의 관점에서 장소적 환경은 문화의 외연적 양상을 규정하는 매우 중요한 요소이다. 장소와 그것이 배태한 생명력이 문화로 산출된다는 '장소-문화적 생성이론'은 부다페스트의 문화적 양태를 분석할 때 적실성을 갖는다. 특히 규정된 공간속에서 문화의 접변을 통하여 새로운 문화의 창조 혹은 탈바꿈(Metamorphosis)이 일어난다는 생성론은 부다페스트라는 도시를 이해하는 이론적 틀이 된다. 부다페스트는 역사적, 문화적, 사회적으로 상반된 시간과 공간 속에 각각의 시간적 공간성에 합당한 자신들의 관습적 삶의 양식을 영위하던 이질적인 주체들이 모여 인위적, 계획적으로 건설한 거대도시였기 때문에 중층적이며 다양한 삶의 양식이 표출되는 당연한 현상이었다. 따라서 부다페스트는 로마 시대의 특성을 간직한 오부더(Óbuda)와 헝가리민족의 유럽이주 이후 삶의 양식을 보여주는 부다, 급격히 성장한 근대적 상업도시로서의 페스트라는 세 도시가 합쳐져 탄생한 '중층적 전환공간'이라고 할 수 있는 것이다. 이러한 부다페스트의 특징은 중세적 감성과 현대적 삶의 방식, 시골 혹은 농촌의 풍습과 도시적 감수성의 공존이 나타나는 현상을 보여준다.

이 글에서는 부다페스트라는 도시의 중층적 성격을 검토해 보고자한다. 특히 부다페스트가 가지고 있는 헝가리 수도로서의 역사적 성격, 근대 복합 도시로서의 다양한 특성, 혼종적 도시로서의 문화사적 의미에 대한 논의를 통하여 20세기 초 유럽의 도시들 중에서 부다페스트가 갖는 '세계도시'로서의 역할을 규명해 보고자 한다.

2. 헝가리 역사에서 부다페스트의 성격

헝가리는 역사적 기원, 언어와 문화 등에서 다른 유럽 국가들과는
차이가 나는 면이 많다. 헝가리 민족은 인종적으로는 내륙아시아와
주변지역의 유목민족에게서 그 기원을 찾을 수 있고, 언어적으로는
우랄어 또는 핀-우고르어파에 속하는 특성을 보인다. 이러한 언어적,
인종적 특징이 헝가리 민족을 '민족의 섬', '언어의 섬'이라고 지칭하
는 이유가 되었다.

서기 9세기경 지금의 트란실바니아(현재 루마니아) 지역에 자리 잡
으며 유럽의 일원이 된 헝가리는 당연하게도 이미 기독교화가 이루어
진 주변 기독교 국가들의 영향을 직접적으로 받을 수밖에 없었다. 기
독교 국가의 영향은 정치 제도적인 측면에서는 물론이고, 문화적인
면에서 특히 중요하였다. 헝가리가 아시아에서 유럽으로 이주해온 이
동민족이며, 이동의 과정에서 다양한 문화를 흡수했으리라는 점은 자
명하다. 헝가리 민족이 유럽에 도착했을 때에는 이미 그들이 출발했
던 시기와는 매우 다른 모습의 헝가리인이었을 것이고, 헝가리를 에
워싼 주변 기독교 문화권의 영향은 본래적인 헝가리의 문화와 결합하
여 독특한 양상으로 나타내는 배아가 되었을 것이다. 따라서 헝가리
적인 것이라고 규정되는 헝가리의 문화적 특징은 주변의 기독교문화
의 수용을 통하여 변화된 형태 혹은 탈바꿈된 것이라고 볼 수 있다.
헝가리의 역사 속에서 이러한 문화적 탈바꿈 혹은 변용의 흔적을 발
견하는 것은 어렵지 않다.

1526년 오스만 튀르크의 침략으로 헝가리 왕국의 영토가 셋으로
나뉜 이후, 헝가리의 전통적 문화가 비교적 잘 지켜지던 트란실바니

아 지역을 포함하여, 오스만 튀르크가 직접 지배했던 헝가리의 중부
지역에는 오스만적인 문화가 곳곳에 뿌리내렸다. 이러한 현상은 1686
년 합스부르크 제국이 오스만 세력을 헝가리에서 몰아낼 때까지 이어
졌다. 이후 합스부르크 제국의 직접적인 식민지배가 시작되어 정치적
으로나 문화적으로 합스부르크의 영향을 직접적으로 수용하면서 헝
가리에서 가톨릭적인 문화가 자리 잡게 되었다. 이러한 역사적, 문화
적 전환을 거치면서 헝가리의 정체성이 혼정적이며 코스모폴리탄적
인 특성을 가지게 되었다고도 할 수 있다.[5]

이러한 특징을 담지한 헝가리의 수도로서 부다페스트는 중층적인
성격을 갖는다. 헝가리 역사에서 부다는 왕의 거주지로서 정치적 기능
이 중요하였고, 페스트는 상업 중심지로서의 헝가리 경제의 중심지
역할을 하였다. 이 시기의 유럽국가들 가운데서 현대적 의미의 수도라
는 메타포에 걸맞은 대도시는 소수에 불과했다. 당시 유럽에서는 정치
적 의미로서의 수도보다는 상업과 교류의 중심지로서 대도시의 의미
가 더욱 중요했기 때문에, 부다페스트도 이에 걸맞은 위상과 역할이
요구되었다. 특히 근대로 접어들면서 부다페스트에게는 그 역할에 대
한 보다 명징한 정의가 내려진다. 1867년 오스트리아-헝가리 제국이
성립된 이래로 부다페스트는 제국의 한 축을 이루는 '주축도시'로서
그 기능과 역할이 부여되었다. 부다페스트의 도시적 역할에 대한 이러
한 요구는 1891년 오스트리아-헝가리 제국의 헝가리 측 국회에 제출
된 전국산업연합회(Országos Iparegyesület)의 '공통견해(közhangulat)'
라는 제하의 문서에 잘 표현되어 있다.

---

5 이상협, 『헝가리사』, 대한교과서, 1966, 183~204쪽.

"······ 부다페스트의 임무는 세계의 도시로 변하는 것이며, 부다페스트가 동유럽의 파리가 되어야 한다. 우리 수도(부다페스트)의 최근의 발전을 보면 이러한 목표가 유토피아가 아닌 것을 알 수 있다. 우리 도시의 지리학적인 위치나 국제적 교통망, 최근의 경제나 정치 성장도 고려해 보면, 제국(오스트리아-헝가리 제국을 지칭)의 중심이 부다페스트 쪽으로 옮겨가고 있는 것 같다 ······"[6]

부다페스트라는 도시에 대해 근대 대도시로서의 분명한 역할을 규정한 위의 문서에는 지향점으로서 '동유럽의 파리'를 명시하고 있는데, 당시 파리가 갖고 있는 상업적, 정치적, 문화적 위상과 국제적 명성을 고려하면 부다페스트의 거주자들이 추구했던 이상을 짐작해 볼 수 있다. 여기에 헝가리의 수도로서 헝가리의 상징성이라는 민족적 측면이 부가되어, 부다페스트는 건설될 당시부터 모순적인 성격이 공존하는 도시였다. 부다페스트는 헝가리의 근대성을 상징하는 '도시적 문화'와 헝가리의 민족문화와 자주성을 상징하는 '지방주의 문화'가 부딪치거나 어우러지며 결합된 도시로서 존재할 수밖에 없는 운명을 타고났던 것이다.

헝가리의 역사에서 헝가리의 민족적 정서와 '헝가리적인 것'의 드러냄을 강조하는 민족주의적 경향을 '네삐에시(Népes)'라는 용어로 표현하고, 헝가리의 근대성, 유럽 지향성을 강조하며 유럽의 일원으로서의 헝가리를 추구하는 지향성을 '우르바노시(Urbános)'라고 표현

---

6 BATK, *Budapesti agglomeráció területfejlesztési koncepció. (Projektvezető: Tosics Iván-Barta Györgyi-Gauder Péter-Ongjert Richárd.) Régió 8 Szakértői Munkaközösség.*, Budapest: Osiris, 1999, p.25.

하는데, 부다페스트는 이러한 네삐에시와 우르바노시의 갈등과 투쟁
혹은 조화와 화합이 공존하는 전환공간이었던 것이다.

이러한 이분법은 지식인 사회의 고준담론에 지나지 않는 측면도
있지만, 헝가리인의 정신세계 속에서 이러한 이분법이 존재하는 것은
분명하다. 그러나 이러한 이분법도 헝가리가 오스트리아와 오스트리
아-헝가리 제국을 건설하면서 다른 양상으로 변모하게 된다.

헝가리 내부의 논쟁적 성격이 강하던 '도시적인 것'과 '민족적인
것'의 갈등은 이제 오스트리아적인 것과 헝가리 적인 것, 더 정확히는
비엔나 적인 것과 부다페스트 적인 것의 대립항으로 드러난다. 특히
세기 말(Fin-de Siècle)적 분위기는 비엔나와 부다페스트를 대조하며
헝가리적인 것과 오스트리아적인 것의 대비를 강조한다. 헝가리의 문
화계는 이 양자의 대립을 의식적으로 부각하며 지식인 사회를 담론의
장으로 이끌었다. 헝가리 지식인 사회, 문화계의 분위기는 19세기 말
이라는 시대적 조건과 부다페스트와 비엔나라는 공간적 조건에서 융
합되어 독특한 지적 흐름과 양식으로 나타난다.

헝가리의 입장에서 19세기 말은 헝가리인이 유럽에 정착한지
1000년이 되는 시기이다.[7] 따라서 유럽 정착 1000년이 되는 1896년을
기념하고 새로운 밀레니엄을 맞이하기 위해 많은 준비를 하였다. 그
중 대표적인 것의 하나가 전 세계에서는 2번째로, 유럽대륙에서는 최
초로 건설된 부다페스트 지하철 1호선이다. 이를 통해 부다페스트는

---

7 헝가리인은 자신의 유럽 정착의 역사가 서기 896년부터 시작되었다고 생각한다. 그러
 나 헝가리인의 유럽 정착과 이주가 정확히 896년에 이루어졌다고 보는 것은 다소 무리
 가 있다. 아마도 9세기 말 10세기 초에 유럽에 정착했을 것이라는 것이 정설이다. 이상
 협, 앞의 책, 32~36쪽.

드디어 지상에서뿐 아니라 지하세계로도 활동 영역을 넓혀, 부다페스트의 '지하시대'를 열어놓기도 하였다. 이 지하철은 당시 헝가리의 건축기술과 더불어 지하철을 운영해야 할 정도로 붐비던 거대도시 부다페스트의 위상을 다시금 인식하게 해준다. 헝가리의 지도층은 부다페스트의 지하철을 개통하면서 이 지하철이 헝가리가 유럽에 정착한 천년을 기념하는 기념비적인 건축물로서의 역할뿐만이 아니라, 유럽의 중심국가 나아가 유럽 대륙뿐 아니라 전 세계로 뻗어나가겠다는 헝가리의 야심찬 포부를 드러내는 상징물로 기억되기를 기대하였다.

헝가리 건국 1000년을 기념하는 또 다른 주체는 부다페스트시 당국이었다. 부다페스트시 당국은 다양한 문화프로그램이나 예술작품으로 밀레니엄을 준비하였다. 부다페스트의 이러한 준비에 대해 비엔나는 환영과 축하의 입장을 표하며 여러 가지 방식으로 부다페스트의 노력과 활동을 지원하였다. 즉, 오스트리아-헝가리 제국의 황제인 페렌츠 요제프(Ferenc József)는 1892년 부다페스트에 제국의 수도(Székesfőváros)라는 명칭을 부여한 것이다. 제국의 수도라는 명칭은 예전에는 오로지 비엔나만이 사용할 수 있었던 호칭이었다. 비엔나의 이러한 조치는 오스트리아-헝가리 제국 내에서 부다페스트의 위상이 강화된다는 사실과 더불어 실질적으로 오스트리아가 헝가리를 인정한다는 상징적인 의미를 가지고 있었다. 헝가리인들은 비엔나의 이러한 조치가 1867년 타협(kiegyegyes) 이후 25년간 부다페스트가 성취한 경제적 성취, 즉, 소득의 상승과 생활수준의 발전 때문에 이루진 것이라고 자부했으며, 일정정도 사실인 측면도 있었다. 헝가리인들은 부다페스트가 점차로 비엔나만큼 중요한 도시로 성장하고 있으며, 곧 유럽에서 비엔나와 같은 '세계도시'의 위치를 점하게 될 것으로 상상

하고 있었던 것이다.[8]

당시 헝가리에서 유행하던 '세계도시(világváros)'라는 개념은 헝가리인이 소망하는 두 가지의 희망 사항을 내포하고 있었다. 즉, 부다페스트가 생활수준이나 문화예술, 법과 질서, 치안 문제 등 모든 면에서 서유럽의 '세계도시'들인 파리나 비엔나만큼 향상되었으면 하는 점이고, 다른 한편으로는 동유럽에서 부다페스트가 문명화로 상징되는 도시화가 가장 잘 진척된 상징적인 도시가 되기를 희망했던 것이다.

특히 19세기 말에서 20세기 초 중부유럽과 발칸반도 지역의 정치, 경제, 문화 및 사회발전 과정에서 부다페스트는 경제, 문화 분야의 소통과 교류의 중심지로 변모하게 되었다. 교류형 도시의 특성에 걸맞게 부다페스트는 문화 분야에서의 독특한 성장과 발전, 창조를 이루어내었다. 그 결과 부다페스트는 헝가리의 다른 도시들의 발전을 촉진하였으며, 헝가리뿐만 아니라 헝가리와 국경을 맞대고 있는 세르비아, 루마니아 도시들에도 영향을 주었다. 특히 도시의 건축과 기능적이고 효율적인 도시구성 면에서 다른 후발 도시들의 모범이 되기도 하였다. 오스트리아-헝가리제국이 1차 세계대전에서 패하고, 부다페스트가 본연의 헝가리 수도라는 위치로 되돌아오면서 이전의 세계도시의 면모와 기능을 상실한 점은 분명하다. 또한 40년간의 사회주의 통치 기간에 부다페스트가 과거의 역사적 기능과 역할을 하지 못한 점도 분명하다. 그러나 1989년의 체제 전환과 2004년의 유럽연합 가

---

8 Barta Györgyi, *Budapest és az agglomeráció gazdasaági szerepkőrének átalakulása.* In: Holló Szilvia Andrea-Sipos András szerk(2002) "Az őtvenéves Nagy-Budapest-előzmények és megvalósulás. Budapest Tőrteneti Múseum". Budapest Főváros Levétára(Budapest, 2002), pp.23~31.

입을 통하여, 유럽의 일원으로 복귀하고, 국경 없는 통합 유럽이 이루
어지면 부다페스트가 중부유럽의 가장 중요하고 영향력 있는 도시로
다시 한 번 자리매김하게 될 것이라는 점은 쉽게 예측할 수 있다.

3. 19세기 말~20세기 초 부다페스트로의 이주와 '세계도시'로서의 위상

1차 세계대전 50년 전인 부다페스트는 유럽의 가장 빠르게 발전하
고 있는 대도시 중의 하나였으며, 인종적인 용광로였다.[9] 외국에서 들
어온 이민자이든, 국내에서 살았던 소수민들이든 1~2세대 안에 헝가
리 문화에 완전히 동화되는 추세였다. 헝가리로의 이주 또한 국제적
인 시각으로 볼 때 헝가리 인구에 상당한 영향을 미쳤으며, 1910년
이민자들의 비율은 유럽 대도시들 중 부다페스트가 2위였다. 오스트
리아-헝가리 제국시기 부다페스트에서는 많은 국가에서 온 다양한
민족들의 많은 문화가 합쳐져 있었다. 그 이유는 헝가리 왕국 자체에
서 살고 있었던 민족들 중 헝가리 민족을 제외한 비헝가리계 소수민
족들의 수가 상당했으며, 그 당시까지도 외국에서 들어오는 이주민들
의 숫자가 상당했기 때문이다. 외국인의 이주 목적지 중 가장 중요한
도시가 부다페스트였다. 부다페스트는 경제적인 이유와 사회적인 이
유에서 헝가리로 이주해오는 이민자들의 주요 목적지가 되었다. 이는

---

9 Dővényi Zoltán, "A Magyarországot érintő vándorlás területi jellemzői". *Bevándorlás Magyarországra*. vol.4, 2006, pp.123~147.

부다페스트가 오스트리아-헝가리 제국의 경제 중심지가 되면서 공장 등 기업의 숫자가 늘어났고, 오스트리아와 독일 기업들의 지점이 부다페스트에 개소했기 때문이기도 한다. 따라서 헝가리 사람들뿐만 아니라 이민자들에게도 취업 기회가 많아졌던 것이다.

이러한 산업-경제 분야의 근대화와 확장은 전문가에 대한 수요도 증대하였다. 이러한 전문가에 대한 수요를 충족하기 위해 오스트리아나 독일, 체코 지역에서 많은 전문 인력들이 헝가리로 이주해왔다. 물론 전문 인력의 비율이 점차로 줄어들기는 하였지만, 오스트리아-헝가리 제국시기 이전과 제국의 초기에는 이들의 비율이 10% 대에 달했던 점은 주목할 만한 사실이다. 따라서 헝가리의 근대화에는 이민자의 기여도 상당했다고 할 수 있다.[10]

1910년의 통계를 보면 헝가리가 아닌 외국에서 태어난 외국인 거주자중 약 5만 명이 부다페스트에 거주하고 있었는데, 이들 중 80% 정도가 오스트리아-헝가리 제국의 영역 내에서 부다페스트로 이주하였다. 나머지 20%의 거주민 중 대부분은 독일에서 이주해왔다. 물론 1900~1910년 사이 발칸지역과 동유럽에서 부다페스트로 이주한 이주민들의 비율이 빠르게 상승한 것도 사실이다. 1880년부터 작성되기 시작한 부다페스트의 인구조사 자료를 살펴보면, 1880년대 인구 중 가장 큰 비중을 차지하고 있던 민족은 헝가리 민족(56.8%)이었고, 독일민족(34.2%)이 그 뒤를 이었으며, 그 다음은 슬로바키아민족(6.2%)이었다.[11] 이 외에 1000명 이상이 거주하는 민족의 출신지는 체

---

10 Dövényi Zoltán, *A Magyarországot érintő vándorlás területi jellemzői*, Budapest: KSH 1962, pp.149~150.

코, 폴란드, 그리고 세르비아 등이었다. 이후 독일인들의 비율은 지속 적으로 감소하는 추세를 보였고, 슬로바키아사람들의 비율은 점차 증 가했으며, 다른 소수 민족들의 비율도 상승하였다. 그러나 오스트리 아-헝가리 제국 외에 지역에서 이주한 사람들 중 1000명을 넘은 민족 은 존재 하지 않았다.

오스트리아-헝가리 제국 외부에서 온 이주민들 중 독일 사람들이 가장 많았다. 1910년 7만 9천 명 정도가 독일어를 모국어로 한 시민들 이었는데, 이중 25%가 오스트리아-헝가리 제국 안에서 태어났으며, 5%정도의 사람들이 오스트리아-헝가리 제국 외에서 들어오는 이주 민이었다. 나머지는 모두 헝가리에서 태어난 소수민족 출신이었다.

오스트리아-헝가리 제국 시기 유대인은 종교 집단으로만 고려되 었다. 즉, 그들은 민족이나 인종 집단으로 고려되고 있지 않았던 것이 다. 1880년과 1910년 사이에 유태교를 종교로 가진 시민은 7만 명에 서 20만 4천 명으로 증가하였다. 이 기간 중 부다페스트 인구의 비율 에서도 19.7%에서 23.1%로 유대인들의 비율이 올라갔다. 뿐만 아니 라 1880년에서(59%) 1910년까지 유대인 중 헝가리어를 모국어로 한 유대인들의 비율이 90%로 상승했다. 오스트리아-헝가리 제국 시기 말에 부다페스트에 살고 있었던 유대인들 중 5%만이 오스트리아-헝 가리 제국 내에서 헝가리를 제외한 다른 지역에서 태어났으며, 오스 트리아-헝가리 제국 외부에서 태어난 유태계 시민은 1%에 불과했다.

부다페스트에 거주하는 외국인들의 분포를 조사하는 데에는 부다

---

11 Barta Györgyi, *Budapest és az agglomeráció gazdasaági szerepkőrének átalakulása*, Budapest: BATK, 1999. pp.35~36.

페스트에 거주하는 시민들의 출신 민족과 모국어를 조사해 보는 방법이 유효하다. 이 조사에 따르면 헝가리에 거주하는 외국 출신 민족들에게는 잘 적용되지 않는다. 그 이유는 이중모국어현상 때문이다. 1880년 부다페스트에 거주하던 시민들의 55%, 1910년에는 시민들의 50%가 두 개 이상의 언어를 했다. 뿐만 아니라 1880년에 독일어를 하는 사람들이 헝가리어 하는 사람들보다 비율이 높았다. 1910년에 또한 헝가리어가 모국어인 사람이 86%임에도 불구하고 헝가리어만 하는 사람들의 비율이 47%에 불과하였다. 이러한 변화를 고려할 때 중요한 사실은 부다페스트에 가장 오랫동안 뿌리를 내리고, 가장 세련된 문화를 갖고 있으며, 수적으로 다수인 '독일어 사용 시민'이 정작 부다페스트에서 이질적인 민족집단으로 간주 되지 않았다는 점이다. 독일에서 이주해온 사람들은 빠르게 헝가리에 동화되어 스스로를 헝가리인이라고 여기는 경우가 많았던 것이다. 따라서 독일인들은 프라하에서처럼 자신들의 문화센터나 관련 기관을 가지려 하지 않았고, 오히려 헝가리적인 문화에 관심을 가졌다. 독일 출신 이주민 들은 당시 부다페스트에 집중된 헝가리 사회, 경제, 문화를 향유하며 즐기고 적극적으로 간여하였다. 이러한 결과로서 19세기 말과 20세기 초의 상황은 부다페스트의 급속한 발전, 수도로써의 역할, 국제 기능의 강화를 통하여 국제 이주의 감소, 헝가리어의 국어화, 그리고 이중 언어 사용자의 감소 현상을 보이게 되었다.

　오랜 공백 이후 1980년대에 들어서면서 부다페스트는 다시 외국인들로부터 새로운 이주정착지로서의 목적지가 되었다. 국제관문도시(nemzetkozi kapuvaros)의 역할에는 다양한 문화의 혼합, 다양한 문화에 대한 이해가 필수적이다. 2000년 이후로 부다페스트에 등록된 외국인들의 수가 2배로 늘어났는데, 2009년 자료에 따르면 1년 이상 장기간 부다페스트에 거주하고 있는 외국인은 8만 명 정도이다.[12] 물론 이외에도 불법체류자들에 대한 정확한 자료가 없고, 헝가리의 국경을 넘어 출퇴근하는 외국인 혹은 이민자의 통계도 정확하지는 않다는 점도 고려해야할 대상이기는 하다. 헝가리의 시민권을 취득하고 완전히 부다페스트에 체류하게 된 외국출신 시민들에 대한 정보도 매우 부족한 편이다. 추측해 보건데, 부다페스트 인구의 10% 정도가 외국인일 수 있다. 특히 최근에는 외국으로부터 헝가리에 진출한 다국적 혹은 외국계 대기업 종사자 수가 증가하고 있고, 단순히 즐기거나 놀기 위해 부다페스트에 거주하는 젊은이들이나 외국 학생들도 상당하다.

부다페스트에 온 외국인들의 분포를 시대별로 조사해보면, 19세기 말에는 유럽에서 온 이민자들이 대부분이었지만, 20세기 말에는 유럽 외부에서 온 외국인들이 전체 25% 정도를 차지한다. 헝가리 시민권을 취득한 외국인을 보사해 보면, 제일 많은 외국인이 루마니아인 이고, 다음으로 헝가리 국적을 취득한 외국인은 중국인이다. 물론 이와 같은 통계 수치에도 불구하고 부다페스트로 이주한 사람들의 상당수는 여전히 헝가리 인근 국가 출신이다.[13]

헝가리에 거주하는 장기 체류자들을 조사해 보면 헝가리에 입국하기 전 헝가리와 국경을 접하고 있는 인접국가 출신으로서, 헝가리어

12 Enyedi György, *Budapest - Kapuváros?*, Budapest, 1998, pp.89~95.
13 Francz Magdolna, *és Rozgonyi Sarolta., Budapest : világváros a Duna partján*, Budapest, 2017, pp.75~77.

를 모국어로 사용하는 외국인의 비율이 50%정도 된다. 이는 이들이 과거 헝가리의 영토였던 슬로바키아, 루마니아, 세르비아의 변경지대 출신임을 의미한다. 실제로 헝가리와 국경을 맞대고 있는 헝가리 주변국가들 중 오스트리아를 제외한 루마니아, 슬로바키아, 세르비아, 크로아티아 등의 상당수 도시에 거주하는 헝가리인의 비율이 10% 이상되는 경우도 자주 목격된다. 따라서 헝가리 주변국가에 거주하는 헝가리계 주민들의 이주는 '잘사는 모국'으로의 회귀 현상이라고 보아도 좋을 것이다. 헝가리 정부는 현재 헝가리의 인구감소 추세를 늦추기 위하여 다양한 정책을 추진하고 있는데, 그중의 하나가 헝가리 주변국가에 거주하는 헝가리계 소수민족의 헝가리화라는 점은 이러한 연유에서 기인한 것이라고 판단할 수 있다. 이러한 헝가리 정부의 정책에 대해 헝가리 국경 주변에 거주하는 헝가리계 소수민족들은 환영하는 입장이다. 즉, 이러한 헝가리 정부의 정책이 그들에게는 경제적으로 부유하고, 생활환경이 더 좋은 헝가리로 이민을 고려하게 하는 결정적 요소가 되기도 한다는 점이다. 헝가리의 시민권을 취득하기 위하여 지원한 사람들의 동기를 조사해 보면 경제적 이유가 가장 높다는 사실은 이를 반증한다. 물론 이들 이주민들 가운데 헝가리 주변국가에서 온 헝가리계 소수민족 출신을 제외하면 다른 외국 이주자들 대부분은 부다페스트를 이주의 최종 목적지로 삼지 않는다.[14]

1989년의 체제전환 이후 부다페스트는 19세기 말 20세기 초 부다페스트가 가졌던 세계도시의 면모 즉, 다양한 외국 문화를 흡수하고

---

14 Kováts András-Rónai Gergely (eds), *Bevándorló Budapest*, Budatest: MKL, 2009. pp.42~49.

받아들여 자신들의 독특한 문화로 탈바꿈시켰던 그런 문화적, 인종적 용광로(ethnical melting pot)가 되지는 않을 것이다. 그러나 통합유럽의 지속적인 확장과 헝가리의 동부지역에 국경을 맞대고 있는 루마니아, 우크라이나와의 향후 외교관계에 따라서는 부다페스트가 세계도시로서의 위상을 찾는 것은 그리 어려운 일이 아닐 수도 있다.[15]

4. 20세기 초 유럽 도시 중에서 부다페스트의 위치

오스트리아-헝가리제국 시기 유럽 대도시 중 부다페스트의 위치를 결정하는 하나의 중요한 요소는 부다페스트가 오스트리아-헝가리제국이라는 강대국에서 정치적으로는 제한적인 입지를 가진 제2의 도시였다는 점이다. 여기서 언급되는 '제한적인 정치적 권력'은 오스트리아-헝가리 제국의 구조상 부다페스트는 헝가리의 문제에 대해서만 결정권을 가지는 헝가리의 대표들로 구성된 의회만 존속하고 있었을 따름이라는 의미이다. 즉, 제국의 운명을 결정짓는 사무, 즉, 외교, 국방, 재정문제에 대한 결정권은 비엔나에 있는 오스트리아-헝가리 제국의회에서 결정되었고, 특히 국방과 외교에 관한 대부분의 의사결정은 오스트리아 정부의 의지가 관철되었다는 점을 의미한다. 이러한 제한적 성격은 '부다페스트 정치'로 대표되는 헝가리 정치권력의 속

15 Cohen, R. B, *The new International Division of Labor, Multinational Corporations and Urban Hierarchy.* In:Dear, M. Scott, A. J. (eds): Urbanization and urban planning in capitalist society. Methuen, New York, London, 1981, pp.287~330.

성을 보여준다. 헝가리 정치권력은 애써서 제국의 권력을 분점하려
하지 않았다. 헝가리는 오스트리아와 오스트리아-헝가리 제국을 건
설함으로써, 제국의 한 부분으로 헝가리 1000년의 역사상 가져보지
못했던 권력과 위치를 점하게 되었기 때문에, 오스트리아-헝가리 제
국의 법적 특성 문제를 떠나 비엔나에 의존하는 경향을 보였다. 오스
트리아에 대한 헝가리의 의존적 성격에 대해 헝가리 사람들은 이러한
부정하거나 수용하기를 거부하지 않았다. 오히려 부다페스트가 비엔
나에 이어 제국의 제2도시라는 호칭을 얻게 된 것에 대해 만족하는
모습까지 보이기도 하였다. 사실 당대의 부다페스트는 비엔나의 위성
도시로 간주되는 이차적인 도시였다.[16] 오스트리아-헝가리 제국에서
헝가리가 차지하는 영토가 전체 제국 영토의 약 50% 가까이 되었음
에도 불구하고, 헝가리의 인구는 오스트리아의 40%에 지나지 않았고,
제국 내에서의 경제적 중요성은 그것보다도 적었다. 예를 들어서 오
스트리아-헝가리 제국의 운영을 위해 양국이 부담하는 재정적 분담
비율(kvóta), 특히 공동 군대, 외교 등의 재원인 제국의 공동 비용은
1867년 타협에 오스트리아가 70%, 헝가리가 30%를 부담하는 것으로
정해졌다. 또한 제국의 황제는 비엔나에서 머물고, 오스트리아-헝가
리 제국의 공동 군대에서 사용되는 명령어는 모두 독일어로 지정되었
다. 이러한 시스템은 실질적으로 군대의 명령권은 황제에게 있었다는
점을 의미한다. 사실 오스트리아-헝가리 제국을 운영하는 각종 행정
기관이나 시설, 관료체계들은 모두 비엔나에 있었고, 오스트리아-헝

---

16 Fleischer Tamás-Miklóssy Endre-Vidor Ferenc (eds), *Második Millennium,* Budapest:
   Osiris, 1993, pp.115~119.

가리 제국의 중요한 외교적 행사가 모두 비엔나에서 이루어졌다는 점은 비엔나와 부다페스트의 위상을 대조적으로 보여주는 실증들이 었다. 그렇지만 부다페스트는 이러한 약점들에도 불구하고, 제국의 두 번째 수도이며, 헝가리의 수도라는 위상으로 비엔나를 통해서 세계와 유럽 대도시 네트워크에 연결되어 있었다. 특히 외교관계에서 비엔나와 더불어 세계 정치(당시는 유럽정치)의 매개자로서의 역할을 적극적으로 활발하게 수행하였다.[17]

1890년대 말 1990년대 초에 이르러 부다페스트에서 외국으로 나가는 전화 통화 중 44.5%가 비엔나를 통해서 외국으로 나갔고, 1912년의 경우 부다페스트 호텔의 손님들의 35.6%가 비엔나에서 왔다. 부다페스트에 지사를 두고 있던 36개 보험 회사들 중에 15개 보험사가 비엔나에 본사를 삿고 있었고, 부다페스트에 있던 나른 4개 보험회사의 본사도 오스트리아의 다른 도시에 있었다.

오스트리아-헝가리 제국 속에서 부다페스트의 이러한 이차적인 지위는 때로 부다페스트에게 이익이 되기도 하였다. 예를 들면, 오스트리아-헝가리 제국이 발칸(Balkan) 지역으로의 확장하는데 있어서, 부다페스트는 결정적이고 중요한 역할을 하였다. 오스트리아에서 발칸 지역과 카르파티아, 트란실바니아 지역으로 가려면 필연적으로 부다페스트를 통과하여야 했는데, 이 당시 헝가리의 정치, 경제 엘리트도 부다페스트의 이러한 역할에 대해 만족하며, 부다페스트가 더욱더 적극적으로 이러한 역할을 할 수 있도록 추진하고 있었다. 예를 들면, 만프레드 바이쓰(Manfred Weiss)의 동생이었던 베르톨드 바이쓰(Bertold

17 Kováts András-Rónai Gergely, ibid. p.184.

Weiss)는 다음과 같이 말했다.

"…… 부다페스트의 권력에 대한 추구는 동쪽으로 향해야 한다. 우리
영향력은 동쪽에서 강화해야 하고, 우리 경제의 원천을 동쪽에서 찾아야
한다."[18]

사실 헝가리 정부와 부다페스트 시 정부는 두너강 하저(Al-duna)수
로 건설, 체펠(Csepel)항구의 계획, 또는 '동방으로의 물류 기지로서의
역할'을 강조하며 이러한 부다페스트의 발전방향을 '동방으로의 확
장'에 두고, 이와 관련된 모든 활동을 적극적으로 지원하고 있었다.
헝가리 국내의 금융 기구들의 관심 또한 동쪽으로 향하고 있었다. 그
러나 사실 현실 상황은 헝가리가 추구하는 '동방으로의 확장' 계획의
성공을 뒷받침하지는 않았다: 실제로 이러한 계획이 적극 추진되었던
1913년 헝가리와 발칸 국가들과의 교역은 헝가리 대외무역 전체에서
차지하는 비율은 6.4%에 불과하였다.
　헝가리 정부와 부다페스트 시 정부도 이러한 사실을 모르고 있지
는 않았다. 이런 점에서 당시 헝가리 사회, 특히 부다페스트를 중심으
로 유행하는 '동방으로의 확장'은 다소 정치적 수사의 성격이 강했다
는 점을 부인할 수 없다. 당시 부다페스트와 헝가리의 이러한 담론구
조의 형성은 도시의 정체성 나아가 국가의 정체성을 규정하는 과정에
서 매우 작위적으로 이루어진 점이 없지 않다. 이러한 현상이 민족주
의적 정서의 강화와도 깊이 연결되어 있다는 점도 간과되어서는 안

---

[18] Weiss Berthold, *Budapest érdekei és a keleti vasutak,* Budapest: BFL, 1887, pp.131~143.

될 부분이라고 할 수 있다. 그럼에도 불구하고 부다페스트는 제국의 두 번째 도시로서 확고한 위치를 갖게 되었으며, 부다페스트가 이러한 자격을 획득하고 비엔나와의 격차를 해소할 수 있었던 가장 커다란 이유는 부다페스트에서 발전한 현대화된 중공업 덕분이었다. 게다가 이러한 중공업의 발전을 가능하게 했던 것은 다름 아닌 기술적, 과학적 혁신을 가능하게 했던 과학 기술의 발전이었다. 이러한 발전을 이끌었던 주요 학술기관으로는 부다페스트대학, 의과대학, 경제대학, 공과대학, 헝가리 학술원 등이 있으며, 이 기관들은 형태와 이름은 바뀌었지만 그 고유한 기능과 역할을 유지한 채 오늘날까지도 지속되고 있다.[19]

19세기의 말 비엔나는 파리와 런던 다음으로 유럽 문화의 중심도시였다. 그러나 문화적인 측면에서 부다페스트 역시 끊임없이 발전하고 있었으며, 대도시로서의 지위를 강화하고 있었다. 예를 들면 부다페스트는 그 시대 인기를 끌었던 음악장르였던 오페레타(Operett)를 선도하는 중심도시였다. 또한 부다페스트는 오스트리아-헝가리 제국 시기의 가장 중요한 장기 건설 계획으로 추진되고 있었던 도시 인프라확충사업을 통해서도 비엔나와의 간격을 좁히고 있었다. 부다페스트와 비엔나의 차이는 규모뿐만이 아니라 내용의 측면에서도 줄어들고 있었는데, 특히 건축 분야의 차이는 매우 빠른 속도로 좁혀지고 있었다. 오스트리아-헝가리 제국시기 부다페스트는 건축 부분에서 또 다른 분리파의 상징도시였다는 점이 이를 입증해준다.

---

19 Horváth J. András., *A megigényelt világváros : Budapest hatósága és lakossága a városegyesítés éveiben*, Budapest: BFL, 2010, pp.154~156.

부다페스트의 분리파 건축물은 비엔나에 비해 양적으로 월등하게 많이 건축되었으며, 그 수준에 있어서도 비엔나를 능가하는 건축물들이 상당수였다. 분리파 양식으로 작품 활동을 하던 건축가들은 비엔나뿐 아니라 부다페스트에서도 활발하게 활동하고 있었던 것이다. 이 시기 부다페스트의 이러한 점들을 고려해 보면, 당시 유럽 도시에서 순위를 매기는 것이 불가능하기는 하지만, 부다페스트의 위상과 위치가 상승하고 있었다고 추측할 수 있다.

이러한 점을 추측할 수 있는 다른 근거 중 하나가 인구의 급격한 상승이다. 당시 유럽의 대도시들의 인구 증가율을 비교해 볼 때 도시 인구의 증가율이 부다페스트를 앞지르고 있었던 도시는 베를린(Berlin) 정도였다.[20] 부연하자면 이 당시에 런던과 파리가 경제적으로도, 문화적으로도 최상위 계층의 도시였을 것이고, 베를린과 비엔나, 상트페테르부르크 정도가 다음의 위치이고, 다음의 그룹에 로마, 밀라노, 마드리드, 뮌헨, 브뤼셀, 스톡홀름, 이스탄불, 부다페스트 정도가 포함될 것이다.[21] 다시 말하면 20세기 초반의 부다페스트는 유럽도시들 중 10위권 정도의 위치였을 것으로 볼 수 있다.

부다페스트는 오스트리아–헝가리 제국 내의 도시들, 특히 오스트리아의 비엔나, 슬로바키아의 브라티슬라바 등과 특별히 긴밀한 관계를 맺고 있었다. 비엔나는 명실상부한 쌍둥이 도시의 형님 격으로 모

---

20 Briesen, Detlef, *Weltmetropole Berlin? Versuch, sich einem deutschen Mythos über die Zeit zwishen den Weltkriegen emprisch zu nähern.* In: Berlin als deutsche Hauptsadt im Vergleich europäischer Hauptstädte, 1870~1939. Bonn: Bouvier, 1992, pp.173~184.

21 Enyedi György, Budapest – Kapuváros? In: Budapest – nemzetkõzi város, pp.87~95.

든 면에서 부다페스트의 모범이었다. 브라티슬라바는 헝가리식 이름
이 포조니(Pozsony)인 도시로, 한때 헝가리의 수도를 역임했던 도시이
다. 두 도시의 도시적 기능은 부다페스트와 형제적 위치를 공유하는
도시 간 연결 이상의 의미를 가지고 있다. 비엔나와 브라티슬라바를
제외하고 부다페스트의 국제적 연계는 오스트리아-헝가리 제국의 국
경에서 비교적 멀리 떨어진 트란실바니아 지역과, 독일의 동남부 지
역들인 바이에른, 작센 등과 관계가 깊다. 바이에른과 작센은 부다페
스트의 이주민과도 깊은 관련성이 있다. 그다음으로 부다페스트와 관
계가 있는 도시들은 헝가리가 영토적, 정치적, 경제적으로 확장의 대
상으로 삼고 있었던 발칸반도 지역의 도시들이다. 이 지역들과는 금
융거래나 문화적 교류 활동을 통한 교류들이 이루어지고 있었는데,
이러한 부다페스트의 국제 관계망은 사실 한쪽으로 치우쳐있는 불균
형한 관계망이었다는 점에서 부다페스트라는 도시의 한계 혹은 제한
적인 측면을 볼 수 있다. 즉, 부다페스트의 국제관계가 비엔나의 중재
혹은 비엔나를 거쳐서 이루어지고 있는 한 필연적으로 나타나는 현상
이었던 것이다. 물론 부다페스트는 생산도시가 아닌 소비도시적인 성
격이 강했고, 교차도시로서의 역할이 중대했기 때문에 그런 측면도
있다.

부다페스트는 서유럽과 발칸 사이에 끼어 있었기 때문에, 두 지역
의 관계에서 매개(mediator)의 역할을 하고 있었던 것이 사실이다. 물
론 헝가리가 영토적, 정치적 확장의 목적지를 발칸으로 두었기 때문
이기도 하지만, 이러한 점은 부다페스트의 도시적 성격을 규정짓는
중요한 요소이다. 이러한 사실들을 종합해 볼 때 부다페스트가 오스
트리아-헝가리 제국 시기 제국의 제2수도로써 그 역할과 기능이 강

화된 것은 분명한 사실이다.[22]

5. 맺음말

헝가리의 역사는 복잡다난하다. 헝가리의 수도인 부다페스트는 15세기 이후 헝가리 역사의 중심지로서 그 역할을 다해왔다. 부다페스트는 헝가리의 수도로서 정치적, 경제적 의미 이외에도 헝가리 문화, 헝가리 정신의 중심지로서의 역할을 다하고 있다. 특히 부다와 페스트, 오부다가 합쳐져 부다페스트가 형성된 1873년 이후 절충주의적 문화와 코스모폴리탄적 정신을 구현한 공간으로서 유럽 도시사에 있어 다시없을 독특한 위상을 가지게 된다. 부다페스트의 성격은 새로운 것과 낡은 것, 민족적인 것과 국제적인 것, 도시적인 것과 시골적인 것의 헝가리적인 융합이라는 것이다. 국제적인 면모와 민족적인 면모를 동시에 갖는다는 것은 일견 모순의 조화처럼 보이기는 하지만 그것 자체가 부다페스트의 특징적 성격인 것이라고 할 수 있다.

오랜 역사를 가지고 있는 파리, 베를린, 로마 등과 같은 유럽의 다른 도시들에 비해서 부다페스트의 역사는 그리 길지 않은 막내에 가깝지만, 계획적이고 인위적으로 만들어진 도시답게 당대의 도시들이 지니고 있는 장점을 전부 포함시키려 한 이상적인 도시라는 점에서, 그리고 계획도시로서의 의미가 크다고 할 수 있다. 계획도시의 성격

---

22 Barta Györgyi, (eds) : Budapest - nemzetközi város. Budapest: Stragégiai kutások, 1998, pp.15~19.

은 도시가 가진 문제점을 해결하는데 중점을 둔다. 장점의 보존이라는 미덕보다는 신기술과 혁신을 통하여 구식을 변혁하는 편을 택하는 것이 도시발전의 경향이다. 따라서 장점들의 나열과 그것의 적극적인 표현은 그 자체가 하나의 특색이 된다. 물론 부다페스트의 이러한 장점을 비판하는 관점인 '부다페스트가 자신만의 특색이 없는 박물관과도 같은 도시이다'라는 의견은 음미할 만한 가치가있다. 하지만 바로 그러한 부분이 부다페스트만의 매력이라고 할 수 있을 것이다. 이러한 점에서 보았을 때, 부다페스트는 다양성과 포용성을 표방하는 코스모폴리탄적 특성을 지니고 있는 도시라 할 수 있다.

부다페스트는 오스트리아-헝가리 제국의 두 번째 수도로서 역사에 등장하였으며, 부다와 페스트라는 헝가리의 도시에서 부다페스트라는 오스트리아-헝가리 제국의 도시로 탈바꿈하였나. 오스트리아-헝가리 제국의 두 번째 수도가 되면서 부다페스트는 중부유럽 최대 규모의 도시가 되었고, 2차 세계대전 이전까지는 이른바 '세계도시'로서의 면모와 기능을 갖추고 그에 걸맞은 역할을 하였다. 특히 20세기에 들어서면서 부다페스트는 서유럽과 러시아, 멀게는 아시아를 연결하는 중간지대로서의 역할, 발칸으로 내려가는 물동량을 교차시키는 교차로의 역할을 하며 유럽의 주요 경제도시로의 위상을 갖게 되었다. 이러한 도시의 성장은 자연스레 일자리와 그와 관련된 제반 서비스 시스템과 시설의 확장, 도시 구조의 발전을 가져왔으며, 이에 힘입어 20세기 초 부다페스트는 유럽의 도시 중에서 10위권 안에 드는 대도시로서 성장하였다.

이와 같이 괄목할 만한 부다페스트의 성장은 더 낳은 삶을 찾아 이주하는 발칸과 동유럽 인들에게 최종 목적지로서 부다페스트를 선

택하게 하는 계기가 되었다. 발칸과 동유럽으로부터의 이주는 부다페
스트의 외적 팽창과 문화적 혼종성의 근간이 되었으며, 부다페스트가
국제적 면모를 갖게 되는 동력이었다. 이러한 부다페스트의 성격은
헝가리인의 특징을 표현하는 메타포인 '손님을 사랑하는 민족'과 동
일시되어, 부다페스트의 이상적 이미지를 형성하는데 영향을 미쳤다.
특히 부다페스트의 문화적 혼종성은 발칸반도 지역과 동유럽인의 언
어와 문화가 유입되어 기존의 헝가리와 독일계 문화와 조우하며 새로
운 메타모포시스적 문화의 양상을 창조하였다. '분리파'라고 불리는
'세체치오 양식'이 부다페스트의 혼종적, 포용적, 융합적 성격을 대표
하는 예술양식으로 간주되는 것은 이와 같은 문화의 혼종성과 깊은
관련이 있다고 할 수 있는 것이다. 이럼으로써 부다페스트는 19세기
말~20세기 초에 이르러 진정으로 혼종성과 다양성이 조화된 '세계도
시'로서의 위상을 갖게 된 것이다.

도시의 발전은 도시의 팽창과 불가분한 관계에 있다. 부다페스트
는 도시개발을 추진하며 팽창의 영역에 이주민과 원주민, 그리고 상
호 모순되는 제반 요소들의 합리적으로 배치하였으며, 문화적 융합과
상호이해를 위한 정치들을 도시 곳곳에 설치하였다. 발칸과 동유럽
심지어는 러시아로부터 이주해오는 이민자들의 위하여 도시 곳곳에
그들의 민족적 향수를 느끼고, 고향의 정서를 만끽하게 하는 공원과
예술 공간 등을 적극적으로 설치한 것이 대표적인 예이다.

시민의 여론을 하나로 모으고, 헝가리적인 특징을 강조하는 민족
적 서사의 대규모 발현장소로 시민광장과 같은 공간이 부다페스트에
는 존재하지 않는다. 시보시는 이러한 부다페스트의 특성을 '여러 개
의 심장을 가진 도시'라는 표현으로 정의 하였다. 즉, 헝가리라는 주류

민족의 전유를 허용하지 않는 대신, 다양한 민족들의 다양성을 표출하는 공간으로서 광장이 설계되고 배치되었다는 점을 지적하고 있는 것이다.[23]

시보시가 정의하는 '여러 개의 심장'은 각각의 민족을 상징하는 메타포로써 여러 개의 심장 하나 하나가 부다페스트의 심장 역할을 한다는 의미이다. 물론 그런 심장들 중 하나 쯤 없어도 부다페스트는 문제가 없다는 중의적 표현이기도 하다. 이러한 점이 부다페스트의 세계 도시적 특성을 보여주는 명백한 증거이다. 이러한 점은 부다페스트가 헝가리의 부다와 페스트에서 세계도시 부다페스트로 탈바꿈되었다는 주장의 중요한 전거이기도 하다. 부다페스트는 새롭게 탄생한 신생도시로서 본래의 고유한 모습과 유럽의 중요한 사조를 대표하는 첨단 양식의 건축물들이 혼종적으로 공존하고 있다는 점에서 세계도시 부다페스트로서의 특징을 갖고 있다고 할 수 있다.

최근의 유럽 도시개발을 위한 정책에 대한 많은 논의들이 오스트리아-헝가리 제국 시기의 부다페스트를 모범으로 삼는다는 점은 부다페스트라는 도시의 가치와 위상을 보여준다. 오스트리아-헝가리 제국시대는 현재 부다페스트의 매력적인 모습이 만들어진 시기이기도 하고, 오스트리아 제국과의 '타협'은 1989년 헝가리의 '체제전환'처럼 그 이후에 일어난 급속한 도시의 발전에 긍정적인 역사적 배경이 되었다. 부다페스트의 경험은 유럽의 도시설계가들 혹은 그 외의 도시정책 입안자들에게 좋은 전범을 보여준다. 다른 유럽의 대도시들

---

23 Szivos Erika, A City of Multiple Hearts: Historic Squares of Budapest from the19th Century to the Present, *Moderne Stadtgeschichte*, Vol. 2019, No.1, pp.46~62.

에 비하여 비교적 늦게 생성된 도시로서 부다페스트는 다른 유럽의 대도시들이 갖고 있었던 모순과 문제점들을 해결하면서, 거주 시민의 편리성과 다양한 민족들의 융합적 특성의 조화로운 공존을 가능하도록 설계된 공간이다. 이러한 의미에서 부다페스트는 메타모포시스의 실천적 형태를 보여주는 대표적인 도시라고 할 수 있는 것이다.

참고문헌

제1부 종교의 메타모포시스 _ 방원일

『그리스도인회보』, 『독립신문』, 『기독신보』, 『동아일보』, 『신학월보』,
『죠션크리스도인회보』, Korea Mission Field (KMF)

• 강돈구, 「신종교연구 서설」, 『종교학연구』 6, 한국종교학연구회, 1987.
• 곽안련 엮음, 『長老敎會史 典彙集』, 北長老敎宣敎會, 1936.
• 김광식, 『토착화와 해석학』, 대한기독교출판사, 1987.
• 김재준, 「한국의 재래종교와 그리스도」, 『기독교사상』, 1958.
• 김종서, 「한말, 일제하 한국종교 연구의 전개」, 『한국사상사대계』 6, 한국정신
  문화연구소, 1993.
• 김중은, 「성서신학에서 본 토착화신학」, 『기독교사상』 35(6), 대한기독교서회,
  1991.6.
• 덕성여자대학교 인문과학연구소, 『한국인의 의식과 예절문화 II: 한국 의례문
  화의 구조와 역사』, 96년 교육부 인문·사회과학 중점영역 연구결과 보고서,
  1998.
• 말린 벤엘데렌, 이형기 옮김, 『세계교회협의회 40년사』, 한국장로교출판사,
  1993.
• 멜러니 나이, 유기쁨 옮김, 『문화로 본 종교학』, 논형, 2013.
• 미르치아 엘리아데, 이용주·최종성·김재현·박규태 옮김, 『세계종교사상사』,
  이학사, 2005.
• 민경배, 「韓國初代敎會와 西歐化의 問題」, 『기독교사상』 14(12), 대한기독교서
  회, 1971.12.
• 민경배, 『한국기독교회사』, 연세대출판부, 1994.
• 박근원, 「기독교의 관혼상제 의식지침」, 『기독교와 관혼상제』, 전망사, 1985.
• 박봉랑, 「기독교의 토착화와 단군신화: 윤성범 교수의 所論과 관련하여, 삼위
  일체적 해석의 신학적 문제를 중심으로」, 『사상계』 123, 사상계사, 1963.7.

• 박봉랑, 「성서는 기독교 계시의 유일한 소스: 윤성범 박사의 대답에 答함」, 『사상계』 126, 사상계사, 1963.10.
• 박봉배, 「한국교회 예배의 토착화」, 『기독교사상』 35(6), 대한기독교서회, 1991.6.
• 박봉배, 「한국학과 기독교 – 특히 방법론적인 면에서」, 『기독교사상』, 1971.2.
• 박아론, 「韓國的 神學에 대한 異論」, 『기독교사상』 16(8), 대한기독교서회, 1973.8.
• 방원일, 「한국 크리스마스 전사(前史), 1884~1945: 이원적 크리스마스 문화의 형성」, 『종교문화연구』 11, 한신대학교 종교와문화연구소, 2008.
• 방원일, 「혼합현상에 관한 이론적 고찰: 종교문화의 만남을 서술하기 위하여」, 『종교문화비평』 33, 종교문화비평학회, 2018.
• 백낙준, 『한국개신교사 1832~1910』, 연세대학교출판부, 1973.
• 서영대, 「葛蟠地小考 – 蘇塗의 佛敎的 變容」, 『종교학연구』 2, 서울대학교 종교학연구회, 1979.
• 심상태, 「한국교회 토착화의 전망」, 『한국교회와 신학: 전환기의 신앙이해』, 성바오로 출판사, 1988.
• 심일섭, 『韓國民族運動과 基督敎受容史考』, 아세아문화사, 1982.
• 안병무, 「기독교화와 서구화」, 『기독교사상』 14(12), 대한기독교서회, 1971.12.
• 유동식, 「基督敎 土着化에 대한 理解」, 『기독교사상』 6(4), 대한기독교서회, 1963.4.
• 유동식, 『도와 로고스』, 대한기독교출판사, 1978.
• 유동식, 『韓國神學의 鑛脈: 韓國神學思想史序說』, 전망사, 1982.
• 윤성범, 「'Cur Deus Homo'와 福音의 土着化」, 『기독교사상』 9(12), 대한기독교서회, 1966.12.
• 윤성범, 『기독교와 한국종교』, 대한기독교서회, 1964.
• 윤성범, 『한국적 신학: 誠의 해석학』, 선명문화사, 1972.
• 윤이흠, 「종교와 의례 – 문화의 형성과 전수」, 『종교연구』 16, 한국종교학회, 1998.
• 이광순, 「선교와 문화적 수용」, 『기독교사상』 35(6), 대한기독교서회, 1991.6.
• 이규호, 「土着化의 哲學的 根據」, 『기독교사상』 6(10), 대한기독교서회, 1963.10.
• 이덕주, 『토착화와 민족운동 연구』, 한국기독교역사연구소, 2018.

- 이덕주·조이제,『강화기독교 100년사』, 강화기독교 100주년 기념사업역사편 찬위원회, 1994.
- 이복규,『한국 그리스도교 민속론』, 민속원, 2014.
- 이서구,『세시기』, 박영사, 1969.
- 이장식,「基督敎 土着化는 歷史的 課業」,『기독교사상』6(6), 대한기독교서회, 1963.6.
- 이정배,『토착화와 생명문화』, 종로서적, 1991.
- 이정훈,『한국의 그리스도인을 위한 절기 예배 이야기』, 대한기독교서회, 2000.
- 임우영,「괴테의 자연시「식물의 변형」과「동물의 변형」」,『외국문학연구』 80(1), 한국외국어대학교 외국문학연구소, 2020.
- 임재동,「괴테의 시「식물의 변태」에서 서정적 주체」,『헤세연구』7, 한국헤세 학회, 2002.
- 장석만,「한국 의례 담론의 형성 - 유교 허례허식의 비판과 근대성」,『종교문화 비평』1, 한국종교문화연구소, 2002.
- 전경연,「기독교文化는 土着化할 수 있는가?」,『신세계』, 1963.3;『기독교사상 강좌』3, 대한기독교서회, 1963.
- 전경연,「土着化 이론은 原始化를 意味」,『기독교사상』6(4), 대한기독교서회, 1963.4.
- 정대위,「韓國社會에 있어서의 宗敎混合」,『사상계』80, 사상계사, 1960.3.
- 정대위,『그리스도교와 동양인의 세계』, 한국신학연구소, 1986.
- 정병준,「WCC 제10차 부산총회 반대의 주요 쟁점과 대안」,『기독교사상』, 2013.9.
- 정진홍,「'하늘'님 고」,『기독교사상』165, 1972.2.
- 정진홍,『한국종교문화의 전개』, 집문당, 1986.
- 정하은,「神學의 土着化의 起點」,『기독교사상』6(7), 대한기독교서회, 1963.7.
- 정혜경,「괴테의 식물형태학: 자연철학과의 밀착성과 낭만주의적 속성을 중심 으로」,『한국과학사학회지』11(4), 한국과학사학회, 2004.
- 차은정,『1960년대 이후 한국 개신교 의례의 변화에 대한 연구』, 서울대학교 대학원 문학석사학위논문, 1997.
- 최종성,「조선전기 종교혼합과 反혼합주의」,『종교연구』47, 한국종교학회, 2007.

- 하비 콕스, 유지황 옮김, 『영성·음악·영성: 21세기 종교와 성령운동』, 동연, 1996.
- 한국기독교역사연구소, 『한국 기독교의 역사 3: 해방 이후 20세기 말까지』, 기독교문사, 2009.
- 한규무, 「초기 한국 장로교회의 결혼 문제 인식(1890~1940)」, 『한국기독교와 역사』 10, 한국기독교역사학회, 1999.
- 한태동, 「思考의 類型과 土着化 問題」, 『기독교사상』 6(7), 대한기독교서회, 1963.7.
- 홍현설, 「土着化의 可能性과 不可能性」, 『기독교사상』 6(8), 대한기독교서회, 1963. 8~9.
- "Syncretistis," J. McClintock and J. Strong eds., *Cyclopedia of Biblical, Theological, and Ecclesiastical Literature*, New York: Haper and Brothers, 1887.
- Asad, Talal, *Formations of the Secular: Christianity, Islam, Modernity*, Stanford: Stanford University Press, 2003.
- Brown, A. J., *The Mastery of Far East*, New York: Charles Scribner's Son, 1919.
- Choi, Mihwa, "(Review) Syncretism: The Religious Context of Christian Beginnings in Korea by David Chung," *The Journal of Religion* 82(3), 2002.
- Chung, David, *Syncretism: The Religious Context of Christian Beginnings in Korea* (Albany, NY: State University of New York Press, 2001).
- Colpe, Carsten, "Syncretism", M. Eliade ed., *Encyclopedia of Religion*, New York: Macmillan Publishing Company, 1987.
- Comaroff, Jean, *Body of Power, Spirit of Resistance*, Chicago: The University of Chicago Press, 1985.
- Cox, Harvey, "A Response to Jürgen Moltmann's 'Blessing of Hope'", *Journal of Pentecostal Theology* 14(2), 2006.
- Cox, Harvey, *Fire from Heaven: The Rise of Pentecostal Spirituality and the Reshaping of Religion in the Twenty-First Century*, Cambridge: Da Capo Press, 2001.
- Drooger, A. "Syncretism: The Problem of Definition, the Definition of the Problem", Jerald Gort, et al. eds., *Dialogue and Syncretism: An Interdisciplinary*

Approach, Michigan: William B. Eerdmans Publishing Company, 1989.

• Erwin, Miss Cordelia, "Transition, A Korean Christian Wedding", *KMF* 14(4), 1918.4.

• Grayson, Huntley James, "The Accomodation of Korean Folk Religion and the Religious Forms of Buddhism: An Example of Reverse Syncretism", *Asian Folklore Studies* 51(2), 1992.

• Greenfield, S.M. and A.F. Droogers eds., *Reinventing Religions: Syncretism and Transformation in Africa and the Americas,* Oxford: Rowman & Littlefield, 2001.

• Harnack, Adolf, James Moffatt tr., *The Mission and Expansion of Christianity in the First Three Centuries,* 2nd ed., New York: G. P. Putman's Sons, 1908,

• Harrison, William H., *In Praise of Mixed Religion: The Syncretism Solution in a Multifaith World,* Montreal: McGill-Queen's University Press, 2014.

• Henn, Alexander, *Hindu-Catholic Encounters in Goa: Religion, Colonialism, and Modernity,* Bloomington: Indiana University Press, 2014.

• Herskovits, Melville J., *The Myth of the Negro Past,* Boston: Beacon Press, 1958[1941].

• Hooft, W.A.V., *No Other Name: The Choice between Syncretism and Christian Universalism,* London: SCM Press, 1963.

• Hulbert, Homer B., *The Passing of Korea,* New York: Page & Company, 1906.

• Joel, Robbins, *Becoming Sinners: Christianity and Moral Torment in a Papua New Guinea Society,* University of California Press, 2004.

• Keane, Webb, "Rotting Bodies: The Clash of Stances toward Materiality and Its Ethical Affordances," *Current Anthropology* 55(S10), 2014.

• Kendall, Laurel, *Getting Married in Korea,* Berkeley: University of California Press, 1996.

• Kim, Kirsteen, "Korean Pentecostalism and Shamanism: Developing Theological Self-Understanding in a Land of Many Spirits," *PentecoStudies* 16(1), 2017.

• Kippenberg, Hans G., "In Praise of Syncretism: The Beginnings of Christianity Conceived in the Light of a Diagnosis of Modern Culture", A.M. Leopold and J.S. Jensen eds., *Syncretism in Religion: A Reader,* New York: Routledge, 2016.

• Leopold, A.M. and J.S. Jensen eds., *Syncretism in Religion: A Reader*, New York: Routledge, 2016.

• Lindenfeld, David and Miles Richardson eds., *Beyond Conversion and Syncretism: Indigenous Encounters with Missionary Christianity, 1800~2000*, New York: Berghahn Books, 2011.

• Martin, Luther H., "Why Cecropian Minerva? Hellenistic religious syncretism as system", *Numen* 30, 1983.

• McCune, Miss Katherine, "A Hearthen Bride", *KMF* 6(9), 1910.9.

• Miller, F. S., "Things Korean: Christmas Lanterns", *KMF* 13(12), 1917.

• Moffat, James, "Syncretism", J. Hasting ed., *The Encyclopaedia of Religion and Ethics*, Vol.12, New York: Charles Scribners' Sons, 1922.

• Moffett, Samuel Austin, 김인수 옮김, 『마포삼열 목사의 선교 편지(1890~1904)』, 장로회대학교출판부, 2000.

• Morrison, Kenneth M., *The Solidarity of Kin: Ethnohistory, Religious Studies, and the Algonkian-French Religious Encounter*, Albany: State University of New York Press, 2002.

• Nicholls, B. J., "Contextualization", In *New dictionary of Theology*, Westmont: InterVarsity Press, 1988.

• Niles, D. T., "聖書硏究와 土着化問題", 『기독교사상강좌』 3, 대한기독교서회, 1963.

• Nissenbaum, Stephen, *The Battle for Christmas*, New York: Alfred A. Knopf, 1997.

• Noble, Mattie Wilcox, "How the Methodist Episcopal Church observes Christmas in Korea", *KMF* 15(12), 1919.

• Noble, Wilcox, "1893년 12월 25일 일기", *The Journals of Mattie Wilcox Noble 1892~1934*, 한국기독교역사연구소, 1993.

• Paik, L. George, *The History of Protestant Missions in Korea, 1832~1910*, 2nd ed., Seoul: Yonsei University Press, 1970[1929].

• Palmisano, S. and N. Pannofino eds., *Invention of Tradition and Syncretism in Contemporary Religions: Sacred Creativity*, Cham, Switzerland: Springer International Publishing, 2017.

- Parel, Anthony, S. J., "혼합주의", 기독교대백과사전편찬위원회 엮음, 『기독교대백과사전』, 기독교문사, 1985.
- Plutarch, W. C. Helmbold tr., *Plutarch's Moralia*, Vol.VI, London: William Heinemann LTD, 1939.
- Robbins, Joel, "Crypto-Religion and the Study of Cultural Mixtures: Anthropology, Value, and the Nature of Syncretism", *Journal of the American Academy of Religion* 79(2), 2011.
- Robert, D. Baird, *Category Formation and the History of Religions*, The Hague: Mouton & Co. N. V., 1971.
- Robin, Nicolas, "Heritage of the Romantic Philosophy in Post-Linnaean Botany Reichenbach's Reception of Goethe's Metamorphosis of Plants as a Methodological and Philosophical Framework," *Journal of the History of Biology*, 44(2), Summer, 2011.
- Schreiter, Robert J., "Defining Syncretism: An Interim Report", *International Bulletin of Missionary Research* 17(2), 1993.
- Scranton, Mrs. M. F., "Grace's Wedding", *Korean Repository* 5, 1898.
- Smith, Jonathan, Z., *Imagining Religion*, Chicago: The University of Chicago Press, 1982.
- Smith, Z. Jonathan, *Relating Religion: Essays in the Study of Religion*, Chicago: University of Chicago, 2004.
- Stewart, Charles and Rosalind Shaw eds., *Syncretism/Anti-Syncretism*, London: Routledege, 1994.
- Underwood, L. H., 신복룡·최수근 역주, 『상투의 나라』, 집문당, 1999.
- van der Leeuw, Gerardus, J.E. Turner tr., *Religion in Essence and Manifestation*, Princeton: Princeton University Press, 1986.
- van der Veer, Peter, "Syncretism, Multiculturalism and the Discourse of Tolerance", Charles Stewart and Rosalind Shaw eds., *Syncretism/Anti-Syncretism*, London: Routledege, 1994.
- Voelkel, Mrs. Harold, "Christmas Memories of a Missionary Home", *KMF* 31(12), 1935.
- Wilson, R. M., M. D., "Christmas in the Leper Colony at Soonchun", *KMF*

31(12), 1935.

| 제2부 | **전력망 체계의 구축과 확장** | _오선실 |

• 京城商工會議所 編,『朝鮮に於ける工業動力の現狀と其の改善策』, 京城, 1931.
• 京城商業會議所 編,『電氣問題調査報告』, 京城, 1927.
• 朝鮮電氣事業史編纂委員會,『朝鮮電氣事業史』, 東京: 中央日韓協會, 1981.
• 朝鮮電氣協會 編,『朝鮮の電氣事業: 躍進途上にある朝鮮電氣事業の槪觀』, 京城, 1937.
• 朝鮮電氣協會 編,『朝鮮の電氣事業を語る』, 京城, 1937.
• 朝鮮總督府,『電力政策基本計劃調書 第1,2集』, 京城, 1930.3.
• 朝鮮總督府,『電力政策基本計劃調書 第3集』, 京城, 1930.10.
• 朝鮮總督府,『統計年報』1925, 1932, 1933, 1934, 1935.
• 朝鮮總督府 遞信局,『朝鮮電氣事業要覽』14~21, 1927~1934.
• 朝鮮總督府 遞信局,『發電水力調査書』, 京城, 1928, 경인문화사, 서울, 2005, 재발행.
• 永塚利一,『久保田豊』, 東京: 電氣情報社, 1966.
• 久保田豊, 山口仁秋,『アジア開発の基盤を築く: 海外コンサルタント』, 東京: アジア經濟硏究所, 1967.
• 滿洲電業任職員同好會,『滿洲電業史』, 東京: 非賣品, 1976.
• 朝鮮電氣事業史編纂委員會,『朝鮮電氣事業史』, 東京: 中央日韓協會, 1981.
• 小竹節一,『電力百年史』, 東京: 政經社, 1980.
• 강진아, 「중국과 소련의 사회주의 공업화와 전후 만주의 유산」, 한석정, 노기식 편, 『만주, 동아시아 융합의 공간』, 소명출판사, 2008.
• 고바야시 히데오, 임성모 옮김, 『만철: 일본제국의 싱크탱크』, 산처럼, 2004.
• 고태우, 「조선총독부 토목행정과 토목관료의 '조선개발' 인식」, 『역사와 경제』 97, 부산경남사학회, 2015.
• 堀和生, 주익종 역, 『한국 근대의 공업화』, 전통과 현대, 2003.
• 김경림, "식민지 시지 독점적 전기사업 체제의 형성", 『이대사원』 32, 이화여자대학교 사학회, 1999.

- 김경림, 「1930년대 식민지조선의 전기사업」, 『사학연구』 42, 한국사학회, 1990.
- 김경림, 「식민지시기 독점적 전기사업 체제의 형성」, 『이대사원』 32, 이화여자 대학 사학회, 1999.
- 김경림, 「일제말 전시 하 조선의 전력통제정책」, 『국사관논총』 65, 국사편찬위 원회, 1995.
- 김응기, 「일본질소에 의한 압록강 본류 전원개발과 조선총독부의 만주국 간의 공조」, 동북아역사재단 편, 『근대열강의 식민지 통치와 국민통합』, 동북아역사 재단, 2010.
- 김제정, 「일제식민지시기 경성지역 전기사업과 부영화 운동」, 석사학위논문, 서울대학교 대학원, 1998.
- 방기중, 「1930년대 조선 농공병진정책과 경제통제」, 『동방학지』 120, 국학연구 원, 2003.
- 배성준, 「일제하 경성지역 공업 연구」, 박사학위논문, 서울대학교 대학원, 1998.
- 앤드루 고든, 김우영 역, 『현대일본의 역사: 도쿠가와 시대에서 2001년까지』, 이산, 2005.
- 오선실, 「1920~30년대, 식민지 조선의 전력시스템 전환: 기업용 대형 수력발전 소의 등장과 전력망 체계의 구축」, 『한국과학사학회지』 30-1, 한국과학사학회, 2008.
- 오진석, 「1910~20년대 전력산업정책과 전력업계의 동향」, 『한국근현대사연 구』 63, 한국근현대사연구회, 2012.
- 오진석, 「일제말 전력국가관리 체계의 구축」, 『한국경제학보』 18-1, 연세대학 교 경제연구소, 2011.
- 오진석, 「한국근대 전기산업의 발전과 경성전기(주)」, 박사학위논문, 연세대학 교 대학원, 2006.
- 이승렬, 「1930년대 전반기 일본, 군부의 대륙침략관과 '조선공업화' 정책」, 『국 사관논총』 67, 국사편찬위원회, 1996.
- 정안기, 「1930년대 조선형 특수회사, 「조선압록강수력발전(주)」의 연구」, 『중 앙사론』 47, 중앙대학교 중앙사학연구소, 2018.
- 정예지, 「조선총독부의 전력통제와 일본질소비료회사의 전력산업」, 석사학위 논문, 연세대학교 대학원, 2016.
- 프래신짓트 두아라, 한석정 옮김, 『주권과 순수성: 만주국과 동아시적 근대』,

나남, 2008.
- 한석정, 『만주국 건국의 재해석』, 동아대학교 출판부, 2007.
- 허수열, 『개발 없는 개발』, 은행나무, 2005.
- 호리 가즈오, 주익종 옮김, 『한국 근대의 공업화』, 전통과 현대, 2003.
- James C. Scott, 전상인 역, 『국가처럼 보기: 왜 국가는 계획에 실패하는가』, 에코리브르, 2010.
- Barbara Molony, *Technology and Investment: The prewar Japanese Chemical Industry*, Cambridge, Mass.: Council on East Asian Studies: Harvard University Press, 1990.
- Horold L. Platt, *The Electric city: Energy and the Growth of Chicago Area, 1880~1930*, The University of Chicago Press, 1991.
- Thomas P. Hughes, *Networks of Power*, Boltimore: The Johns Hopkins Unversity Press, 1983.
- F. C. Jones, Manchuria Since 1931, London: Royal Institute of International Affairs, 1949.
- Gyan Prakash, Another Reason: Science and the Imagination of Modern India, Princeton, N.J.: Princeton University Press, 1999.
- Yoshihisa Tak Matsusaka, The making of Japanese Manchuria, 1904~1932, Cambridge, MA: arvard University Asia Center, 2001.
- Ito Takeo, Joshua A. Fogel translation with introduction, Life Along the South Manchurian Railway: the Memorirs of Ito Takeo, Armonk, New York, London: M.E. Sharpe, 1988.
- Lousie Young, Japan's Empire: Manchria and the Culture of Wartime Imperialism, Berkeley: University of Chicago Press, 1998.

제3부 헝가리의 문화적 메타모포시스 _김지영

- 김지영, 「'소(小)협상' 형성과정 연구」, 『서양 역사와 문화 연구』 21, 2009.
- 김지영, 「헝가리의 오스만 문화 수용과 문화적 메타모포시스」, 『동유럽발칸연구』 43:3, 한국동유럽발칸학회, 2019.

- 김지영, 「'접변과 수용, 재해석'의 문화 현상으로서의 헝가리 세체씨오(Szece-ssio) 연구」, 『역사와문화연구』 71:2, 2018.
- 김지영, 「제1-2차 세계대전 시기 야씨 오스카르(Jszi Oszkr)의 '다뉴브 연방'을 통해 본 중부 유럽 통합구상」, 『독일연구』 41:3, 2019.
- 김지영, 「헝가리의 공산주의 변용: '카다리즘(굴라시 공산주의)' 연구」, 『서양사론』 144:3, 2020.
- 디오세기 이슈트반, 『모순의 제국』, 김지영 옮김, 외대출판부, 2006.
- 박수영, 「근대 유럽의 대도시 부다페스트의 역사와 문화」, 『동유럽 발칸학』, 2002.
- 이상협, 『헝가리사』, 대한교과서, 1996.
- 임혁백, 『비동시성의 동시성 한국 근대정치의 다중적 시간』, 고려대학교출판부, 2014.
- Agoston, Gábor, "A flexible empire: authority and its limits on the Ottoman frontiers". *International Journal of Turkish Studies*, Vol.9 no1/2 Summer 15-31. 2003.
- Balassa Iván, Ortutay Gyula, *Magyar néprajz*. Budapest: Corvina, 1979.
- Balogh, Izsák, Gergely, Föglein, *Magyarország Története 1918~1975*, Budapest: MTK, 1979.
- Barta Györgyi, (eds), *Budapest - nemzetközi város*, Budapest: MTA 1988.
- Barta Györgyi, *Budapest és az agglomeráció gazdasaági szerepkőrének átalakulása*. In: Holló Szilvia Andrea-Sipos András. "Az őtvenéves Nagy-Budapest-előzmények és megvalósulás. Budapest Tőrteneti Múseum". Budapest Főváros Levétára Budapest: MMA Kiadó Nonprofit Kft., 2002.
- Barta Györgyi, Keresztély Krisztina, Sipos András, (eds) *A "világváros" Budapest két századfordulón*. Budapest:Osiris, 2010.
- Bártha Julia, Fodor Pal, "Török elemek a magyar népi díszítőművészetben". *Török hagyaték Tanulmányok a magyar kultúra török kapcsolatairól*. Budapest: Europai Folklor Kozpontert Egyesulet, 2017.
- BATK, *Budapesti agglomeráció területfejlesztési koncepció. (Projektvezető: Tosics Iván-Barta Győrgyi-Gauder Péter-Ongjert Richárd.) Régió 8 Szakértői Munkakőzősség*. Budapes: MTA-MEH PROJEKT, 1999.

• Beluszky Pál In: Barta Győrgyi (szerk.) *Budapest - nemzetkőzi város. Tőrténeti áttekintés*, Budapest: MTA, 2000.

• Briesen, Detlef, *Weltmetropole Berlin? Versuch, sich einem deutschen Mythos über die Zeit zwishen den Weltkriegen emprisch zu nähern.* In: *Berlin als deutsche Hauptsadt im Vergleich europäischer Hauptstädte. 1870~1939,* Bonn: Bonn Bouvier Verlag, 2002.

• Cohen, R. B, *The new International Division of Labor, Multinational Corporations and Urban Hierarchy.* In:*Dear, M. Scott, A. J. (eds): Urbanization and urban planning in capitalist society".* (New York: NY Press 1981.

• Dővényi Zoltán, *A Magyarorszégot érintő vándorlás területi jellemzői.* Budapest: KSH, 2006.

• Enyedi Győrgy, *Budapest - Kapuváros?",* Budapest: BATK, 1998.

• Fendler Károly, *A Magyar-Koreai Kapcsolatok száz éve (1892~1992). A Herman Ottó Múzeum Évkönyve XXXII(32). Ed. Veres László. (2004), Miskoic: Herman Ottó Múzeum,*Budapest: HOM, 2004.

• Fleischer Tamás-Miklóssy Endre-Vidor Ferenc (eds), *Második Millennium".* Budapest: MCMXCIII, 1993.

• Fodor Pál, *Magyarország Kelet és Nyugat között.* Budapest: Europai Folklor Kozpontert Egyesulet, 2017.

• Francz Magdolna, *és Rozgonyi Sarolta., Budapest : világváros a Duna partján,* Budapest: KEMÉNYTÁBLA, 2017.

• Gárdonyi Géza, *Az egri csillagok, Bornemissza Gergely élete I-II.* Budapest: Légrády. 1901.

• Gerő Győző, *Az oszmán-török építészet Magyarországon, Dzsámik, türbék, fürdők* Budapest: Akademiai Kiadó, 1980.

• Glatz, Ferenc, *A magyarok krónikája,* Budapest:Magyar Könyvklub. 1996

• Gyula Ortutay eds, *Magyar Neprajzi Lexikon.* Főszerkesztő Ortutay Gyula. IV. Budapest: Akademiai Kiado, 1977.

• Horváth J. András, *A megigényelt világváros : Budapest hatósága és lakossága a városegyesítés éveiben,* Budapest: Libri Antikvár Könyv 2010.

• Kakuk Zsusza, "Idegen szo, kihalt szo, jovevenyszo (A magyar nyelv oszman-torok atvetelei alapjan)". Ed. Benkő Lorand, K. Sal Eva *Az etimologia elmelete es modszere*. Budapest, Akademiai Kiado, 1967.

• Kakuk Zsuzsa, *A magyar nyelv torteneti etimologiai szotara*. Budapest: Akademiai Kiado, 1967.

• Kakuk Zsuzsa, *A szlav kozvetites emleke a magyar nyelv oszman-kori elemeiben*. Budapest: Nyelvtudomanyi Kozlemenyek, 1966.

• Kakuk Zsuzsa, *Cultural Words from the Turkish Occupation of Hungary*. Budapest: Lorand Eotvos University. Studia Turco-Hungarica, 1977.

• Kakuk Zsuzsa, *Török kultúrhatás a jövevényszavaink tükrében, Török hagyaték-Tanulmányok a magyar kultúra török kapcsolatairól* Budapest: Europai Folklor Kozpontert Egyesulet Budapest, 2017.

• Kaldi-Nagy Gyula, *Magyarorszagi török adoosszeirasok*. Budapest: Akademiai Kiado. 1970.

• Kathona Geza, *Fejezetek a török hodóoltsái reformació történetebő*. Budapest :Akademiai Kiado, 1974.

• Kováts András-Rónai Gergely (eds), *Bevándorló Budapest*, Budatest, 2009.

• Lukacs, John, *A város és kultúrája, Eeurópa könyvkiad.* Budapest:Eredeti megnevezés 1900.

• Pálffy Géza, "The Impact of the Ottoman Rule on Hungary". *Hungarian Studies Review*. Vol. XXVIII. Nr. 1-2. Canada: Hungarian Studies Association, 2001.

• Pálffy Géza, *Magyar évszázadok - Tanulmányok Kosáry Domokos 90*. Budapest: Osiris, 2003.

• Papp Adrienn, *Török fürdők Magyarországon*, Budapest: Archaeolingua MTA BTK Régészeti Intézete, 2018

• Szivos Erika, A City of Multiple Hearts: Historic Squares of Budapest from the19th Century to the Present, Moderne Stadtgeschichte Vol. 2019, No.1.

• Szmolleny Nandor, *A kozepkori Szeged műveltsege*. Szeged, Budapest: Endrenyi Lajos konyvnyomtato műhelyeből, 1910.

• Vámbéry Ármin, *Közép-ázsiai utazás*, Budapest: Emich Gusztáv kiadó. 1865.

• Vass Előd, *A szegedi nahije. 1548. évi török adóösszeirása*, Budapest: Osiris. 1982

• Vass Előd, *Tanulmányok Csongrád megye történetéből*. Szeged: Csongrád megyei Levéltára, 1979.

• https://www.magyarkurir.hu/hirek/hazakoltoznek-az-egri-nok (2019.7.10 검색)

• https://mult-kor.hu/20010915_a_masfel_evszazadnyi_torok_uralom_merlege (2019.07.10 검색)

• https://www.elte.hu/tortenet (2019.07.10. 검색)

초출일람

제1부
종교의 메타모포시스

1장 종교의 혼합과 변형 — 방원일, 「혼합현상에 관한 이론적 고찰」, 『종교문화비평』 33, 종교문화비평학회, 2018.

2장 혼합주의 담론의 역사 — 방원일, 「혼합현상을 이론화하기: 한국 개신교 의례의 정착과정을 중심으로」, 『종교학연구』 20, 한국종교학연구회, 2002.

3장 한국 개신교 의례의 혼합현상 — 방원일, 「한국 개신교 의례의 정착과 혼합현상에 관한 연구: 전래 초기(1884~1945)의 실천 양상을 중심으로」, 서울대학교 종교학과 석사학위 논문, 2001.

4장 토착화와 메타모포시스 — 방원일, 「토착화와 메타모포시스」, 『한국기독교문화연구』 16, 한국기독교문화연구원, 2021.

제2부
전력망 체계의 구축과 확장

5장 소규모 지역배전 체계에서 대규모 전력망 체계로: 1920~30년대 식민지 조선의 전력체계 전환 — 오선실, 「1920~30년대 식민지 조선의 전력시스템 전환: 기업용 대형 수력발전소의 등장과 전력망 체계의 구축」, 『과학사학회지』 30-1, 한국과학사학회, 2008.

6장 제국의 실험실: 하이 모더니즘과 조선총독부의 전력정책 — 오선실, 「1910~30년대 조선총독부의 전력정책과 식민지 기술관료들의 조선개발 인식」, 『인문과학연구논총』 41-1, 명지대학교 인문과학연구소, 2020.

7장 식민지 변방에서 시작된 기술혁신: 수풍댐과 동아시아 기술스타일의 형성
— 오선실, 「압록강에 등장한 동양 최대의 발전소, 수풍댐과 동아시아 기술체계의
형성」, 『인문사회과학연구』 21-1, 부경대학교 인문과학연구소, 2020.

제3부
헝가리의 문화적 메타모포시스

8장 전통문화의 메타모포시스: 헝가리 문화 속의 오스만 유산 — 김지영, 「헝가리
의 오스만 문화 수용과 문화적 메타모포시스」, 『동유럽발칸연구』 43-3, 한국외국
어대학교 동유럽발칸연구소, 2019.

9장 도시의 메타모포시스: 근대적 전환 공간 부다페스트 — 김지영, 「19세기말
20세기 초 부다페스트의 탈바꿈(Metamorphosis): '부다', '페스트'에서 '부다페스
트'로」, 『역사문화연구』 77, 한국외국어대학교 역사문화연구소, 2021.

찾아보기

방원일

서울대학교 종교학박사
서울대학교 종교학과, 치의학대학원 강사
현재 숭실대학교 한국기독교문화연구원 HK연구교수

『메리 더글러스』, 『종교, 미디어, 감각』(공저), 『우리에게 종교란 무엇인가』(공저), 『한국의 과학과 종교』(공저), 『한국의 종교학: 종교, 종교들, 종교문화』(공저), 『근대전환기 문화들의 조우와 메타모포시스』(공저), 『선교사와 한국학』(공저), 『자리잡기: 의례 내의 이론을 찾아서』(번역), 『자연 상징: 우주론 탐구』(번역) 『근대전환공간의 한국종교 I: 1879~1900』(편역) 외

오선실

서울대학교 과학사 및 과학철학 협동과정 박사
현재 숭실대학교 한국기독교문화연구원 HK연구교수

『한국 기독 박물관 자료를 통해 본 근대 문화의 수용과 변용』(공저)

김지영

고려대학교 북한학 박사
헝가리 부다페스트대학(ELTE) 역사학 박사
현재 숭실대학교 한국기독교문화연구원 교수

『제국의 탈바꿈』(번역), 『유럽속의 메나』(공저), 『한국의 사정』(번역), 『유럽속의 메나』(공저), 『헝가리 현대사의 변곡점』, 『세계대전과 유럽통합 구상』(공저), 『글로벌 시대의 기억과 서사』(공저), 『세계사 속의 러시아 혁명』(공저), 『한국기독교박물관 자료를 통해 본 근대의 수용과 변용』(공저), 『1968년, 저항과 체제 비판의 역동성』(공저), 『박물관 미술관으로 보는 유럽사』(공저), 『한반도 평화와 북한행태 전망』(공저), 『김정은 패러독스』(공저), *A nagy hatalmi politika az erdély jevőjéről a II. Világháború alatt és után, Trianon és a magyar politikai gondolkodás 1920-1953*(공저), *Múltból a jövőbe*(공저)

메타모포시스 인문학총서 14

메타모포시스의 현장: 종교, 전력망, 헝가리

2023년 2월 28일 초판 1쇄 펴냄

지은이 방원일·오선실·김지영
발행인 김흥국
발행처 보고사

책임편집 황효은
표지디자인 김규범

등록 1990년 12월 13일 제6-0429호
주소 경기도 파주시 회동길 337-15 보고사
전화 031-955-9797(대표), 02-922-5120~1(편집), 02-922-2246(영업)
팩스 02-922-6990
메일 kanapub3@naver.com / bogosabooks@naver.com
http://www.bogosabooks.co.kr

ISBN 979-11-6587-444-5 94300
       979-11-6587-140-6 (세트)
ⓒ 김지영·오선실·방원일, 2023

정가 26,000원